Kohlhammer

Die Autorin

Ulrike Funke schloss ihre Ausbildung zur Logopädin 1996 in Heidelberg mit dem Staatsexamen ab und eröffnete zwei Jahre später ihre eigene logopädische Praxis. Ihre Schwerpunkte liegen in der Interaktions- und Sprachanbahnung bei Menschen aus dem Autismus-Spektrum, bei Kindern mit tiefgreifenden Entwicklungsbeeinträchtigungen sowie der Mund- und Esstherapie bei Säuglingen und Kleinkindern. Mithilfe zahlreicher Fortbildungen bildete sie sich zur Autismus-Therapeutin weiter und entwickelte die Therapiemethode Komm!ASS®, die sie seit 2012 regelmäßig in Fortbildungen lehrt. Das wichtigste Ziel ihrer Arbeit ist das Verstehen der Wahrnehmung und die daraus resultierenden Verhaltensweisen autistischer Personen. Nur durch dieses Verständnis ist ein lebendiger und kommunikativer Austausch zwischen Menschen mit und ohne Autismus und somit Teilhabe und ein freudvoller Alltag für autistische Menschen möglich. 2017 gründete sie ein Autismuszentrum, welches sie mehrere Jahre leitete. Heute begleitet sie Kinder und ihre Familien in ihrer logopädischen Praxis und gibt ihr Wissen und ihre Erfahrungen in Publikationen und Fortbildungen an Fachkräfte, Angehörige und Interessierte weiter.

Ulrike Funke

Trinken und Essen im Autismus-Spektrum

Wahrnehmungsbesonderheiten nutzen – Genuss ermöglichen

Verlag W. Kohlhammer

Dieses Werk einschließlich aller seiner Teile ist urheberrechtlich geschützt. Jede Verwendung außerhalb der engen Grenzen des Urheberrechts ist ohne Zustimmung des Verlags unzulässig und strafbar. Das gilt insbesondere für Vervielfältigungen, Übersetzungen und für die Einspeicherung und Verarbeitung in elektronischen Systemen.

Pharmakologische Daten verändern sich ständig. Verlag und Autoren tragen dafür Sorge, dass alle gemachten Angaben dem derzeitigen Wissensstand entsprechen. Eine Haftung hierfür kann jedoch nicht übernommen werden. Es empfiehlt sich, die Angaben anhand des Beipackzettels und der entsprechenden Fachinformationen zu überprüfen. Aufgrund der Auswahl häufig angewendeter Arzneimittel besteht kein Anspruch auf Vollständigkeit.

Die Wiedergabe von Warenbezeichnungen, Handelsnamen und sonstigen Kennzeichen berechtigt nicht zu der Annahme, dass diese frei benutzt werden dürfen. Vielmehr kann es sich auch dann um eingetragene Warenzeichen oder sonstige geschützte Kennzeichen handeln, wenn sie nicht eigens als solche gekennzeichnet sind.

Es konnten nicht alle Rechtsinhaber von Abbildungen ermittelt werden. Sollte dem Verlag gegenüber der Nachweis der Rechtsinhaberschaft geführt werden, wird das branchenübliche Honorar nachträglich gezahlt.

Dieses Werk enthält Hinweise/Links zu externen Websites Dritter, auf deren Inhalt der Verlag keinen Einfluss hat und die der Haftung der jeweiligen Seitenanbieter oder -betreiber unterliegen. Zum Zeitpunkt der Verlinkung wurden die externen Websites auf mögliche Rechtsverstöße überprüft und dabei keine Rechtsverletzung festgestellt. Ohne konkrete Hinweise auf eine solche Rechtsverletzung ist eine permanente inhaltliche Kontrolle der verlinkten Seiten nicht zumutbar. Sollten jedoch Rechtsverletzungen bekannt werden, werden die betroffenen externen Links soweit möglich unverzüglich entfernt.

Umschlagabbildung: andrasgyalog – stock.adobe.com
Illustriert mit Zeichnungen von Yvonne Fabian

1. Auflage 2025

Alle Rechte vorbehalten
© W. Kohlhammer GmbH, Stuttgart
Gesamtherstellung: W. Kohlhammer GmbH, Heßbrühlstr. 69, 70565 Stuttgart
produktsicherheit@kohlhammer.de

Print:
ISBN 978-3-17-044770-7

E-Book-Formate:
pdf: ISBN 978-3-17-044771-4
epub: ISBN 978-3-17-044772-1

Inhalt

Vorwort		**11**
Herzlichen Dank!		**13**
1	**Die autistische Wahrnehmung**	**15**
1.1	Trinken und Essen mit autistischer Wahrnehmung	18
1.2	Trink- und Essstörungen bei autistischer Wahrnehmung – Ausnahme oder Regel?	19
1.3	Aufklärung und Forschung	20
2	**Trinken und Essen – ein lebenswichtiges Bedürfnis**	**22**
2.1	Nährende und genussvolle Nahrungsaufnahme	22
2.2	Selektives Trink- und Essverhalten	23
2.3	Trink- und Essstörungen	24
2.3.1	ARFID	25
2.3.2	Pica-Syndrom	26
2.3.3	Anorexie, Bulimie, Binge-Eating und weitere Essstörungen	28
2.4	Weitere Erkrankungen oder Risikofaktoren	30
2.4.1	Körperliche Beeinträchtigungen	30
2.4.2	Frühgeborene	31
2.4.3	Sondenernährung	31
3	**Die oralmotorische Entwicklung**	**34**
3.1	Saugen und Trinken	35
3.2	Feste Kost – Essensaufnahme und Transport	38
3.3	Hunger und Sättigungsgefühl, Durst und »Sitt«	40
3.4	»Habits« oder Lutschgewohnheiten	43

| 3.5 | Orale Exploration | 44 |

4 Weitreichende Auswirkung der Trink- und Essproblematik — 47

4.1	Körperliche Folgen für den Verdauungstrakt	47
4.2	Zuckerkonsum und Nährstoffmangel	50
4.3	Psychische Auswirkungen – Trinken und Essen und ein erregtes Nervensystem	51

5 (Co-)Regulation, Selbst-Regulation und Stimming — 56

5.1	Co-Regulation und Selbst-Regulation	56
5.2	Co-Regulation und Selbst-Regulation bei Autismus	58
5.3	Stimming, eine ganz besondere Selbst-Regulation	59
5.4	Stimming, eine Notwendigkeit bei der Nahrungsaufnahme	61
5.5	Stimming von außen oder Co-Regulation ermöglichen	63
5.6	Spezifisches Stimming im Mund- und Rachenbereich	67

6 Der spezifisch-sensorische Input — 70

6.1	Körperliche Stimulationen im Kopf-, Hals- und Nackenbereich	70
6.1.1	Stimulationen am Ober- und Hinterkopf und dem Kinn	76
6.1.2	Stimulationen im Hals- und Nackenbereich und am Mundboden	78
6.1.3	Stimulationen im Gesichtsbereich mit Schläfen, dem Kiefermuskel (von außen) und den Wangen	81
6.1.4	Mund (innen), Zunge, Wangentaschen, Zahnreihen und Kiefer	83
6.1.5	Lippenstimulationen	85
6.2	Lebensmittel zur Stimulation nutzen	86

7	**Die Wahrnehmungssysteme erkennen und unterstützen**	**90**
7.1	Die vestibuläre Wahrnehmung	93
7.1.1	Mögliche Auffälligkeiten des vestibulären Wahrnehmungssystems	94
7.1.2	Das vestibuläre System stärken	94
7.2	Die propriozeptive Wahrnehmung	95
7.2.1	Mögliche Auffälligkeiten der propriozeptiven Wahrnehmung im Gesichts-, Mund- und Rachenbereich	97
7.2.2	Mögliche Auffälligkeiten der viszeralen (die inneren Organe betreffenden) Wahrnehmung	99
7.2.3	Das propriozeptive Wahrnehmungssystem stärken	101
7.2.4	Das propriozeptive (die inneren Organe betreffende) Wahrnehmungssystem stärken	102
7.3	Die taktile Wahrnehmung	104
7.3.1	Mögliche Auffälligkeiten des taktilen Wahrnehmungssystems	106
7.3.2	Das taktile Wahrnehmungssystem stärken	108
7.4	Die thermische Wahrnehmung	113
7.4.1	Mögliche Auffälligkeiten des thermischen Wahrnehmungssystems	115
7.4.2	Das thermische Wahrnehmungssystem stärken	116
7.5	Die gustatorische Wahrnehmung	121
7.5.1	Mögliche Auffälligkeiten des gustatorischen Wahrnehmungssystems	123
7.5.2	Das gustatorische Wahrnehmungssystem stärken	124
7.6	Die olfaktorische Wahrnehmung	126
7.6.1	Mögliche Auffälligkeiten des olfaktorischen Wahrnehmungssystems	129
7.6.2	Das olfaktorische Wahrnehmungssystem stärken	131
7.7	Die auditive Wahrnehmung	133
7.7.1	Mögliche Beobachtungen in Bezug auf die auditive Wahrnehmung bei der Nahrungsaufnahme	134

7.7.2	Das auditive Wahrnehmungssystem einbeziehen	135
7.8	Die visuelle Wahrnehmung	136
7.8.1	Mögliche Beobachtungen in Bezug auf die visuelle Wahrnehmung bei der Nahrungsaufnahme	138
7.8.2	Das visuelle Wahrnehmungssystem einbeziehen	139
8	**Von der Wahrnehmung zur Motorik**	**143**
8.1	Saugen	143
8.2	Abbeißen	144
8.3	Kauen	144
8.4	Schlucken	145
8.5	Artikulation und Mimik	146
9	**Isolierte und multimodale Wahrnehmungsverarbeitung**	**148**
9.1	Wahrnehmungsverarbeitung bei Autismus	149
9.1.1	Polywahrnehmung	150
9.1.2	Monowahrnehmung	150
9.1.3	Wechsel zwischen Poly- oder Monowahrnehmung	152
9.2	Strategien bei der Nahrungsaufnahme	153
9.2.1	Trennkost	153
9.2.2	Safe-Food	155
9.2.3	Same-Food	157
9.2.4	»Constant-Food« – Lebensmittel, deren Eigenschaften sich im Mund kaum verändern	158
9.2.5	Synästhesie	158
9.3	Neuerungen und Veränderungen ermöglichen	160
9.3.1	Abwechselndes Essen verschiedener Lebensmittel	161
9.3.2	Aufnahme von Lebensmitteln mit sich (stark) verändernden oder unterschiedlichen Konsistenzen	161
9.3.3	Kombinationen verschiedener Lebensmittel	162

9.3.4	»Mit dem Essen spielt man nicht« Beim Trinken und Essen darf entdeckt, ausprobiert und gespielt werden	163
10	**Selbstbestimmte und selbstständige Nahrungsaufnahme ermöglichen**	**167**
10.1	Sondenentwöhnung	167
10.2	Füttern oder selbstständige Nahrungsaufnahme	168
10.3	Flasche, Becher oder Strohhalm? Finger oder Besteck nutzen?	169
10.4	Selbstbestimmtheit bei der Nahrungsauswahl und -aufnahme	173
11	**Rahmenbedingungen**	**176**
11.1	Safe-Rooms und Safe-Places	176
11.2	Nahrungsaufnahme im öffentlichen Raum	179
11.3	Stimming-Toys und weitere Hilfsmittel bei der Nahrungsaufnahme	182
11.4	Imitationsverhalten und Rollenspiele nutzen	183
11.5	Die Stimulationen der Mundhygiene nutzen	184
11.6	Nahrungsmittelunverträglichkeiten	187
11.7	Auswirkungen von Bewertungen, Täuschungen, Druck oder Zwang	188
12	**Strukturierung und Planung der Hilfen**	**193**
12.1	Anamnese, Zielsetzungen und Dokumentationen	193
12.2	Dauer der Unterstützungsleistungen	194
12.3	Übungen im Tagesverlauf	195
12.4	Essensplanung, Zeiten, Häufigkeit und Menge der aufgenommenen Nahrung	199
12.5	Schwierigkeiten in Bezug auf die Umsetzung der Hilfen	201
13	**Weitere mögliche Unterstützungen**	**203**
13.1	Supplementation – ergänzende Aufnahme von Nährstoffen	203
13.2	Medikation	204

13.3	Kognitive Strategien, Nahrungspyramiden und Fachliteratur	204
13.4	Psychotherapie und Körpertherapie	205
13.5	Weitere trink- und essspezifische Therapien	206
14	**Anmerkungen für Betroffene**	**207**
15	**Spielesammlung**	**209**
16	**Literaturempfehlungen**	**212**

Literatur	**214**
Stichwortverzeichnis	**217**
Zusatzmaterial zum Download	**220**

Vorwort

Mit dem vorliegenden Buch *Trinken und Essen bei Menschen im Autismus-Spektrum* bin ich ein wenig zu meinen Wurzeln zurückgekehrt. Vor fast 30 Jahren absolvierte ich meine Ausbildung zur Logopädin. Unser Kurs 6213 war ein ganz besonderer Kurs: Wir lernten nicht nur zusammen, sondern wir verbrachten viel Zeit mit gemeinsamen Kochabenden und kleinen Festen. Verbunden mit kulinarischen Ausflügen in die Regionen, in denen wir jeweils aufgewachsen waren. Das gemeinsame Essen und Trinken waren bereichernde Erlebnisse, an die ich mich gerne erinnere.

In der Logopädie ist die Mund- und Esstherapie Teil der Ausbildung. Auf meinem weiteren beruflichen Weg ist die Unterstützung von (zum Teil frühgeborenen) Säuglingen mit Schwierigkeiten beim Saugen stets ein wichtiger Schwerpunkt meiner Arbeit. Aber auch die Kinder, denen nur bedingt der Übergang zur festen Nahrung gelingt, begleite ich auf ihrem Weg zu einer genussvollen Nahrungsaufnahme. Unter anderem mit Hilfe der orofazialen Regulationstherapie nach Dr. S. Brondo erarbeitete ich mir ein Repertoire an unterschiedlichen Techniken und darauf aufbauenden Unterstützungen. Dabei zeigt sich immer wieder, wie wichtig die Kenntnisse über die Zusammenhänge der Physiognomie und damit verbunden über unterstützende mechanische Hilfestellungen sind. Vor allem aber wird ein besonderes Einfühlungsvermögen benötigt, um Kinder, die sich noch nicht sprachlich äußern können und die nur über gering ausgebildete Regulationsmechanismen verfügen, in diesem sehr sensiblen und intimen Körperbereich zu unterstützen.

Viele autistische Menschen zeigen ebenfalls ausgeprägte Besonderheiten im orofazialen Bereich und insbesondere bei der Nahrungsaufnahme. »Brauchen Autistinnen ein besonderes Kochbuch?« wurde ich deshalb immer wieder gefragt, wenn ich berichtete, dass ich ein Buch zum Thema Trinken und Essen im Autismus-Spektrum schreiben werde. »Ja und nein« ist dann stets meine Antwort. »Ja«, da es scheinbar einer umfassenden Ideensammlung bedarf, um den vielfältigen Schwierigkeiten bei der Nahrungsaufnahme begegnen zu können. »Nein«, da es eben kein Kochbuch ist. Es braucht keine Sammlung an Rezepten oder Empfehlungen für bestimmte oder besonders gesundheitsunterstützende Lebensmittel. Es geht vielmehr darum, die Trink- und Essgewohnheiten und die damit verbundenen Schwierigkeiten autistischer Menschen zu verstehen und entsprechende Hilfen anbieten zu können

Vorwort

– mit dem Ziel, dass Kinder, Jugendliche und Erwachsene ihr Essverhalten ausgewogener und abwechslungsreicher gestalten können, vor allem aber damit Trinken und Essen Genuss sowie Lebensqualität bedeuten dürfen. Ich möchte mit diesem Buch zugleich Eltern und ihre Kinder im Spektrum, Therapeutinnen und Begleitende, aber auch erwachsene Menschen im Spektrum ansprechen. Dabei baut das Buch auf den Beobachtungen und Überzeugungen des Therapiekonzeptes Komm!ASS® auf, welches ich 2012 entwickelt habe.

Eine wichtige Bemerkung vorab: Die in diesem Buch beschriebenen Prozesse sollen insbesondere bei Eltern keine unnötigen Ängste schüren und vor allem nicht die verschiedenen Besonderheiten pathologisieren. Doch aus meiner Sicht ist es notwendig, möglichst viele aussagekräftige Beobachtungen, wie Vorlieben, Einschränkungen und eben auch Risiken aufzuzeigen, um das Verständnis für jede Einzelne zu verbessern. Mit dem Ziel, dass ein Handlungsbedarf frühzeitig erkannt wird, notwendige Hilfestellungen zeitnah und passend erfolgen und sich die Lebensqualität verbessert.

Die internationale statistische Klassifikation der Krankheiten und verwandter Gesundheitsprobleme spricht aktuell bei autistischen Menschen von einer »Autismus-Spektrum-Störung«. Im vorliegenden Buch wird jedoch die Bezeichnung *Autismus* oder das *Autismus-Spektrum* verwendet. Zudem spreche ich häufig von dem *autistischen Kind*. Die Erläuterungen sind jedoch gleichermaßen für erwachsene autistische Menschen geeignet, welche sich Veränderungen beim Trinken und Essen wünschen. Aufgrund der besseren Lesbarkeit wird in diesem Buch einzig die weibliche Form verwendet, diese bezieht sich immer zugleich auf weibliche, männliche und diverse Geschlechteridentitäten.

Hirschberg, Sommer 2025
Ulrike Funke

Herzlichen Dank!

Im Sommer 2023 hielt ich meinen ersten Vortrag zum Thema »Essen und Trinken bei Menschen im Autismus-Spektrum« für den Regionalverband Autismus Nordbaden-Pfalz. Die Rückmeldungen vor Ort und spätere Zuschriften haben mich ermutigt, ein Buch zu diesem Thema zu schreiben. Danke für diesen wertvollen Anstoß!

Herzlichen Dank an das gesamte Team des Kohlhammer-Verlags, insbesondere Herrn Poensgen und Frau Kastl, die auch dieses Buch von Anfang an unterstützt haben und mir immer wieder wichtige Impulse geben.

Herzlichen Dank an Anke Denzer, die mittlerweile meine persönliche Lektorin bei all meinen Veröffentlichungen ist, mit der ich viele Beobachtungen teilen kann und mit der ich bereits an neuen Projekten arbeite. Danke an mein gesamtes Team der Logopädischen Praxis Ulrike Funke. Ihr helft mir bei der Recherche, begeistert mich immer wieder mit neuen Ideen und überrascht mich, wie ihr die Überzeugungen begeistert vor Ort umsetzt. Danke Andreas Heimer, Sarah Weber, Elke Kumar, Julia Funke und vielen weiteren Kolleginnen für den regen Austausch über das, was uns die Kinder in der Therapie (an-)zeigen und wie wir lernen können, sie stetig besser zu verstehen. Danke an Rafaela Kiene von Monkas_World, die mir als Autistin weitere wichtige Informationen vermittelt hat.

Danke für all die Hinweise, Fragen und Erlebnisse, die ich bei meiner Recherche erhalten habe. Der im Vorfeld erstellte Fragebogen wird bereits an vielen Stellen genutzt. Er zeigt die spezifischen Wahrnehmungsbesonderheiten strukturiert auf und gibt erste Hinweise auf bereits wirksame Unterstützungen. Die bis heute zahlreich erfolgten Rücksendungen halfen mir, die Bedürfnisse der Familien und der Betroffenen zu erfassen, und jetzt kann ich dieses Wissen weitergeben.

Danke liebe Eltern und Angehörige für die Bereitstellung von Fotos und Videomaterialien für Vorträge, Fortbildungen, Veröffentlichungen und Forschungszwecke. Sie bleiben für meine Arbeit und für all meine Publikationen unersetzlich.

Danke Yvonne Fabian, die mit ihren wundervollen Zeichnungen erneut eines meiner Bücher künstlerisch gestaltet hat und somit die Inhalte und die Aussagen nochmals besser verdeutlicht.

Herzlichen Dank!

Und immer wieder Danke an meinen Mann Peter, mein ganz besonderer Motivator und Unterstützer und meine beste Regulationshilfe, wenn es schwierig wird.

1 Die autistische Wahrnehmung

Jeder Mensch nimmt die Welt und seinen Körper ganz individuell wahr, mit spezifischen Vorlieben und Abneigungen, Fähigkeiten und Schwierigkeiten. Trotz dieser Individualität gibt es viele Gemeinsamkeiten und Überschneidungen. Der Begriff *Neurodiversität* beschreibt diese Vielfalt des menschlichen Gehirns. Bei einigen Menschen zeigt sich jedoch ein deutlich größeres Spektrum, wie Impulse und Informationen wahrgenommen und verarbeitet werden. Die Art und Weise, wie autistische Menschen hören, sehen, riechen, schmecken und fühlen, wie sie Informationen wahrnehmen, filtern und abspeichern, wie sie diese aufnehmen und verarbeiten, zeigt eine ganz besondere Ausprägung. Hier greift der Begriff *Neurodivergenz*.

> »Ähnlich wie es verschiedene Persönlichkeiten, Temperamente und Begabungen gibt, existieren auch unterschiedliche Arten, zu denken, zu fühlen und die Welt wahrzunehmen.« (Kiene, 2024, S. 29)

> »Während ›neurotypisch‹ Menschen bezeichnet, deren neurologische Entwicklung als gesellschaftlicher Standard gilt, umfasst ›neurodivergent‹ ein breites Spektrum an neurologischen Unterschieden.« (Kiene, 2024, S. 33)

Doch was bedeutet eine autistische oder auch neurodivergente Wahrnehmung? Die Wahrnehmung autistischer Menschen vollzieht sich dabei zumeist in Extremen.

Hyposensibilität versus Hypersensibilität
Viele Informationen werden entweder kaum wahr- oder aufgenommen (Hyposensibilität) oder besonders intensiv gespürt (Hypersensibilität). Abstufungen zwischen den beiden gegensätzlichen Intensitäten sind kaum zu beobachten, so dass Informationen entweder nicht ausreichend sind, um aufgenommen und zugeordnet zu werden, oder es liegt eine Überstimulation vor und es kommt zu einer Übererregung des zentralen Nervensystems.

Impulssuchend versus impulsvermeidend
Bedingt durch das Erleben in Extremen werden einige Impulse explizit gesucht: So werden bei einer Hyposensibilität unterschiedliche Impulse zumeist in einer starken Intensität bevorzugt, damit sie überhaupt wahrnehmbar sind. Bei einer vorwiegenden Hypersensibilität werden die entsprechenden Impulse eher vermieden, um einer Übererregung entgegenzuwirken. Die

Über- und Unterempfindlichkeiten können sich in Bezug auf eine ähnliche sensorische Information oder im Hinblick auf ein Körperteil gleichermaßen zeigen. Es ist möglich, dass ein Kind von der Zahnreinigung völlig überfordert ist und die Zahnbürste im Mund ablehnt, in einer späteren Spielsituation jedoch mehrere Legosteine gleichzeitig in den Mund nimmt und genüsslich darauf herumkaut. Viele Betroffene reagieren auf sanfte Berührungen sehr sensibel und empfinden diese als schmerzhaft. Im Gegensatz dazu genießen sie starke Impulse, wie eine Massage mit dem Igelball oder ein festes Abklopfen. Für Außenstehende erscheint dies oft widersprüchlich oder willkürlich. Ob in einer bestimmten Situation eine Über- oder Untersensibilität in Bezug auf einen bestimmten Wahrnehmungsbereich vorliegt, lässt sich auf den ersten Blick zum Teil nur schwer festlegen. Ist das gezeigte Verhalten eine Vermeidung eines Impulses oder ist es die intensive Suche nach dem gegensätzlichen Impuls? Im Vergleich mit weiteren Besonderheiten wird es leichter, das gezeigte Verhalten einzuordnen.

Hypertonus versus Hypotonus
Das andere Spüren des eigenen Körpers beeinflusst auch die Bewegungssteuerung und den Körpertonus: Entweder ist die Muskelspannung sehr gering und die entsprechenden Muskeln sind nur wenig ausgebildet oder die Muskelspannung ist besonders hoch und es zeigt sich zum Teil ein hohes Kraftpotential. Ein stetiger Wechsel zwischen den beiden Extremen ist ebenfalls möglich. Sowohl bei einer besonders niedrigen als auch bei einer besonders hohen Anspannung sind die sensorischen Prozesse sowie gezielte (fein-)motorische Abläufe beeinträchtigt.

Zusätzlich wirken sich auch die Unterschiede bei der Verarbeitung mehrerer zeitgleicher Informationen auf das Erleben und auf mögliche Reaktionen aus (▶ Kap. 9). Wenn besonders viele Impulse zeitgleich wahrgenommen und Störimpulse oft nicht gezielt ausgeblendet werden können, führt dies zu einer Überforderung. Werden hingegen bedeutungstragende Informationen nicht ausreichend fokussiert, werden sie nicht passend verarbeitet.

Autistische Wahrnehmung: Besonderheit mit oder ohne Unterstützungsbedarf?
Aber nicht jeder Mensch mit einer neurodivergenten Wahrnehmung ist im Autismus-Spektrum. Es gibt weitere Diagnosen und Einteilungen von Menschen mit einer besonderen Wahrnehmung und Wahrnehmungsverarbeitung und nicht jede dieser Besonderheiten bedarf einer Unterstützung in Form von Alltagsbegleitung und Therapien. So zeigen sich auch bei einer Hochsensibilität oder bei den unterschiedlichen Ausprägungen von ADHS

Bereiche, die zwar besonders sind, aber keine oder nur sehr geringe Hilfestellungen benötigen. Eventuell sind bereits ein angepasstes Umfeld, etwas mehr Zeit oder auch eine allgemeine Stressreduktion ausreichend. Auch das Ermöglichen von mehr Selbstbestimmtheit, das Zulassen von Abweichungen sowie die Erlaubnis, Verstärker nutzen zu dürfen, erleichtern Teilhabe und ermöglichen zugleich Lebensqualität.

Bei einer starken Ausprägung der Besonderheiten, bei einer stark abweichenden Wahrnehmung und deren Verarbeitung sind umfassende Unterstützungen jedoch nicht nur hilfreich, sondern unabdingbar und vor allem ist es jedoch notwendig, die zu Grunde liegenden Zusammenhänge und das daraus resultierende Verhalten genauer zu betrachten. Das beobachtbare Verhalten ist dabei ein wichtiger Schlüssel zum Verständnis, es ermöglicht Rückschlüsse zu ziehen auf die individuelle Wahrnehmung und zeigt damit ggf. notwendige Unterstützungsmöglichkeiten auf.

»Autistisches Verhalten ist *richtiges* Verhalten auf eine *andere* Wahrnehmung« (Vero, 2020, S. 10)

Abb. 1.1: Ein Nicht-Verstehen der Schwierigkeiten verhindert eine passende Unterstützung, ein besseres Verständnis ermöglicht hingegen individuelle Hilfestellungen

1 Die autistische Wahrnehmung

1.1 Trinken und Essen mit autistischer Wahrnehmung

Die Intensität, mit der die beteiligten Informationen beim Trinken und Essen gespürt werden, zeigt sich auch hier in einem Erleben in Extremen. Da die Nahrungsaufnahme ein sensorisch und motorisch hochkomplexer Vorgang ist, sind die Auswirkungen tiefgreifend und vielfältig: Die Auswahl an Lebensmitteln ist zumeist deutlich eingeschränkt und es werden nur einige wenige und zum Teil sehr besondere Nahrungsmittel toleriert. Lebensmittel werden als zu saftig, zu stückig, zu scharf, zu schwabbelig, zu sauer, zu nicht-schmeckend, zu intensiv-schmeckend, zu kross, zu weich, zu rot, zu neu, zu gewohnt, zu warm, zu ... empfunden. Manches Mal können diese aber auch nicht scharf genug, heiß genug, bitter genug oder süß genug sein. Die motorischen Abläufe beim Trinken, Abbeißen, Kauen und das anschließende Hinunterschlucken der Nahrung – all diese Einzelschritte sind für autistische Menschen nur schwer zu bewältigende Herausforderungen, welche zusätzlich noch miteinander kombiniert und aufeinander abgestimmt werden müssen.

> »An manchen Tagen schmecke ich gar nichts. Ich spüre dann meist meinen Mund gar nicht. Es sind also der taktile Sinn und der Geschmackssinn ausgeschaltet, während ich Gerüche noch wahrnehme. Ich stopfe dann das Essen in meinen Mund und merke gar nicht, wann ich satt bin.« (Zöller, 2001, S. 84)

Zusätzlich benötigt die Nahrungsaufnahme selbst, die Koordination beim Benutzen von Becher, Glas oder Besteck sensorische und motorische Fähigkeiten. Rahmenbedingungen, wie das Zusammensein am Tisch, das Abwarten auf den Beginn der Mahlzeit oder Gerüche aus der Küche, stellen weitere Belastungen dar, die eine ausreichende oder sogar genussvolle Nahrungsaufnahme verhindern. Je nach Tagesform und situationalen Bedingungen ist diese Aufgabe mit einer erhöhten und zudem stetig wachsenden Anspannung verbunden. In der Folge zeigen sich Verhaltensweisen wie Schreien, Um-sich-Schlagen oder Aufspringen, bis hin zur völligen Verweigerung der Trink- und Esssituation. Die Einschränkungen sind vielfältig, die Menge beim Trinken und Essen ist deutlich reduziert, Nahrung wird zum Teil nicht gekaut, sondern im Ganzen hinuntergeschluckt, das Geschluckte wird manchmal sogar wieder hochgewürgt oder erbrochen. Das alles beeinträchtigt die körperliche Gesundheit mit unterschiedlichen negativen Auswirkungen u.a. auf die Verdauung. Bedingt oder verstärkt durch eine mögliche Mangel- bzw. Fehlernährung können motorische und kognitive Entwicklungsverzögerungen hinzukommen. Auch die Wahrscheinlichkeit zusätzlicher Diagnosen aus dem Bereich der Trink- und Essstörungen sind möglich (▶ Kap. 2.3).

Anstatt Wohlbefinden und Entspannung bedeuten Trinken und Essen für Menschen im Spektrum zumeist eine große Herausforderung und eine zusätzliche Belastung im Tagesablauf. Wiederkehrend müssen sich autistische Personen dieser nicht zu vermeidenden, ressourcenzehrenden Aktivität stellen.

1.2 Trink- und Essstörungen bei autistischer Wahrnehmung – Ausnahme oder Regel?

Die meisten neurotypischen Menschen absolvieren die Nahrungsaufnahme ohne eine besondere Anstrengung, das differenzierte Wahrnehmen der Lebensmittel, das Integrieren der Veränderungen während der Verarbeitung sowie das Reagieren auf die aktuelle Situation werden im Zusammenhang mit der oralmotorischen Entwicklung erlernt. Von den ersten Lebenstagen an, lernt das Kind stetig die Lebensmittel besser wahrzunehmen und zu verarbeiten und kann immer spezifischer die erforderlichen motorischen Reaktionen abrufen. Bei autistischen Menschen vollzieht sich diese Entwicklung jedoch häufig nicht oder nicht ausreichend: Ein differenziertes Spüren und Schmecken im Mundbereich und notwendige Bewegungsabläufe gelingen nicht oder sind nur bedingt abrufbar und eine gute Verarbeitung der Nahrung ist ebenso nicht oder nur unzureichend bewältigbar.

Dabei erfüllt nicht jedes Kind und jeder Erwachsene im Autismus-Spektrum den Status einer Trink- und Essstörung und nicht jede Besonderheit in Bezug auf das Trinken und Essen zeigt einen Unterstützungsbedarf an. Eine Vielzahl von Besonderheiten oder Vorlieben sind einfach nur speziell. Wenn diese den Betroffenen selbst oder dem Umfeld nicht schaden, sollte ihnen mit Toleranz und Verständnis begegnet werden, auch wenn einige der Besonderheiten für das Umfeld zum Teil sehr belastend sein können.

> »Die Tatsache, dass er die ›Probleme‹ mit den Essen und seinen Ekel sehr plastisch und extrem negativ beschreibt, führt oft dazu, dass niemand am Tisch mehr essen möchte.« (Rückmeldung aus dem Fragebogen zum Thema Trinken und Essen bei Autismus, 2024)

Wenn jedoch ein Nutella-Brot »nur« zusätzlich mit Worcestersauce bestrichen wird oder die Buchstabensuppe vor dem Verzehr eine alphabetische Ordnung erhält und somit eine nährende und genussvolle Nahrungsaufnahme ermöglicht, sollte dies toleriert werden. Auch sollte die autistische Person deshalb nicht ausgelacht oder vorgeführt werden. Jeder Mensch hat seine Besonderheiten und so ist ein Sortieren nach Farben bei Fruchtgummis oder ein Aufheben der leckeren Dekoration bis zum letzten Bissen auch außerhalb von Neurodivergenz zu beobachten.

Bei ca. 25 % der Kinder und Jugendlichen (Theunissen, 2018, S. 103) wird jedoch zusätzlich zum Autismus eine »Essstörung« diagnostiziert (Schreck, Williams, Smith, 2004). Diese Diagnose ist verbunden mit tiefgreifenden Belastungen und gesundheitlichen Einschränkungen, bedingt durch eine besonders spezifische Nahrungsmittelauswahl, einschließlich der Aufnahme von Nicht-Essbarem sowie Besonderheiten bei der Aufnahme und Verarbeitung der Nahrung. Vor allem aber zeigt sich oft ein ausgeprägtes Vermeidungsverhalten, verbunden mit Ängsten und Überforderungen. Trinken und Essen werden ein Leben lang als eine schwere Belastung erlebt, verbunden mit weiteren Folgen.

1.3 Aufklärung und Forschung

Erst ein Verstehen der komplexen Zusammenhänge und die Möglichkeit, die Ursachen bzw. das daraus resultierende Verhalten voneinander zu unterscheiden, ermöglicht passende Diagnosen und Hilfestellungen.

> **Fallbeispiel: Bericht einer Mutter**
> Nachdem die Befundung ihres 5-jährigen Kindes abgeschlossen und die Diagnose Autismus-Spektrum gesichert war, stellte die Mutter der diagnostizierenden Ärztin noch eine Frage: »Können Sie mir sagen, warum mein Kind so ein besonderes Essverhalten zeigt?« Ihr Sohn esse nur eine bestimmte Brotsorte, einen bestimmten Joghurt und ansonsten Milchschnitten. Außerdem nähme er immer wieder Schädliches und Gefährliches wie Sand oder Steine in den Mund. Die Mutter vermutete, dass das auch mit dem Autismus zusammenhängt. Die Antwort der Ärztin: »Nein, das hat mit dem Autismus nichts zu tun, das ist etwas anderes!«

Es bedarf an dieser Stelle noch sehr viel Aufklärungsarbeit! Insbesondere ein besseres Verständnis dafür, was es bedeutet, Informationen des Körpers und aus der Umwelt *anders* wahrzunehmen. Diese Besonderheiten beziehen sich dabei selbstverständlich auch auf den Gesichts-, Mund- und Rachenbereich und haben somit einen direkten Einfluss auf die oralmotorische Entwicklung und auf den jeweils aktuellen Trink- und Essvorgang. Leider wird diesem Bereich aktuell noch zu wenig Aufmerksamkeit geschenkt. Spezifisches Wissen und eine detaillierte Betrachtung ist für Diagnosestellen, für Therapeutinnen, Pädagoginnen und Begleitende gleichermaßen notwendig. Denn die Schwierigkeiten zeigen sich zum Teil schon in den ersten Lebenswochen und -monaten (▶ Kap. 3) und könnten somit Bestandteil einer deutlich früheren (Autismus-)Diagnose und damit auch entsprechender Hilfestellung sein.

Viele Ärztinnen und Fachleute versuchen Eltern, die entsprechende Beobachtungen machen, in den ersten Wochen und Monaten dahingehend zu beruhigen, dass sich die Schwierigkeiten mit der Zeit legen werden, dass das Kind es schon noch lernen wird. Das ist größtenteils auch zutreffend! Vielen Kindern gelingt es, wenn auch deutlich verzögert, im Laufe der nächsten Monate und Jahre ein ausgewogenes Trink- und Essverhalten zu entwickeln. Bei einigen Kindern scheint, nach anfänglichen Schwierigkeiten, die Nahrungsaufnahme nahezu unauffällig. Bei genauerer Betrachtung wird jedoch zum Teil deutlich, dass Trinken und Essen zwar erlernt wurden, aber diese weiterhin mit einem erhöhten Kraftaufwand verbunden sind und ohne das Erleben von Genuss und Appetit. In Zeiten mit besonderer Belastung wird dann die scheinbar »normale« Nahrungsaufnahme nochmal schwieriger oder gar unmöglich.

Im Hinblick auf Hilfestellungen finden sich in der Fachliteratur bisher ausschließlich psychotherapeutische, mit Psychopharmaka unterstützende und/oder kognitiv verhaltenstherapeutische Interventionen (nach Theunissen, 2019, S. 220). Wenn die Nahrungsaufnahme jedoch nicht dauerhaft mit einer enormen Kraftanstrengung verbunden werden soll, welche die Betroffenen häufig zutiefst verunsichert und schwer belastet, muss eine ursächliche Herangehensweise ausgewählt werden: Das Erkennen und Verstehen der anderen oder auch neurodiversen Wahrnehmung, der spezifischen Wahrnehmungsbesonderheiten aufgrund der beobachtbaren Verhaltensweisen. Dieses Verhalten stellt den Ausgangspunkt für jegliche unterstützende und fördernde Interventionen dar.

Dies geschieht mit dem Ziel, dass all das, was aufgenommen, verarbeitet und geschluckt wird, dem Körper und dem Nervensystem nicht schadet, sondern es versorgt und stärkt. Damit Trinken und Essen nicht als Belastung empfunden werden, sondern im Gegenteil, sich Appetit und Lust auf die Nahrungsaufnahme entwickelt, für eine bessere Lebensqualität.

2 Trinken und Essen – ein lebenswichtiges Bedürfnis

Um den Körper mit Energie und wichtigen Nährstoffen zu versorgen, müssen regelmäßig und ausreichend Flüssigkeit und Nahrung aufgenommen werden. Der erste direkte Kontakt mit dem Lebensmittel erfolgt dabei im Mundbereich. Der Mund ist mit einem dichten Netz aus unterschiedlichen Nervenenden ausgestattet. Er verfügt über eine besondere Sensibilität für ein besonderes Erleben.

2.1 Nährende und genussvolle Nahrungsaufnahme

Mit Hilfe von Druck-, Tast- und Geschmacksinformationen werden gleichermaßen Genuss, aber auch überlebenswichtige Informationen vermittelt: In den ersten Lebensmonaten erfolgt z. B. eine stark abwehrende Reaktion auf Bitterstoffe, zum Schutz vor ungenießbaren und für den Körper giftigen Lebensmitteln. Lebenslang sind das Erspüren gefährlicher Fremdkörper im Mund, im Rachen oder in der Speiseröhre sowie das sofortige Hervorhusten dieser bedeutend. Eine besondere Sensibilität, ein differenziertes Spüren und schnelle Reaktionen sind bei Gefahr überlebenswichtig.

Genießbare Nahrung wird nach Überprüfung in den Magen geleitet und dort weiterverarbeitet. Hier wird die Nahrung zersetzt und die enthaltenen Nahrungsbestandteile werden über den Blutkreislauf für den Körpererhalt und für weitere Prozesse genutzt. Die flüssige oder auch feste Nahrung ist Baustoff für das Knochen- und Muskelwachstum und Grundlage für die Versorgung sowie Regeneration aller Körperzellen. Die Zusammensetzung und die Verwertung der Nahrung wirken sich zusätzlich auch auf neurologische Prozesse wie Konzentrations- und Lernfähigkeiten aus. Ein unauffälliger und somit ausgewogener Trink- und Essensprozess dient dem Lebenserhalt und ist gleichzeitig ein wichtiger Bestandteil von Entwicklung und Lebensqualität.

Für die meisten Menschen ist Trinken und Essen dabei deutlich mehr als nur die physiologische Versorgung des Körpers. Die Nahrungsaufnahme bietet vor allem bereichernde und genussvolle Momente im Tagesablauf. In vielen Situationen haben wir kein grundlegendes Hungergefühl, sondern lediglich Appetit, ein lustvolles Verlangen nach Nahrungsaufnahme. Der Duft des Essens, das Erspüren der Nahrung im Mund und das folgende wohlige Sättigungsgefühl sorgen für ein wohltuendes Empfinden und Entspannung. Die Mahlzeiten sind Bestandteil einer guten Selbstfürsorge.

Ein Essen mit der Familie oder mit Freunden ist zudem eine Möglichkeit, Zeit miteinander zu verbringen. Zusammen etwas zu trinken und zu essen bedeutet Genuss und Lebensfreude. Ein gemütliches Frühstück, ein liebevoll gerichtetes Mittagessen oder eine Abendeinladung in ein Restaurant, verbunden mit einem Gespräch mit anderen Menschen, stärken Bindung und Zugehörigkeit.

2.2 Selektives Trink- und Essverhalten

Im Gegensatz zu diesem nährenden Trink- und Essverhalten gibt es Einteilungen und Diagnosen, in denen sich die Nahrungsaufnahme von dieser Beschreibung unterscheidet. Je nach Ausprägung in Form von einfachen Besonderheiten, leichteren Einschränkungen oder auch gesundheitsbedenklichen bis lebensbedrohlichen Situationen.

Bei einigen Menschen, insbesondere Kindern, zeigt sich (zeitweise) ein selektives Trink- und Essverhalten. Hier wird das Trinken und Essen in besonderem Maße ausgewählt bzw. verweigert. Es wird zum Teil auch als Picky-Eating oder SED (Selective-Eating-Disorder) bezeichnet. Dabei ist nicht die Menge der aufgenommenen Dinge maßgeblich, sondern zumeist die Qualität. Die Auswahl erfolgt nach Geschmack, Form oder Farbe der Lebensmittel. Je nach Auswahl der Lebensmittel und besonders bei einer längerfristigen Selektion kann es beim Picky-Eating zu einer Unterversorgung von Vitaminen oder Mineralien und somit zu einer gesundheitlichen Beeinträchtigung kommen (▶ Kap. 4.2).

Im Verlauf der kindlichen Entwicklung ist eine zeitweise Selektion, im Sinne eines Aussortierens bestimmter Nahrungsmittel physiologisch. Im Alter von 2–6 Jahren zeigen viele Kinder eine große Angst vor Neuem, die »Neophobie«. Diese Angst ist wahrscheinlich eine evaluationsbedingte Schutzfunktion, damit es z.B. bei der Nahrungsaufnahme nicht oder nur selten zu (lebens-)bedrohlichen Situationen kommt. Bis die Kinder sich in diesem Alter an Neues gewöhnen und dieses ohne Erregung oder gar freudig annehmen können, braucht es oft viele Wiederholungen.

Im Zusammenhang mit der Autonomiephase kann sich ebenfalls eine mögliche Verweigerung bestimmter Nahrungsmittel zeigen. Je nach Ausprägung und Dauer ist solch ein »wählerisches« Essverhalten jedoch nur wenig bedenklich. Nach einigen Wochen oder Monaten wird die Auswahl und die Bereitschaft, Kompromisse einzugehen wieder größer. Häufig helfen in diesen Phasen Geduld und wenn möglich eine verstärkte Selbstbestimmung der Kinder. Wenn in anderen Situationen das Bedürfnis nach Abgrenzung und der Wunsch nach Selbstbestimmtheit wieder weniger werden, wird auch die Essenssituation entspannter. Zum Teil zeigt sich mit der neuen Sicherheit und dem Selbstbewusstsein dann sogar eine verstärkte Neugier und Offenheit für Variationen und Neues.

Bedingt durch körperliche Besonderheiten wie Erkrankungen oder Behinderungen, aber auch durch eine andere Wahrnehmung, wird das Trink- und Essverhalten unterschiedlich stark beeinträchtigt. Weitere Einflüsse wie Erziehung, aktuelle Stressfaktoren oder ungünstige Rahmenbedingungen können ebenfalls zu einer sehr begrenzten Auswahl der Lebensmittel führen. Auch wenn ein selektives Essverhalten nicht unbedingt gesundheitsgefährdend ist, ist jedoch oft das Erleben einer genussvollen Nahrungsaufnahme beeinträchtigt. Eine gezielte Unterstützung und somit auch das Ermöglichen eines freudvollen Erlebens von Trinken und Essen sind auch hier empfehlenswert.

2.3 Trink- und Essstörungen

Einige Kinder zeigen jedoch über einen deutlich längeren Zeitraum ein stark selektives Trink- und Essverhalten, zum Teil mit einer sich ständig verschlechternden Tendenz. Dies kann mit einer gleichzeitigen Autismus-Diagnose einhergehen, kann aber auch davon unabhängig sein.

Mögliche Anzeichen einer Trink- und Essstörung
Gefahr der Dehydrierung oder Unterernährung!

- Die Nahrungsaufnahme benötigt sehr viel Zeit.
- Beim Trinken und Essen zeigen sich eine starke körperliche Unruhe und ein erhöhter Erregungszustand.

- Trinken und Essen sind ohne weitere Hilfen oder Ablenker nicht möglich.
- Die Nahrungsaufnahme führt regelmäßig zu Unwohlsein und Überforderung.
- Das Nahrungsangebot ist **sehr** deutlich selektiert; es werden höchstens 5–10 unterschiedliche Nahrungsmittel oder deutlich weniger gegessen.
- Verschiedene Lebensmittelgruppen, wie Gemüse oder Obst, werden abgelehnt: Es besteht die Gefahr der Mangelernährung!
- Favorisierte Lebensmittel dürfen nicht verändert werden.
- Ein Hinzufügen neuer Lebensmittel ist kaum möglich.
- Die Nahrungsmenge pro Mahlzeit ist deutlich erhöht bzw. die Suche nach Essbarem bestimmt den gesamten Tag.
- Es kommt häufig zu einem Verschlucken und Husten beim Essen.
- Es kommt häufig zu einem Ausspucken, Aufstoßen oder Hervorwürgen der Nahrung.
- Es findet kein Abbeißen statt.
- Es gibt keine oder nur geringe Kaubewegungen.
- Es entstehen Verdauungsprobleme mit Verstopfung oder Durchfall.
- Es werden (bevorzugt) Dinge in den Mund genommen und ggf. geschluckt, die keine Lebensmittel sind und dem Körper ggf. noch zusätzlich schaden.
- Unterschiedliche Rahmenbedingungen behindern die Möglichkeit zur Nahrungsaufnahme maßgeblich.

»Jedes Gericht und jedes Nahrungsmittel hat seinen eigenen speziellen Geschmack, seine eigene Farbe und Form. Gewöhnlich sind es diese Unterschiede, die das Essen zu einem Vergnügen machen, aber für einige Autisten haben nur Nahrungsmittel, die sie schon kennen, überhaupt Geschmack, alles andere ist für sie so verlockend wie das »Spielzeugessen«, das man als kleines Kind im Puppenhaus serviert. [...] Aber könnt ihr euch nicht vorstellen, dass sie einfach mehr Zeit als andere brauchen, um unbekannte Speisen und Lebensmittel kennen und schätzen zu lernen?« (Higashida, 2018, S. 77)

2.3.1 ARFID

Je nach Gesamtheit der Auffälligkeiten, der Intensität und der Variabilität dieser sowie möglicher Konsequenzen sind die Bedingungen einer Trink- und Essstörung erfüllt. Dabei kann sich das individuelle Erscheinungsbild und die Ausprägungen einer Trink- und Essstörung immer wieder verändern. Seit 2013 findet sich im DSM-5 dementsprechend die Diagnose ARFID (Avoidant/Restrictive Food Intake Disorder), eine »vermeidende-restriktive Essstörung« (siehe Falkai & Wittchen, 2015, S. 196). Die Besonderheiten sind zum Teil bereits früh beobachtbar und dauern zumeist das gesamte Leben an. Zum Teil besteht eine Abhängigkeit von enteraler Ernährung oder oraler Nahrungsergänzung.

2.3.2   Pica-Syndrom

Das Pica-Syndrom bezeichnet das In-den-Mund-Nehmen und Essen nicht essbarer Dinge. Die Bezeichnung »nicht essbar« ist hier jedoch nicht korrekt, denn für die betroffene Person ist der Gegenstand oder die Substanz in diesem Moment essbar, auch wenn dem Körper damit ein Schaden zugeführt wird.

Bei genauerer Betrachtung wird zudem deutlich, dass die Aufnahme »nicht essbarer Dinge« nicht wahllos erfolgt. Es wird nicht »einfach alles« in den Mund genommen. Bei einem nährenden Essverhalten und einer unauffälligen Wahrnehmung werden zumeist den Körper stärkende Lebensmittel oder Substanzen aufgenommen. Die besondere Auswahl der Lebensmittel beim Pica-Syndrom ist jedoch durch die Suche nach besonderen Informationen begründet. Ein Zigarettenstummel oder eine Bananenschale bieten einen besonders bitteren Geschmack, Steine, ein Schlüssel, Schrauben oder die Schale einer Ananas haben interessante Kanten und Spitzen und zum Teil eine besondere Konsistenz, eine Schnecke aus dem Garten fesselt die Aufmerksamkeit mit ihrer »Klebrigkeit«. Beim Ablecken, Darauf-Kauen und ggf. auch durch das Schlucken erfahren die Kinder für sie faszinierende und gut spürbare Impulse. Gefährdende und besonders intensiv schmeckende Flüssigkeiten wie Seifenlauge oder Desinfektionsmittel werden ebenfalls gezielt ausgewählt, abgeleckt und teilweise getrunken.

Die gesundheitliche Belastung für den Körper ist unmittelbar wie auch langfristig sehr hoch – je nach spezifischer Struktur, einer besonderen Form aber auch durch die Aufnahme von ätzenden oder giftigen Substanzen. Es besteht bei einigen Materialien Erstickungsgefahr, es kommt zu Verletzungen im Mund- und Rachenraum, zu Vergiftungen oder Entzündungen bis in den Magen-Darm-Trakt und somit zu einer Gefährdung für den gesamten Körper.

2.3 Trink- und Essstörungen

Abb. 2.1: Ein Schuh bietet mit dem Leder und der Gummisohle spannende Druck-, Tast- und Geschmacksinformationen, kann jedoch zugleich zu gesundheitlichen Beschwerden führen.

Fallbeispiel: Janina, 2,7 Jahre, im Autismus-Spektrum
Janinas Trink- und Essverhalten ist für alle Beteiligten sehr belastend. Sie isst nur sehr kalte sowie eisgekühlte Lebensmittel oder die Getränke und das Essen müssen besonders heiß sein. Aber auch mit der richtigen Temperatur werden nur einige wenige, zum Teil sehr spezielle Dinge gegessen, wie zum Beispiel ein besonders scharfes Essen aus dem thailändischen Restaurant um die Ecke.

Janina ist im Alltag häufig ganzkörperlich stark angespannt, sie schreit und weint oft laut und ausdauernd. Nur im Swimmingpool der Familie wird sie ruhiger und zeigt immer wieder ein Lächeln. Das Wasser bietet ihr entspannende Impulse für ihren eigenen Körper. Deshalb darf sie die warmen Sommertage stundenlang im Pool verbringen.

An diesen »Pooltagen« zeigt sich jedoch ein weiteres Problem: Obwohl Janina im Alltag jegliche Flüssigkeitsaufnahme vermeidet, trinkt sie im Pool regelmäßig das Chlorwasser. Dies bedeutet eine enorme gesundheitliche Beeinträchtigung. Zusätzlich steckt sie in unbeobachteten Augenblicken immer wieder Kieselsteine in den Mund und schluckt diese zum Teil hinunter. Dies hat Auswirkungen auf Janinas Zähne, ihre

Schleimhäute, aber auch auf ihr gesamtes Verdauungssystem mit sehr weichem Stuhl bis hin zum Durchfall.

Ein Erklärungsversuch: Janina spürt ihren Körper und vor allem ihren Mundraum nur ungenügend. Die bevorzugten, besonders kalten oder heißen Lebensmittel bieten ihr eine deutliche Information und ermöglichen eine eingeschränkte Nahrungsaufnahme. Auch das Trinken des Chlorwassers ist mit einer intensiven, für Janina angenehmen Information verbunden, welche sie gezielt sucht.

Die Hilfestellung: In der logopädischen Therapie bekommt Janina einmal pro Woche therapeutische Unterstützung. Zu Beginn verbringt Janina viel Zeit auf dem Pezziball. Sie legt sich begeistert bäuchlings auf den Ball, die Wange dabei fest auf die kühle Oberfläche gedrückt. Mit zusätzlichen Klopf- und Vibrationsimpulsen können immer wieder kurze variierende Stimuli gesetzt werden. Entweder mit den Händen oder mit einem Massagegerät wird der Ball in Schwingung gebracht. Bald lässt sich Janina auch direkt im Gesicht massieren und genießt insbesondere die festen Knetmassagen. Als sie die Hilfen in der Therapie sicher annimmt, versucht die Mutter diese auch daheim anzubieten. Bereits nach wenigen Tagen fordert Janina die Stimulationen selbstständig und mehrmals am Tag explizit ein.

Nach wenigen Wochen erfolgen die Angebote mit weiteren Materialien und zudem direkt an den Lippen sowie auf der Zunge. Das Eis, was von Beginn an gut angenommen wurde und welches zu Beginn nur gefrorenes Wasser enthielt, wird bald mit Geschmack versetzt: erst aufgeträufelte Bitterstoffe, dann wird auch Orangensaft gefroren. Nach einigen Wochen berichtet die Mutter, dass Janina kein Chlorwasser mehr schlucke, sondern dass sie jetzt aus einer Trinkflasche mit einem ganz festen Sauger einen etwas bitteren Orangensaft trinkt. Aktuell ist Janinas Magen-Darm-Trakt noch immer sehr empfindlich und ein Fenchel- oder ein Kamillentee wäre empfehlenswert, aber bis dieser akzeptiert wird, braucht es noch etwas Zeit. Janina zeigt gute Fortschritte und in einigen Wochen wird es wahrscheinlich möglich sein, ihr einen milden, entzündungshemmenden Tee anzubieten, anfangs eventuell mit zusätzlichen Bitterstoffen oder mit einem scharfen Gewürz versetzt.

2.3.3 Anorexie, Bulimie, Binge-Eating und weitere Essstörungen

Anorexie (Magersucht), Bulimie (Brechsucht) oder Binge-Eating (Wechsel zwischen ausgeprägten Hunger-, Ess- und Erbrechensphasen) sind weitere

2.3 Trink- und Essstörungen

Diagnosen im Bereich einer gestörten Nahrungsaufnahme und Studien (siehe z.B. Nickel et al., 2019) belegen eine mögliche Komorbidität. Bei diesen Erkrankungen steht weniger die Form oder der Geschmack (Qualität) der Lebensmittel im Vordergrund, sondern die Menge (Quantität) der aufgenommenen Nahrung und das Erbrechen nach der Aufnahme von Nahrung. Die Hintergründe und Ursachen sind vielfältig: psychische Belastungen, erlebte Traumata und verzerrte Idealvorstellungen des eigenen Körpers, aber auch eine andere Körperwahrnehmung. Deshalb wäre im Einzelfall bei diesen Krankheitsbildern eine zusätzliche Betrachtung auf die am Trinken und Essen beteiligten Wahrnehmungsbereiche hilfreich.

Mögliche **Fragestellungen** im Hinblick auf die Körperwahrnehmung beim Trinken und Essen:

- Sind die entsprechenden Körperbereiche differenziert wahrnehmbar oder gibt es Bereiche, die kaum gespürt werden?
- Gibt es Auffälligkeiten in der (senso-)motorischen Entwicklung, insbesondere im Mund- und Oberkörperbereich?
- Ist das Erleben des ICH-Bewusstseins vorwiegend visuell und nur über einen Spiegel oder ein Foto wahrnehmbar oder eventuell stark verzerrt?
- Wird ein ausgeprägtes Leeregefühl im Magen-Darm-Trakt gesucht?
- Wird ein ausgeprägtes Völle- und somit Druckgefühl im Magen-Darm-Trakt gesucht?
- Führt das Hochwürgen von Nahrung und das Spüren der Magensäure dazu, sich selbst und seinen Körper besser wahrzunehmen?
- Wirkt das Hochwürgen von Nahrung und der damit verbundene Druck entspannend?
- Wirkt der Druck bei der Aufnahme von großen Portionen im Mundbereich, im hinteren Rachen sowie im Magenbereich entspannend?

Gezielte Diagnostiken und weitere psychisch-therapeutische Unterstützung sind bei den aufgeführten Erkrankungen unbedingt zu empfehlen. Jedoch sollte auch eine verbesserte Körperwahrnehmung im Mund- und Rachenbereich sowie dem gesamten Oberkörper erarbeitet werden, um so weitere Hilfen zu etablieren. Spezifische Regulationsangebote können Alternativen für die bisher favorisierten Abläufe bieten (▶ Kap. 7.5).

2.4 Weitere Erkrankungen oder Risikofaktoren

Bei einigen Syndromen, Erkrankungen und unterschiedlichen Risikofaktoren ist einerseits die Wahrscheinlichkeit einer Autismus-Diagnose erhöht, andererseits haben komplexe (körperliche) Behinderungen oder tiefgreifende (neurologische) Erkrankungen oft einen Einfluss auf die Wahrnehmung, insbesondere auf die Körperwahrnehmung. Deshalb sollte, auch bei Beeinträchtigungen der Nahrungsaufnahme außerhalb der Diagnose Autismus eine wahrnehmungsorientierte Unterstützung in Betracht gezogen werden.

2.4.1 Körperliche Beeinträchtigungen

U.a. weisen folgende Erkrankungen ein erhöhtes Risiko auf: Angelman-Syndrom, Bardet-Beatle-Syndrom, Down-Syndrom, Dup15q-Syndrom, Fragiles X-Syndrom und Prader-Willi-Syndrom. Aber auch bei isolierten anatomischen Fehlbildungen, muskulären und neuro-muskulären Erkrankungen kommt es zu Schwierigkeiten beim Trink-, Ess- und Schluckvorgang. Dazu zählen das Franceschetti-Syndrom, Lippen-Kiefer-Gaumenspalten und weitere Fehlbildungen im Mund- und Rachenraum sowie Einschränkungen nach erworbenen Hirnschädigungen. Auch Besonderheiten wie ein zu kurzes Zungenband können sich auf die Zungenbeweglichkeit und somit auf die oralmotorische Entwicklung auswirken. Ein muskuläres Ungleichgewicht der Wangen-, Lippen- und Zungenmuskulatur wirkt sich auf das Kieferwachstum sowie auf die damit verbundene Zahnstellung aus. Eine ausgeprägte Kiefer- und Zahnfehlstellung erschwert dann ein effektives und sicheres Abbeißen sowie das Zerkleinern der Nahrung.

Eine spätere Versorgung mit einer Zahnspange bzw. das Trainieren eines physiologischen Schluckmusters mit Hilfe einer Logopädin ist, bedingt durch die eingeschränkte Körperwahrnehmung, oft schwierig und erfordert eine ganzheitliche Unterstützung. Menschen mit einer neurodivergenten Wahrnehmung benötigen für ein Umlernen mehr Zeit, mehr Aufmerksamkeit und ein besonders gutes Durchhaltevermögen. Hier sind Schwerpunktbehandlungen nach Ansätzen wie PNF (propriozeptive neuromuskuläre Fazilitation nach Kabat und Knoot), kompensatorische Methoden (wie Verhaltensänderungen während des Schluckaktes) oder adaptierende Maßnahmen (wie spezielle Kost oder Ess- und Trinkhilfen) erforderlich. Das Castillo Morales-Konzept ist ein ganzheitlicher, neurophysiologisch orientierter Ansatz. Die entsprechenden Therapien sollten ausschließlich von geschulten Logopädinnen, Ergotherapeutinnen oder Physiotherapeutinnen durchgeführt werden.

2.4.2 Frühgeborene

Frühgeborene haben einen ganz besonders schweren Start ins Leben. Laut Studien (z.B. Bracewell et al., 2007) haben frühgeborene Kinder eine hohe Wahrscheinlichkeit, eine neurodivergente Wahrnehmung zu entwickeln. Bei 7% dieser Kinder wird später die Diagnose Autismus gestellt, im Gegensatz zu 1% der Gesamtbevölkerung. Auch wenn bei einer zu frühen Geburt zum Teil die Organe schon gut entwickelt sind, wirkt sich die fehlende Zeit im Bauch der Mutter auf unterschiedliche Weise auf die Kindesentwicklung aus: Das Frühgeborene spürt nur wenig oder kaum die zunehmende Enge in der Gebärmutter: Je größer der Fötus wird, umso weniger Platz steht ihm zur Verfügung und umso intensiver erlebt das Kind vestibuläre und propriozeptive Impulse. Auch eine Geburt, mit intensiven Druck- und Zugerfahrungen, fehlt bei den Frühgeborenen. Die intensiven Erfahrungen, in Bezug auf den eigenen Körper, sind jedoch eine wichtige Grundlage für darauf aufbauende Fähigkeiten, insbesondere der eigenen Körperwahrnehmung.

Erschwerend kommt hinzu, dass Frühgeborene zumeist noch nicht selbstständig saugen oder sogar atmen können. Je nach Entwicklungsstand werden sie deshalb mit Beatmungsschläuchen, Sensoren oder Sonden versorgt. Zusätzlich stellen Pflaster und weitere Fremdkörper, insbesondere im Gesichtsbereich, Stimuli dar, welche vom Kind wahrgenommen und verarbeitet werden müssen. Oft werden diese Informationen nach einiger Zeit bedingt durch die Habituation nicht mehr gespürt, zugleich fehlt aber das Erleben und Wahrnehmen wohltuender Spürimpulse.

Die häufigen Notfallsituationen in der Erstversorgung, wie abfallende Sättigungswerte, akute Entzündungen und vieles mehr, führen zudem immer wieder zu einem Anstieg des Stresspegels, was sich wiederum auf die (Mund-)Wahrnehmung und somit auf deren weitere Differenzierung auswirkt. Auch ohne eine spätere Autismus-Diagnose zeigen viele Frühgeborene lebenslang eine neurodivergente Wahrnehmung im Mund- und Rachenbereich.

2.4.3 Sondenernährung

Wenn es Säuglingen, insbesondere Frühgeborenen, aber auch Kindern oder Erwachsenen nicht möglich ist, ausreichend Nahrung aufzunehmen, können

2 Trinken und Essen – ein lebenswichtiges Bedürfnis

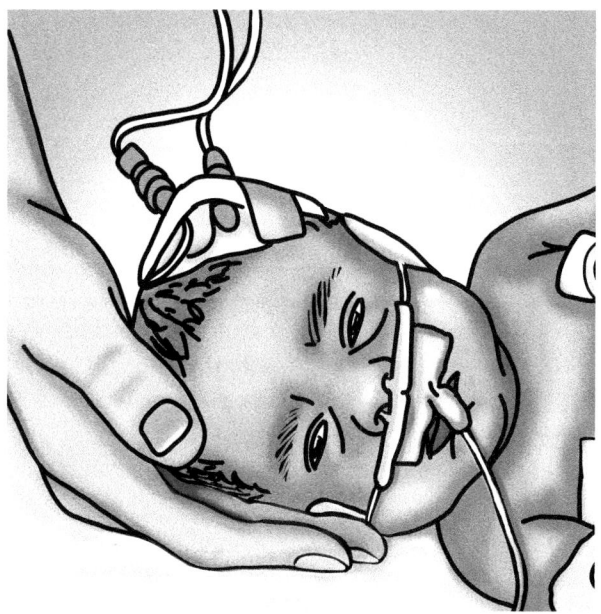

Abb. 2.2: Kabel, Schläuche, Pflaster und Sensoren helfen beim Überleben, bieten jedoch wenig Positives zum Spüren.

Flüssigkeit und Nahrung über eine Sonde zugeführt werden. So wird der Körper mit lebenswichtiger Energie und Nährstoffen versorgt. Es gibt Magen- und Nasensonden. Eine Magen- oder Ernährungssonde (PEG) wird direkt in den Magen oder Dünndarm gelegt und ist mit einem kleinen operativen Eingriff verbunden. Nasensonden verlaufen über die Nase und den Rachen bis zum Verdauungstrakt. Sie sind deutlich leichter einzusetzen und bei Bedarf auch wieder schnell zu entfernen. Eine Nasensonde stellt allerdings einen nicht unerheblichen körperlichen Impuls im Nasen- und Rachenraum dar. Einige Kinder lenken ihre Aufmerksamkeit gezielt weg von den unangenehmen Informationen, auf weitere Körperbereiche, wie die Hände oder die Füße. Andere richten ihre Aufmerksamkeit weg vom eigenen Körper, hin auf umgebende visuelle oder auditive Informationen. Diese Kinder werden häufig als sehr »neugierig« und »wach« beschrieben, möglicherweise auch ein Anzeichen für eine verstärkte und anhaltende Übererregung und/oder einer autistischen Wahrnehmung.

Gerade bei einer sehr frühen Sondenversorgung fehlt dem Kind somit die grundlegende Erfahrung, dass der Mund ein Ort für Impulse des Wohlgefühls und der Entspannung sein kann. Ähnlich wie bei Frühgeborenen können dauerhafte irritierende Impulse die sensorische und motorische Entwicklung einschränken. Nicht nur im Hinblick auf die Pflege sollte deshalb darauf geachtet werden, dass der Mundbereich immer auch wohltuende Stimuli der verschiedenen Wahrnehmungsbereiche erfährt.

Fazit: Je nach Diagnose, Grunderkrankung oder weiteren Belastungen sind die in diesem Buch vorgestellten Hilfen anwendbar, beziehungsweise sollten weitere Unterstützungsmöglichkeiten hinzugefügt werden. Eine Verbesserung der Wahrnehmung der am Trinken und Essen beteiligten Systeme ermöglicht aber in den meisten Fällen auch eine Verbesserung der Gesamtsituation, vor allem aber ermöglicht es eine Verbesserung der gefühlten Lebensqualität.

3 Die oralmotorische Entwicklung

Um die Besonderheiten in Bezug auf das Trink- und Essverhalten bei Menschen im Autismus-Spektrum besser zu verstehen und um diese auch im Hinblick auf Basisfähigkeiten und aufbauende Fertigkeiten besser einordnen zu können, ist ein Blick auf die physiologische Entwicklung bei Säuglingen und Kleinkindern hilfreich. Anschließend werden die entsprechenden Besonderheiten im Zusammenhang mit der autistischen Wahrnehmung aufgeführt.

In ihren ersten Lebensmonaten erlernen die Kinder die Fähigkeiten wie Saugen, Abbeißen, Kauen und Schlucken, welche sie in den folgenden Jahren zunehmend differenzieren werden. Die dabei beteiligten Wahrnehmungssysteme entwickeln sich schon vor der Geburt. Im Bauch der Mutter macht der Fötus bereits vielfältige sensorische Erfahrungen. Das Ungeborene reagiert um die 7. SSW auf Berührungen an den Lippen. Am Ende des ersten Schwangerschaftsdrittels ist beobachtbar, wie der Fötus an seinem Daumen lutscht oder das Fruchtwasser schluckt. Auch eine erste Prägung von Schmecken und Riechen findet im Mutterleib statt. Bereits in der 28. SSW beginnen die Nerven für den Geruchssinn zu arbeiten. Zwischen der 32. und 36. SSW unterscheidet der Fötus bereits zwischen unterschiedlichen Geschmacksreizen (siehe Ustun, Reissland, Covey, Schaal, & Blissett, 2022). So zeigen sich die Ernährungsvorlieben der Mutter während der Schwangerschaft zum Teil auch bei der späteren Geschmacksauswahl der Kinder.

Unauffällige Entwicklung der sensorischen und oralmotorischen Fähigkeiten beim Trinken und Essen:

- Die altersgemäße Kalorienzufuhr bzw. die Mengenangaben werden eingehalten.
- Das Kind probiert zunehmend Neues aus.
- Die Aufnahme unterschiedlicher Nahrungsmittel und Nahrungsmittelgruppen ist möglich.
- Durst und Hunger werden angezeigt.
- Trinken und Essen bereiten Freude und Genuss.
- Das Kind nimmt unterschiedliche Gegenstände in den Mund, um diese zu entdecken (▶ Kap. 3.5).

Um das erste Lebensjahr sind Schmecken und Riechen, insbesondere aber das Spüren über Muskeln, Sehnen und Gelenke sowie das Tasten über die Haut die Systeme, mit denen das Kind sich selbst und seine Umwelt entdeckt. Dies gilt insbesondere für den Mundbereich und die damit verbundene Nahrungsaufnahme.

> »Essen ist ein Entwicklungsvorgang, der sich im Laufe der Zeit wandelt, während das Kind mit seinen Essfertigkeiten vertrauter wird.«
> »Früh im Leben beginnt der Säugling zu lernen, wie er die Muskeln und Bewegungen einsetzen kann, die er später braucht, um essen und sich beruhigen zu können.«
> (Ernsperger & Stegen-Hanson, 2015, S. 17 und S. 31).

3.1 Saugen und Trinken

In den ersten Wochen nimmt das Kind zuerst Milch zu sich, später kommen weitere Flüssigkeiten hinzu. Zu Beginn wird der Säugling häufig voll gestillt, teilweise ergänzt die Flaschenkost die Nahrungsaufnahme. Bei Frühgeborenen, bei Kindern mit Behinderungen oder auch aus anderen Gründen ist ein alleiniges Stillen zum Teil nicht möglich oder nicht erwünscht und die Nahrungsaufnahme erfolgt ergänzend oder von Beginn an über die Flasche. Bei einigen wenigen Kindern sind weder Stillen noch das Saugen aus der Flasche ausreichend möglich und es muss ggf. eine Sondenernährung ergänzend oder vollständig ersetzend angeboten werden.

Beim regulären Saugen umschließt das Kind mit den Lippen fest die Brustwarze oder den Sauger. Dieser Trinkvorgang und der damit verbundene Schluckvorgang ist zu Beginn nur wenig differenziert und läuft reflexartig ab. Der gesamte Mundboden drückt dabei die Flüssigkeit nach hinten, um den Schluckvorgang auszulösen. Die Speiseröhre befindet sich noch eng neben der Luftröhre, was bedeutet, dass für den weiteren Transport nur wenig Koordination notwendig ist und die Nahrung sicher zum Magen weitergeleitet wird. Zu Beginn saugt und atmet der Säugling (fast) gleichzeitig. Wenn sich ausreichend Milch im Mund befindet, wird die Atmung für weniger als eine Sekunde unterbrochen, das Kind schluckt und erst dann wird die Atmung fortgesetzt. In den ersten Wochen benötigt das Kind deshalb keine (längere) Atempause und es scheint, als würde es zeitgleich schlucken und atmen. Bedingt durch das Körperwachstum kommt es mit ungefähr drei Monaten zu einer leichten Verschiebung im Bereich des Kehlkopfes, jetzt ist eine längere Pause und ein darauf angepasster Ablauf notwendig. Mit weiterer Reifung etabliert sich bald ein wechselnder, gut sichtbarer Rhythmus zwischen Essensaufnahme und Atmung.

Das Saugen an der Brust dient jedoch nicht nur der Nahrungsaufnahme, sondern wirkt im besonderen Maße entspannend. Die Berührung der warmen Haut, das Tasten und Umfassen der Brustwarze und auch das Spüren des Herzschlags der Mutter sind feine Impulse über die Haut, die sich regulierend auf das Nervensystem auswirken und folglich die Bindung zwischen Mutter und Kind stärken.

In den ersten Lebensmonaten entwickelt der Säugling die sogenannte **oralmotorische** Kontrolle. Bereits für das gezielte Saugen bedarf es der Koordination einzelner Bewegungsmuster und eines ausgewogenen Zusammenspiels der Lippen-, Wangen-, Zungen-, Kiefer- und Rachenmuskulatur. Zudem sind diese Abläufe Voraussetzung für die weitere Kauentwicklung, die Umstellung auf Beikost und folgend auf feste Kost.

Besonderheiten im Autismus-Spektrum
Bedingt durch die autistische Wahrnehmung zeigen sich zum Teil bereits bei den ersten Schritten der Nahrungsaufnahme bei einigen Kindern im Spektrum Auffälligkeiten.

Mögliche Auffälligkeiten bei der sensorischen und oralmotorischen Entwicklung beim Saugen und Trinken:

- Die Aufnahme der empfohlenen, altersgerechten Flüssigkeitsmenge gelingt nicht.
- Das Anlegen an der Brust wird abgewehrt.
- Der Säugling »beißt« eher in die Brust der Mutter.
- Beim Sauger muss das Loch vergrößert werden.
- Es werden viele verschiedene Sauger ausprobiert, bis einer davon toleriert wird.
- Es kommt zu häufigem Verschlucken beim Saugen und Trinken, bis hin zum Erbrechen.
- Es wird viel Luft mitgeschluckt, der Säugling hat vermehrt Blähungen oder Koliken.
- Ein großer Teil der Milch läuft wieder aus dem Mund und später wird aus dem Becher »unsauber« getrunken.
- Die Umstellung auf das Trinken aus Flasche/Becher gelingt nicht oder nur stark verzögert.

- Die Wechsel zwischen Saugen, Schlucken und Atmen benötigen besonders viel Zeit.
- Es werden zum Teil längere Unterbrechungen beim Trinken benötigt.
- Ein Lutschen oder Saugen an den eigenen Fingern, am Schnuller oder einem Kuscheltier findet nicht statt.
- Ein Lutschen oder Saugen am Schnuller oder anderen Gegenständen wird besonders intensiv genutzt.

Mit dem Wachstum des Säuglings wird für die Nahrungsaufnahme ein leicht veränderter Bewegungsablauf und eine nochmals verbesserte Koordination benötigt. Bei einigen autistischen Kindern zeigt sich erst jetzt ein vermehrtes Verschlucken oder Hervorhusten der Nahrung. Bei manchen gelingt das Trinken mit der Flasche eventuell besser, da dieses mit weniger feinen, für den Säugling zum Teil verwirrenden Hautkontakten an Wangen und Lippen verbunden ist. Für andere hingegen bietet der Silikonsauger, auch wenn er der Form einer Brustwarze nachempfunden ist, ein unangenehmes, weniger eindeutiges Gefühl. Eltern berichten rückblickend, dass das Trinken aus der Flasche erst mit einem festeren Kautschuk-Sauger möglich wurde.

Mit jeder problematisch ablaufenden Fütterungssituation, mit jedem weiteren Verschlucken und Nach-Luft-Ringen festigt sich das Wissen um eine mögliche Gefahrensituation. Das hat zur Folge, dass Angst und eine damit verbundene erhöhte Anspannung sich bald bereits zu Beginn jeder Mahlzeit zeigen und die Nahrungsaufnahme in ihrer Gesamtheit zu einer stark belastenden Situation für die ganze Familie wird. Die ausbleibende Entspannung, die sich normalerweise durch den engen Körperkontakt mit der Mutter einstellt, wird zum Teil im gesamten Tagesablauf deutlich: In den ersten Wochen kann sich das Neugeborene deutlich schlechter beruhigen und auch Nuckeln und Lutschen wirken nicht beruhigend.

Für viele autistische Menschen bleibt das Trinken auch im weiteren Verlauf, zum Teil bis in das Jugend- und Erwachsenenalter, problematisch.

»Er kann auch nicht ›richtig‹ trinken. Er hat mit allen ›Öffnungen‹ Probleme, die größer sind als ein Strohhalm. Er nimmt zum Beispiel bei einer normalen Wasserflasche die komplette Öffnung in den Mund und schüttet dann alles in sich hinein ohne mit der Zunge den Trinkfluß steuern zu können. Somit verschluckt er sich und das meiste fließt wieder aus ihm hinaus.« (Selbsthilfeforum aspies.de, 18.03.2004)

3.2 Feste Kost – Essensaufnahme und Transport

Mit ca. sechs Lebensmonaten beginnt für viele Kinder die Umstellung auf vorerst breiige, dann festere Kost, zunehmend mit unterschiedlichen Geschmäckern und Konsistenzen. Dies setzt im weiteren Verlauf Abbeißen und Kauen voraus. Um die erforderlichen motorischen Abläufe sowie deren Koordination absolvieren zu können, wird ein differenziertes Wahrnehmen der unterschiedlichen Oberflächen und Konsistenzen aber auch des eigenen Körpers notwendig; nur so kann das Essen entsprechend verarbeitet und geschluckt werden.

Abbeißen, Kauen und Schlucken
Feste Nahrung kann entweder in bereits passenden Einzelportionen auf einem Löffel bzw. einer Gabel aufgenommen oder mit Hilfe der Zähne kann von einem größeren Teil abgebissen werden. Die Zunge transportiert das Essen unter die Zähne, ein ausgiebiges Kauen zersetzt dann größere Stücke und festere Nahrung in kleinere Bestandteile. So wird aus einem Bissen, z. B. eines belegten Brotes, bald ein gut geformter homogener Bolus (Nahrungskloß) oder auch ein gleichmäßig durchmischter Nahrungsbrei. Die auf der Zunge, in Form einer Schüssel gehaltene Portion wird durch eine Wellenbewegung nach hinten transportiert. Das Lebensmittel gelangt dann über den Rachen in die Speiseröhre. Das Kauen ist bereits Bestandteil der mechanischen Verdauung und regt zudem die Speicheldrüsen an. Die Nahrung wird eingespeichelt und trockene Lebensmittel werden angefeuchtet. Mit Hilfe der darin freigesetzten Verdauungsenzyme, findet eine erste chemische Verdauung statt, u. a. von Stärke und Fett. Durch den Schluckvorgang wird das Essen dann weiter in den Magen transportiert.

Das Spüren und die Verarbeitung der Nahrung ist ein hochkomplexer und sehr spezifischer Vorgang. Ein weicher Brei kann fast direkt in den hinteren Mundbereich transportiert und geschluckt werden, ein Brötchen oder ein Stückchen Apfel erfordern jedoch eine intensivere Bearbeitung sowie ein gutes Zusammenspiel der beteiligten Mund-, Zungen- und Rachenmuskulatur. Die Nahrungsmittel werden bald immer vielfältiger und somit unberechenbarer. Da im Mundraum keine visuelle Kontrolle möglich ist, wird es umso wichtiger, die Lage, Größe und Beschaffenheit differenziert spüren zu können. Beim Abbeißen, Kauen und Einspeicheln verändern sich zudem die Form, die Oberfläche und auch die Struktur des Aufgenommenen und die Bewegungen und Abläufe müssen immer wieder neu darauf abgestimmt werden.

Besonderheiten im Autismus-Spektrum

Autistische Menschen zeigen aufgrund der veränderten Wahrnehmung auch Besonderheiten bei der Essensverarbeitung und dem Transport. Ein nicht ausreichendes Spüren beim Aufnehmen, beim Verarbeiten und beim Schlucken beeinflusst die Auswahl der Nahrung sowie den gesamten Trink- und Essensprozess. Es kommt zu Überforderung durch diffuse oder zu intensive Informationen oder durch die Veränderungen der Lebensmittel während der Verarbeitung im Mund. Bedingt durch eine fehlende Anregung der Mund- und Kiefermuskulatur wird diese nicht ausreichend trainiert, entwickelt sich unzureichend und erschwert zusätzlich ein gutes Zusammenspiel der Bewegungen für die Nahrungsaufnahme. Bei Auffälligkeiten in diesem Bereich sollte zudem darauf geachtet werden, ob muskuläre, organische oder neurologisch bedingte Erkrankungen hinzukommen. Eine klinische Schluckdiagnostik kann dies abklären und eine medizinische (Zusatz-)Versorgung kann unterstützend erfolgen.

Mögliche Auffälligkeiten beim Abbeißen, Kauen und Schlucken:

- Essen wird zunehmend mit negativen Erlebnissen assoziiert und stetig bedrohlicher.
- Die Umstellung auf die feste Kost gelingt nicht oder nur stark verzögert.
- Die empfohlene, altersgerechte Nahrungsmenge wird nicht erreicht.
- Feste Kost wird verweigert.
- Abbeißen wird vermieden.
- Essen und Kauen sind nur stehend oder in Bewegung möglich.
- Die Kaumuskulatur ist stark hypo- oder hyperton.
- Lebensmittel werden unzerkaut geschluckt.
- Es werden bevorzugt große und feste Lebensmittel aufgenommen und geschluckt.
- Es werden gefährdende Fremdkörper oder Substanzen geschluckt (▶ Kap. 2.3.2).
- Im Kehlkopf- und Brustbereich wird nach intensiven Druckinformationen gesucht, z. B. durch Schläge mit der Faust.
- (Sanfte) Berührungen im Halsbereich werden vermieden.
- Nahrung wird häufig hochgewürgt oder erbrochen, es wird häufig aufgestoßen.
- Es wird häufig Luft geschluckt.
- Es findet eine anhaltende Produktion von Rachenlauten statt.

»Mein Sohn war in der Nahrungsauswahl und der Anzahl an Lebensmitteln, die er zu sich nahm, tatsächlich sehr wählerisch und eingeschränkt. Milch in jeglicher Form geht immer, Laugenstangen und Brezeln auch. Joghurt nur von einer Firma, aber auch nur in drei bestimmten Geschmacksrichtungen und eine Sorte Pudding. Ach ja und mindestens drei Jahre lang gab es jeden Abend ausschließlich Spaghetti Bolognese.« (Schmitt-Lemberger, 2020, S. 185)

»Meine Tochter war damals sehr erstaunt darüber, dass ich zu einer Fortbildung gehen muss, um solche Selbstverständlichkeiten zu lernen. Sie sagte mir damals, dass es doch klar sei, dass sie so lange zum Essen brauche, weil sie doch nie wisse, wann die Bissen klein genug zerkaut seien, damit man sie runterschlucken könne. Sie habe auch schon öfter riesige Stücke hinuntergeschluckt und das sei so unangenehm gewesen, dass sie jetzt immer vorsorglich extra lang kaue, um kein Risiko einzugehen. Sie war wirklich sehr erstaunt darüber, dass mir das neu war.« (Rückmeldung einer Teilnehmerin im Elternkurs, Oktober 2023)

3.3 Hunger und Sättigungsgefühl, Durst und »Sitt«

In den ersten Lebenswochen zeigt der Säugling durch sein Schreien an, dass er mit Nahrung versorgt werden muss. Säuglinge werden Durst und Hunger anfangs noch nicht unterschieden können. Aber bald wird entweder ein fehlendes Druck- oder Sättigungsgefühl oder ein Ziehen im Magenbereich explizit wahrnehmbar und vermittelbar sein. Ein differenziertes Spüren im Mund, hinsichtlich einer ausreichenden Flüssigkeitszufuhr, wird erst im Laufe der oral-sensorischen Entwicklung möglich. Auch im Erwachsenenalter machen uns Durst und Hunger mehrmals am Tag darauf aufmerksam, Flüssigkeit oder Nahrung aufzunehmen. Das Sättigungsgefühl, aber auch Hunger und Durst sind sogenannte Allgemeinempfindungen, die uns Informationen über unseren Körper und unsere Bedürfnisse mitteilen. Ein trockenes Gefühl in der Mundhöhle weist uns darauf hin zu trinken. Den Zustand der Befriedigung dieses Bedürfnisses wird zum Teil als »Sitt« bezeichnet und ist eng mit der taktilen Wahrnehmung im Mund verbunden. Ein Ziehen im Magenbereich oder auch ein Magenknurren zeigt uns, dass wir feste kalorienreiche Nahrung aufnehmen sollten. In manchen Situationen können auch Schwindelgefühle, Übelkeit oder zitternde Hände ein Marker für eine notwendige zeitnahe Versorgung mit Trinken und Essen sein. Die aufgenommene Nahrung führt zu einer Dehnung der Magenwand, woraufhin entsprechende Sättigungssignale an das Gehirn gesendet werden. Die Aufnahme der Energie, insbesondere von Glukose, führt zu einer Ausschüttung der Hormone Insulin und Amylin, welche ebenfalls eine Sättigungsbotschaft an das Gehirn senden. Dieser Vorgang benötigt in der Regel ca. 15–20 Minuten und dementsprechend muss dafür ausreichend Zeit eingeplant werden. Ein gut gefüllter Magen ist für die meisten Menschen ein wohltuender Impuls.

Besonderheiten im Autismus-Spektrum
»Lassen Sie das Kind einfach ein paar Tage hungern, der Hunger wird es dann schon machen!« Solche und ähnliche Aussagen von Freundinnen, Verwandten, aber auch von Fachleuten hören Eltern von schlechten Esserinnen und insbesondere von autistischen Kindern immer wieder.

»Hunger« als Motivationshilfe ist eine fragwürdige Methode, bei der die Lust am Essen durch eine Notsituation angeregt werden soll. Wenn die Verweigerung durch ein nicht ausreichendes Spüren im Mund- und Rachenraum resultiert, sind Angst und Ablehnung wichtige Signale, die weder ignoriert noch abtrainiert werden sollten. Bei einem ausgeprägten Hungergefühl erschweren die erhöhte Erregung sowie die Unterversorgung des Körpers die Trink- und Essenssituation deutlich. Bei vielen Menschen mit autistischer Wahrnehmung greift Hunger als »Hilfestellung« zudem nicht. Bedingt durch eine eingeschränkte Körperwahrnehmung werden weder ein Hunger- (▶ Kap. 7.2 Propriozeptive Wahrnehmung) noch ein Durstgefühl (▶ Kap. 7.3 Taktile Wahrnehmung) gespürt.

Mögliche Auffälligkeiten in Bezug auf Durst, Hunger oder das Sättigungsgefühl:

- Durst, Hunger, Sitt und Sättigungsgefühl werden nicht oder erst deutlich verspätet wahrgenommen.
- Durst, Hunger, Sitt und Sättigungsgefühl werden gezielt gesucht.

Übliche Hinweise wie »Das Essen wird doch sonst kalt« oder »Gerade ist keine Essenszeit« versuchen den Zeitpunkt, wann das Essen aufgenommen wird, von außen und mit einem Plan festzulegen. Aussagen wie »Du musst doch etwas trinken oder essen« oder »Du kannst doch nicht noch immer durstig/hungrig sein« bewerten das körperliche Spüren in Bezug auf Durst und Hunger von außen und stimmen oft nicht mit dem tatsächlich empfundenen Körpergefühl überein. Auch die Anmerkung, dass Erkrankungen, Untergewicht oder Übergewicht drohen, sind wenig hilfreich und verbessern nicht das Gespür für den eigenen Körper und die Nahrungsaufnahme.

Fallbeispiel: Bericht einer Mutter

Ein ausbleibendes Durst-/Hungergefühl ist zum Teil bereits sehr früh beobachtbar. Eine Mutter berichtete mir, dass ihr Sohn Jan in den ersten Monaten ein sehr ruhiges und scheinbar zufriedenes Kind war. Dass das typische und sonst regelmäßig beobachtbare Schreien, welches anzeigt, dass es Zeit für die nächste Mahlzeit ist, ausblieb, verwunderte jedoch zunehmend. Anfangs wartete seine Mutter erst einmal ab und war froh einen so »pflegeleichten« Säugling zu haben. Aber auch nach längeren Stillpausen (bis zu 7 Stunden) zeigte Jan keine Anzeichen von Unwohlsein. Er schrie nicht, wenn die Nahrung ausblieb. Jan spürte seinen Durst/Hunger nicht! Die junge Mutter legte ihn deshalb bald auch ohne ein Anzeichen von Bedarf an, damit er ausreichend versorgt wurde.

Jedoch gestaltete sich auch das Stillen als schwierig: Das Umfassen der Brustwarze, das Saugen und Schlucken benötigten viel Aufmerksamkeit und Kraft. Eine zunehmende Koordination der unterschiedlichen Fähigkeiten war kaum beobachtbar. Die Überforderung beim Stillen zeigte sich durch eine zunehmende Unruhe und eine aktive Abwehr bereits nach wenigen Schlucken. Während oder auch nach dem Stillen schrie Jan so laut er konnte und er kam zum Teil erst lange danach wieder zur Ruhe. Vielleicht war es auch nicht nur die Nahrungsaufnahme selbst, welche ihn überforderte, sondern vielleicht war das folgende Sättigungsgefühl für Jan mit einer unangenehmen oder gar schmerzhaften Information verbunden.

Das körperliche Bedürfnis, die erforderliche Flüssigkeitszufuhr zu bedienen, ist bei autistischen Menschen ebenfalls oft verzerrt. Im Gegensatz zu dem Druck- oder Leereimpuls im Magen ist für die Wahrnehmung der Schleimhäute im Mund eine nochmals deutlich differenziertere Wahrnehmung notwendig und auch die Zuordnung ist nochmals schwieriger. So spüren autistische Personen oft keinen Durst oder kein Gefühl von Sitt nach ausreichender Flüssigkeitszufuhr.

> »Ich selbst habe kein Durstgefühl. Ich nehme Durst nicht wahr (Hunger hingegen sehr!). Ich habe früher Leichtathletik gemacht und war immer ganz verwundert, dass alle Kinder Trinkflaschen mithatten. Ich bin hin geradelt zum Training, hab trainiert und bin zurück geradelt und habe keinen einzigen Schluck zum Trinken gebraucht. Das ist auch heute noch so. Wenn ich mich nicht zwingen würde, zumindest einen halben Liter zu trinken, würde ich dies nicht mal jetzt schaffen.« (@kopfueberbunt, 11.07. 2024).

Um ein ausgewogenes, gesundheitsunterstützendes und wohl empfundenes Durst- und Hungergefühl zu ermöglichen, muss die Ursache, nämlich eine verringerte oder besonders intensive Körperwahrnehmung in den Fokus rücken. Verbunden mit einem positiv empfundenen Sitt und Sättigungsgefühl kann die Nahrungsaufnahme zu einem entspannenden Moment im Tagesverlauf werden und die Lebensqualität stärken.

3.4 »Habits« oder Lutschgewohnheiten

»Habit« bezeichnet wortwörtlich eine Gewohnheit. Im Kindes- und Jugendalter bezieht sich der Begriff »Habit« bevorzugt auf »schlechte« Gewohnheiten wie Daumenlutschen, das Saugen am Schnuller, Fingernägelkauen, Zungenpressen, Wangenkauen oder auch Zähneknirschen. Besonders der Zusatz »schlecht« offenbart die oftmals negative Wertung dieser Verhaltensweisen. Besonders Kieferorthopädinnen plädieren früh für ein Abgewöhnen (bis spätestens zum 3. Lebensjahr), da sie negative Auswirkungen auf das Schluckmuster, die Zungenruhelage und die Zahnstellung befürchten. Weitere mögliche Folgen bei ausgeprägten Lutschgewohnheiten können fehlender Lippenschluss, schmale Nasengänge oder auch Artikulationsstörungen sein. Die meisten Kinder legen ihr Habit mit Unterstützung der Eltern rechtzeitig ab. Mit Hilfe von unterschiedlichen Ritualen können sich die Kinder von ihrem Schnuller trennen. *Daumex*, ein bitter schmeckender Nagel-Schutzlack, unterstützt bei der Abgewöhnung des Daumenlutschens.

Besonderheiten im Autismus-Spektrum
Wenn autistische Kinder ihre Lutschgewohnheiten nicht im entsprechenden Zeitrahmen ablegen und diese weiterhin intensiv zur Regulation nutzen und wenn zudem in der oralmotorischen Entwicklung sowie beim Trinken und Essen Besonderheiten zu beobachten sind, ist ein isoliertes Abgewöhnen dieser Handlungen nicht empfehlenswert. Das Habit hat dann zumeist eine wichtige Funktion. Das Lutschen am Daumen oder am Schnuller wirkt besonders regulierend. Wie beim Stillen zeigt sich hier eine entspannende Wirkung, welche die Kinder als notwendige Ressource dringend benötigen, zum Teil auch bis in das spätere Kindergarten- oder sogar Schulalter. Bei einigen Kindern verschwindet das Habit hingegen, aber manchmal nur auf den ersten Blick. Bei genauerer Betrachtung wird deutlich, dass die Gewohnheit gegen eine unauffälligere Handlung ausgetauscht wurde: Das Kind oder auch der Erwachsene kaut an den Fingernägeln, an einem Stift oder lutscht und kaut an seinem Shirt oder auf seinen Haaren herum.

»Ich habe auch Daumen gelutscht bis ich 11 war, mein Kiefer war extrem verformt, ich habe auch richtig gesaugt und im Stress die Nase aufgekratzt.« (Selbsthilfeforum aspies.de, 18.03.2024)

Nicht nur ein stark verspätetes oder ausbleibendes Ablegen des Habits ist ein Anzeichen für einen Hilfebedarf, sondern auch, wenn Kinder im gesamten Säuglings- und Kleinkindalter keine Lutschgewohnheiten entwickeln und der Mund nicht zur Exploration genutzt wird. In jedem Fall sollten ausreichend Entspannungshilfen im Mund und für den gesamten Körper erarbeitet werden.

Wichtig: Im Hinblick auf eine Stärkung der oralmotorischen und sensorischen Entwicklung und damit verbunden einer Lenkung der Aufmerksamkeit auf den Mundbereich ist es möglich, dass neue intensiv genutzte Habits zeitweise hinzukommen.

3.5 Orale Exploration

Im ersten und zweiten Lebensjahr nehmen Kinder neben der Brust der Mutter, dem Sauger und ihrem favorisierten Habit viele weitere Dinge in den Mund. In der oralen Explorationsphase untersuchen sie mit Hilfe des gesamten Mundbereichs, aber vor allem mit Lippen, Zunge, und Kiefer die eigenen Finger und Füße sowie unterschiedliche Gegenstände – sie saugen, lecken ab oder kauen darauf herum. Diese orale Phase ist einerseits wichtig zur Entdeckung unterschiedlicher Materialien, ihrer Festigkeit, der entsprechenden Oberflächen und ihrer unterschiedlichen Geschmäcker. Die Kinder lernen andererseits aber auch ihren Mund kennen, erfahren seine Begrenzungen und verbessern damit die Funktionsweise des orofazialen Systems. Zusätzlich wirken die unterschiedlichen sensorischen Impulse im Mundbereich, das Lutschen und Saugen, das orale Entdecken unterschiedlicher Materialien wie auch das Stillen und der Gebrauch der »Habits« entspannend.

Dabei sichern Eltern und Umfeld in der regulären oralen Explorationsphase bestimmte Materialien vor dem Zugriff der Kinder, damit sie keine Kleinteile, Gegenstände mit scharfen Kanten oder weitere gefährdende Materialien und Substanzen in den Mund nehmen und verschlucken. Wenn die Kinder doch etwas finden, was nicht gut für sie ist, verbieten und unterbinden die Eltern die aktive Aufnahme und bieten Alternativen an. Nach einigen Monaten verringert sich das Bedürfnis der Kinder, die Welt mit dem Mund zu entdecken. Ihre Umwelt erkunden sie zunehmend mit ihren Händen und Fingern und bald vermehrt auch durch Beobachtung. Ihre oralen Bedürfnisse werden nun durch einige wenige, aber dafür geeignete Gegenstände und über die Nahrungsaufnahme gedeckt.

Besonderheiten im Autismus-Spektrum
Anfangs ist ein Ausbleiben der oralen Explorationsentwicklung für viele Eltern eine Erleichterung. Sie bemerken erstaunt, dass eine liegengebliebene Murmel oder auch der Sand am Strand nicht in den Mund genommen und probiert werden und dass hier keine Gefahr droht. Aber eine ausbleibende orale Exploration bedeutet, dass die Kinder einerseits ihre Umwelt nur eingeschränkt entdecken und erleben können und zudem, dass sie sich selbst und diesen spezifischen Körperbereich nicht ausreichend kennen lernen und differenzieren können. Wenn sich um das erste Lebensjahr im Gegensatz dazu das andere Extrem zeigt, nämlich dass die Kinder besonders viele Gegenstände in den Mund nehmen, mit zum Teil besonders starken Druck- oder Geschmacksinformationen oder wenn sie ständig auf der Zunge oder auf den Lippen kauen, zeigt auch dies ein anderes Spüren an. Bei einem zu intensiven oder nicht ausreichenden Erleben des Mundbereiches werden sich in der oralmotorischen Entwicklung Auffälligkeiten zeigen.

> »Eine Eigenheit, die eigentlich nicht wirklich mit Essen, sondern eher mit der Wahrnehmung über den Mund zu tun hat, ist bei Niklas, dass er alles verspeist: von Pferdeäpfeln, Gras, Erde, Nacktschnecken und Stiften bis hin zur kleinen Glühbirne an Lichterketten. Das ist natürlich weniger witzig und erfordert auch ständiges Beaufsichtigen, denn auch wenn ein verspeister blauer Buntstift abenteuerlich in der Windel anzusehen ist, ist er dennoch eher ungefährlich.
>
> Ein genüsslich zerkautes Glühbirnchen ist dagegen weniger amüsant. Diese Eigenheit hat leider bis heute nicht nachgelassen. Niklas verspürt offenbar einen unwiderstehlichen Drang, wirklich alles über den Mund zu erspüren und zu erschmecken.«
> (Bauerfeind, 25.10.2016)

Die im vorliegenden Buch aufgezeigten Hilfestellungen haben das Ziel, den Mundbereich (neu) zu entdecken und ihn positiv wahrzunehmen. Nochmals oder auch erstmals wird der Mund intensiv zum Erkunden der Umwelt und zur Stimulation genutzt. Es zeigt sich eine um Jahre verspätete Explorationsphase, unabhängig vom tatsächlichen Alter. Die Aufmerksamkeit auf damit verbundene Gefahren ist bei Eltern und Begleitenden zu diesem Zeitpunkt nicht mehr vorhanden. Je älter die Betroffenen sind, umso mobiler und selbstständiger sind sie und umso schwieriger ist es zudem, ausreichende

Vorsichtsmaßnahmen zu treffen. Eine verzögerte orale Exploration ist oft mit einem hohen Gefährdungspotential verbunden!

Mögliche Gefahrensituationen bei verzögerter oraler Explorationsphase:

- Zuvor ungefährliche Gegenstände wie Kugelschreiber, Kunststoffboxen oder andere Holz- oder Plastikgegenstände werden zerbissen. Durch das Absplittern oder Zerbrechen sind u. a. Schnittverletzungen möglich.
- Es wird gezielt nach besonders interessanten Konsistenzen und Geschmäckern gesucht, wie ein Stück Tapete, alte Kaugummis, Zigarettenkippen oder Desinfektionsmittel.
- Spielmaterialien mit schluckbaren »Kleinteilen«: Spiele, welche für Kleinkinder in der oralen Phase ungefährlich sind, können für ältere nun eine Gefahr darstellen. So kann z. B. auch eine größere Holzkugel in den Mund genommen werden und zum Ersticken führen.
- Gegenstände mit abnehmbaren Kleinteilen, wie z. B. eine ausgedrehte Glühbirne aus einem Laternenstab, werden besonders interessant.
- Der Geldbeutel in der Handtasche oder eine Tablettendose in der Schublade werden entleert; die Geldstücke und die Tabletten bieten eine mundgerechte Größe sowie einen spannenden metallischen bzw. bitteren Geschmack.

Nach einigen Wochen oder Monaten wird der intensive Explorationsdrang wieder weniger. Bald zeigt sich die Neugier in einer deutlich geringeren Ausprägung und kann auch hier ggf. durch neue Lebensmittel oder durch Veränderungen bekannter Nahrungsmittel gestillt werden.

4 Weitreichende Auswirkung der Trink- und Essproblematik

Die vielfältigen Besonderheiten in der Entwicklung der Trink- und Essfähigkeiten führen dazu, dass der Trink- und Essensprozess oft eine große Belastung für die Betroffenen darstellt, der zeitlebens bestehen bleibt. Die Behinderungen im Ablauf, eine zum Teil gefährdende Selektion der Nahrungsmittel und ein anhaltend stark erregtes Nervensystem begünstigen weitere Schwierigkeiten.

4.1 Körperliche Folgen für den Verdauungstrakt

Um die Folgen für den Verdauungstrakt zu verdeutlichen, ist ein Blick auf die reguläre Verdauungstätigkeit hilfreich: Wenn die gekaute und damit eingespeichelte Nahrung durch die Speiseröhre in den Magen gelangt, wird sie mit Hilfe der Verdauungssäfte weiter zerkleinert und durchmengt. Die Magensäure öffnet Proteine, damit diese dem Körper später zur Verfügung gestellt werden können und tötet ggf. schädliche Bakterien und Mikroorganismen ab. Vom Magen wird der Nahrungsbrei weiter in den Darm transportiert. Im Dünndarm spalten Enzyme die Kohlenhydrate, Eiweiße und Fette weiter auf. Die Galle sowie ein Sekret aus der Bauchspeicheldrüse unterstützen dabei die Zersetzung. Über die Wand des Dünndarms nimmt der Körper die in der Nahrung enthaltenen Nährstoffe sowie Vitamine und Mineralstoffe ins Blut auf und transportiert diese an ihren Bestimmungsort. Im Dickdarm werden dem verbleibenden Nahrungsbrei noch Salze und Elektrolyte entzogen sowie das restliche Wasser freigesetzt. Die Verwertung unlöslicher Ballaststoffe erfolgt in Zusammenhang mit den Bakterien und Pilzen der Darmflora. Die nicht verdaulichen Reste werden mit dem Stuhlgang ausgeschieden.

Damit diese Vorgänge optimal ablaufen können, wird für den Verdauungsprozess vorerst Energie benötigt: Beginnend mit dem Kauen und der Produktion von Speichel, aber auch für die Bereitstellung weiterer Sekrete sowie mechanischer Verdauungstätigkeiten. In Momenten der Ruhe und der Entspannung und somit im Zusammenspiel mit dem vegetativen Nervensystem (das Entspannungssystem) stellt der Körper dem Verdauungstrakt diese Energie zur Verfügung. Im Gegensatz dazu werden in Zeiten anstehender Aktivitäten und besonders im Hinblick auf überlebenswichtige Kampf- oder Fluchtreaktionen vorwiegend die Extremitäten mit Energie versorgt. Die Essensaufnahme, besonders aber die Verwertung der Nahrung, ist in solchen Erregungssituationen nicht möglich. Nur in Verbindung mit ausreichenden und regelmäßigen Ruhezeiten kann der Körper optimal versorgt werden.

Besonderheiten im Autismus-Spektrum
Wird das Essen nicht oder nicht ausreichend gekaut und verbleibt nur eine kurze Zeit im Mundbereich, fehlt das Einspeicheln und somit die Vorverdauung durch die im Speichel vorhandenen Enzyme. Die Nahrung wird unvorbereitet in den Magen-Darm-Trakt transportiert und kann ggf. nur ungenügend weiterverarbeitet werden. Je nach geschluckter Bolusgröße dauert die Verstoffwechselung der Nahrung außerdem deutlich länger. Zusätzlich belastet das Schlucken von Unzerkautem und somit größeren oder festen Stücken die Wände des Magen-Darm-Traktes und kann zu Verletzungen und Entzündungen führen. Eine besondere Gefährdung zeigt sich durch das Essen von Substanzen, die keine Lebensmittel sind (▶ Kap. 2.3.2 Pica-Syndrom). Durch unverdauliche Gegenstände kann es zu Verschlüssen, Verletzungen, Verstopfungen und entzündlichen Prozessen kommen. Die Belastungen nach dem Verzehr von Nicht-Essbarem oder auch bereits verdorbenen Lebensmitteln werden dabei zum Teil nicht wahrgenommen oder nicht als unangenehm empfunden und vielleicht im Einzelfall sogar gesucht. Auch eine nicht ausreichende Zufuhr von Flüssigkeit belastet den gesamten Verdauungsprozess, wirkt sich insbesondere auf den Darm, beispielsweise durch Verhärtungen, aus aber auch durch einen möglichen Verschluss, Ausstülpungen und Entzündungen bis hin zu Verletzungen am After.

Eine unzureichende Koordination beim Saugen und Schlucken, wie sie bei Säuglingen häufiger beobachtbar ist, führt zu vermehrten Blähungen und Unwohlsein. Auch im fortgeschrittenen Alter kann eine verminderte Feinabstimmung noch zu Auffälligkeiten und einer vermehrten Aufnahme von Luft und so zu einem unangenehmen Druckgefühl führen. Aber auch eine gegenteilige Empfindung sollte in Betracht gezogen werden, nämlich dass der starke Druck im Magenbereich als entspannend empfunden wird und das Schlucken von Luft gezielt erfolgt.

Bedingt durch das Erleben von Überforderung und somit einer erhöhten Produktion der Stresshormone werden die an der Verdauung und Verwertung beteiligten Organe kaum mit Blut und somit auch nicht mit Energie

Abb. 4.1: Häufig zeigt sich nach dem Essen ein Blähbauch, da der Magen-Darm-Bereich auf nicht ausreichend zerkaute Nahrung oder unbekömmliche Kost reagiert. Dies kann ein Unwohlsein hervorrufen oder aber eine wohltuende Information darstellen.

versorgt. Die Verdauungsprozesse werden, je nach Anspannung, auf ein Minimum reduziert. So ist es möglich, dass trotz der Aufnahme vitamin- und nährstoffreicher Nahrung die Nährstoffe nicht freigesetzt werden können. Auch der Weitertransport der Nahrung, insbesondere im Darm, kommt ins Stocken. Dies zeigt sich entweder durch eine verstärkte Müdigkeit, welche gezielte Bewegungen und Lernen verhindert, oder durch einen vermehrten Bewegungsdrang, um den unangenehmen sensorischen Informationen entgegenzuwirken. Eine verlangsamte oder verminderte Darmtätigkeit wirkt sich auf den Stuhlgang aus: Ein zu fester Stuhl durch unzureichend gekaute Nahrung und eine geringe Darmaktivität erfordern einen erhöhten und eventuell schmerzhaften Druckaufwand für den Toilettengang.

Ob entzündliche Prozesse, Verschlüsse oder »nur« eine starke Übersäuerung im Bereich der Speiseröhre und des Magen-Darm-Trakts: Das gesamte Verdauungssystem ist einer enorm hohen Belastung ausgesetzt und das Gefahrenpotential, verbunden mit einer dauerhaften Schädigung, ist hoch. Die häufig beobachtbaren Blähungen, Verstopfungen oder anhaltender Durchfall bei Menschen im Autismus-Spektrum zeigen diese Gefährdung deutlich an (vgl. Madra, Ringel & Margolis, 2020).

4.2 Zuckerkonsum und Nährstoffmangel

Die starke Selektion der Nahrung wirkt sich im Hinblick auf Nähr- und auch Giftstoffe mehrfach auf den gesamten Körper aus: Kurzfristig in Bezug auf eine oft nicht ausreichende Energieversorgung, langfristig im Hinblick auf die Versorgung mit Mineralien, Spurenelementen und Vitaminen. Der Körper benötigt unterschiedlichste Nährstoffe, um sich zu stärken, um zu wachsen und um sich bei Krankheiten (ausreichend) zu regenerieren.

Die einseitige Ernährung zeigt sich häufig in einem Favorisieren von weichen und damit industriell stark verarbeiteten Lebensmitteln. Bei diesen Speisen ist nicht unbedingt ein Kauen notwendig. Das einfach zu schluckende »Fast-Food« sowie weiche Süßspeisen können im Ganzen geschluckt werden. Lebensmittel mit einem hohen Zuckeranteil schädigen jedoch den Zahnschmelz und können zu großen Schwankungen des Blutzuckerspiegels führen. Für den Knochen(auf)bau sowie den Erhalt der Muskeln werden Kalzium und Eiweiß benötigt. Um das Immunsystem zu stärken, sind eisenhaltige Lebensmittel zu empfehlen, aber auch verschiedene Vitamine, Mineralien und Spurenelemente unterstützen die Körperabwehr. Eine nicht ausreichende Versorgung begünstigt weitere Erkrankungen. Ein einseitiges Essverhalten und eine nicht ausreichende Versorgung mit Nährstoffen beeinträchtigen zudem die Darmflora. Die Darmbakterien bilden ihrerseits einen wichtigen Bestandteil bei der Verwertung von Nahrung und somit wieder der Nährstoffversorgung. Zusätzlich hat auch der Darm einen Einfluss auf die Stärkung des Immunsystems (siehe Enders 2021). Hormone sind wichtige Signal- und Botenstoffe, welche in verschiedenen Organen und verteilt im ganzen Körper, gebildet werden. Das komplexe Netzwerk steuert, wie bereits erläutert, unterschiedliche Funktionen im gesamten Körper. Bei einer unzureichenden Versorgung mit Vitaminen und Spurenelementen kann es zu starken Schwankungen des Hormonspiegels mit unterschiedlichen Auswirkungen wie starken Veränderungen der Wahrnehmung (z. B. beim Temperaturempfinden), Stimmungsschwankungen, Konzentrationsdefiziten oder körperlicher Unruhe kommen. Langfristig sind bspw. Wachstumsstörungen und Stoffwechselerkrankungen möglich. Gerade in Bezug auf die Regulationsfähigkeiten und das Körperempfinden hat ein erhöhter Adrenalin- und Cortisol-Spiegel einen direkten Einfluss auf den Trink- und Essensprozess.

Eine sichere Zuordnung, was in diesem Zusammenhang Ursache und Folge ist, ist bedingt durch die vielfältigen Wechselwirkungen kaum möglich. Es ist ein gegenseitiges Sich-Unterstützen oder auch Blockieren und Sich-Bedingen. Die beschriebenen Auffälligkeiten und Auswirkungen auf den Körper sind zum Teil in den ersten Lebensjahren oder auch in den ersten beiden Lebensjahrzehnten nur gering ausgeprägt. Überprüfungen durch Blutanalysen in Bezug auf eine mögliche Mangelernährung weisen in diesem Alter oft auf keine Defizite hin. Eine Mangelernährung wird jedoch über einen langen Zeitraum Auswirkungen haben. Durch hinzukommende erschwerende Rahmenbedingungen und auch durch das Alter steigt die Wahrscheinlichkeit für (schwerwiegende) körperliche Folge-Erkrankungen. Die meisten Eltern wissen um die Gefahr einer Mangel- oder Fehlernährung und um die Gefahr weiterer Erkrankungen. Doch oft sind sie einfach nur froh, wenn ihr Kind überhaupt etwas trinkt und isst und die erforderliche Flüssigkeits- bzw. Energiemenge gedeckt werden kann, auch wenn es auf Kosten einer qualitativ hochwertigen Nahrung geht. Bei einigen Personen zeigt sich das andere Extrem: Die Aufnahme von zu viel Energie führt zu Übergewicht und die zuckerhaltigen Lebensmittel können weitere Probleme hervorrufen.

4.3 Psychische Auswirkungen – Trinken und Essen und ein erregtes Nervensystem

Die beschriebenen Wahrnehmungsbesonderheiten und das Nervensystem unseres Körpers stehen in einer engen Wechselwirkung. Trinken und Essen wirken sich direkt auf den Erregungszustand unseres Nervensystems aus und der Erregungszustand des Nervensystems beeinflusst die Abläufe beim Trinken und Essen. Die Belastungen im Zusammenhang der Nahrungsaufnahme begünstigen infolgedessen zum Teil auch schwerwiegende physische wie auch psychische Erkrankungen.

Der Körper wechselt im Laufe des Tages stetig zwischen unterschiedlichen Erregungszuständen. Die zwei beteiligten Systeme, der Parasympathikus und der Sympathikus, sind Teile des vegetativen (unwillkürlichen) Nervensystems. Der Sympathikus ist vor allem in Erregungs- und Notsituationen aktiv und sorgt vorwiegend für eine Leistungssteigerung. Der sogenannte Gegenspieler ist der Parasympathikus, er dient vorwiegend der Regeneration des Körpers und ist aktiv, wenn ein Mensch sich in einer sicheren Ausgangslage befindet. In dieser Ruhesituation ist der Körper zumeist ausreichend mit Flüssigkeit und Nahrung versorgt, es ist kein Unwohlsein zu spüren und keine Bedrohung vorhanden. Der Hormonspiegel ist ausgeglichen, der Körper ist entspannt und es steht ausreichend Energie für die Verdauungsorgane zur

Verfügung. Das Nervensystem nimmt unterschiedliche Impulse und Informationen aus seiner Umwelt auf und kann diese vielfältig und je nach Bedarf auch konzentriert verarbeiten und verknüpfen.

Wenn sich nun im Umfeld bedeutsame Veränderungen oder sogar bedrohliche Situationen zeigen, stellt sich der Körper innerhalb kürzester Zeit darauf ein. Über die Amygdala, welche für eine schnelle Bewertung, besonders von außergewöhnlichen oder von bereits bekannten bedrohlichen Impulsen zuständig ist, wird dem Nervensystem Gefahr signalisiert und der Sympathikus wird aktiv. Es werden zeitnah verschiedene (Stress-)Hormone wie Noradrenalin, Adrenalin und Cortisol produziert, welche weitere Prozesse anstoßen: Die Atmung wird intensiver, der Puls steigt an und das Blut wird sofort in die unterschiedlichen Muskelgruppen gepumpt, um das Überleben des Körpers zu sichern. Je nach Bedarf wird es jetzt ermöglicht zu kämpfen (Fight), zu flüchten (Flight), zu erstarren (Freeze) oder sich an die Situation oder die entsprechenden Wünsche bestmöglich anzupassen (Fawn Response)[1]. Insbesondere die Rumpf- und Beinmuskulatur sowie die Schulter- und Armmuskulatur machen sich für Kampf oder Flucht bereit. Zudem steigt die Spannung in der Kiefermuskulatur (dem stärksten Muskel im Körper!) an, um eine bessere Stabilität des Rumpfes zu erreichen sowie um die Nacken-, Hals- und die Kehlkopfmuskulatur zu unterstützen. So wird das wichtigste Körperteil, der Kopf, gestärkt, damit dieser keinen Schaden nimmt. Aber auch ein Erstarren oder übermäßiges Anpassen ist mit einer erhöhten Anspannung und Anstrengung verbunden, wenn diese nach außen auch nicht immer sichtbar ist.

Zeitgleich haben diese Aktivierungen des sympathischen Systems zur Folge, dass körpererhaltende sowie regenerierende Prozesse heruntergefahren werden. Die Sensibilität im Mund- und Rachenbereich verringert sich, feine koordinative Bewegungen sind aufgrund der erhöhten Spannung nicht möglich und es wird kein oder wenig Speichel produziert. Durst und Hunger werden in Erregungsphasen ebenfalls nicht gespürt, die Verdauungsprozesse im Magen-Darm-Bereich sind verlangsamt und auch das Spüren von Darm und Blase hat keine Priorität. Wenn die Gefahr vorüber ist, kann das Erregungssystem wieder heruntergefahren werden. Jetzt wird wieder der Parasympathikus aktiv. Dies bedeutet eine geringere Versorgung der Extremitäten und somit eine bessere Versorgung der inneren Organe, die Aufnahme

---

1 Peter Walker beschreibt in seinem Buch »The 4Fs: A Trauma Typology in Complex Trauma« den Begriff Fawn Response als 4. Reaktionsform auf eine Gefahrensituation: ein Anpassen an die Bedürfnisse oder Anforderungen anderer Menschen bzw. ein Verschmelzen mit diesen in Form von Überanpassung und Unterwerfung.

4.3 Psychische Auswirkungen – Trinken und Essen und ein erregtes Nervensystem

und Verarbeitung der Nahrung werden jetzt priorisiert. Wenn das Nervensystem, die Wahrnehmungssysteme und die Muskulatur immer wieder in einem ausgeglichenen Wechsel Inaktivität und Aktivität erfahren, wird der Körper einerseits angeregt und trainiert, andererseits ermöglicht die Regenerationszeit, für weitere spätere Aktivitäten wieder wach und aufnahmebereit zu sein.

In den ersten Lebenswochen erfährt der Säugling einen ständigen Wechsel zwischen einem sicheren und entspannten Ruhezustand und einer großen Aufregung verbunden mit starker Anspannung. Bei aufkommendem Unwohlsein, wie dem Hungergefühl, verhilft das Saugen an der Brust der Mutter oder aus der Flasche, dass das Kind einen wohltuenden Druck im Magenbereich verspürt. Bald kommt es wieder in einen Zustand von Sicherheit und Ruhe. Aber auch das Trinken selbst bietet durch den engen Körperkontakt vor allem im Gesichtsbereich beim Stillen und durch damit verbundene Geruchsinformationen entspannende Impulse. Das Kind lernt in den ersten Lebensmonaten und -jahren stetig differenzierter und situational angepasst auf die unterschiedlichen Impulse zu reagieren. Bald nicht mehr nur mit einer absoluten Erregung, sondern nur mit ein wenig Unruhe, weil es um die bevorstehende Befriedigung seiner Bedürfnisse weiß. Die jeweiligen Sinnesbereiche werden nun spezifisch oder nur bedingt aktiviert und auch die Muskulatur arbeitet nicht mehr in Extremen. Je mehr unterschiedliche und vor allem aber positive Erfahrungen im Hinblick auf zeitweise verunsichernde oder neue Situationen erlebt werden, umso leichter gelingen die Wechsel zwischen An- und Entspannung und können ggf. auch gezielt beeinflusst werden.

Besonderheiten im Autismus-Spektrum

Solch eine nur leicht erhöhte Wachsamkeit in Bezug auf die Nahrungsaufnahme, eine nur geringe Aktivierung des Erregungssystems und somit eine Feineinstellung der am Trinken und Essen beteiligten Muskulatur ist für autistische Personen selten. Insbesondere bedingt durch negative Erfahrungen und aufgrund unangenehmer sensorischer Erlebnisse ist die Nahrungsaufnahme häufig mit einer gefühlt massiven Bedrohung oder zumindest mit einer erforderlichen erhöhten Aufmerksamkeit verbunden. Je nach »Bedrohungslage« werden zahlreiche Stresshormone gebildet. Die Bedrohung beginnt für einige, sobald ihnen Nahrung angeboten wird, für andere bereits dann, wenn sie »nur« an einem (gedeckten) Tisch Platz nehmen oder bereits mit dem Gedanken an Trinken und Essen.

4 Weitreichende Auswirkung der Trink- und Essproblematik

»Als Peters Mutter seine Trinkflasche aus der Tasche holt, weiten sich seine Augen. Es ist ein Ausdruck der Angst und des tonlosen Entsetzens. Er dreht sich sehr langsam von der Flasche weg und verharrt mit dem Rücken zu uns. Er reagiert nicht mehr auf Ansprache, ist völlig erstarrt. Es ist, als wäre er nicht mehr im Raum. Erst als seine Mutter die Trinkflasche wieder in die Tasche zurücksteckt, beginnt Peter wieder aus seiner Erstarrung aufzutauen.« (Wilken, 2022, S.14).

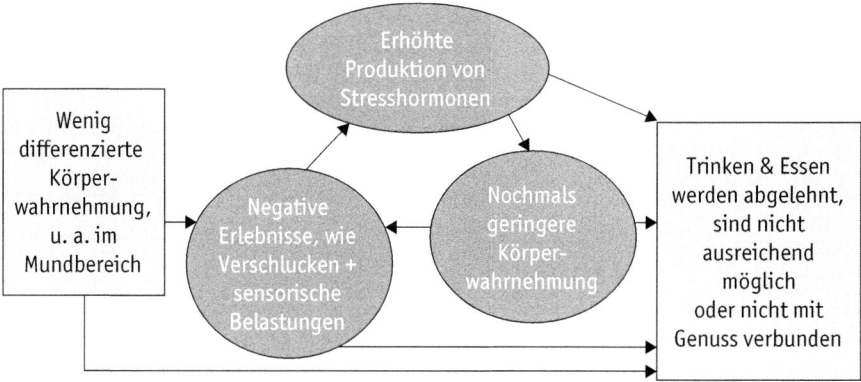

Abb. 4.2: Auswirkung der Stressbelastung auf die Wahrnehmung und damit auf die Nahrungsaufnahme.

Die belastenden Erfahrungen, bedingt durch verwirrende sensorische Impulse, u. a. verstärkt durch Hervorhusten oder Herauswürgen der Nahrung, wiederholen sich bei jeder Mahlzeit. Essen wird zum Teil (gefühlt) lebensbedrohlich! Das anhaltende Gefühl der Überforderung ohne unterstützende oder entspannende Impulse wirkt sich bald auch auf andere Situationen aus, wie auf das Schlafverhalten und die Konzentrationsleistung. Vor allem aber verändert die psychische Belastung nochmals die Körperwahrnehmung und das emotionale Empfinden, was Depressionen und Angstzustände begünstigt. Wenn Kinder Trinken und Essen zur Stressreduktion oder aus Selbstschutz vermeiden, wird dies häufig als »Anstellerei« bezeichnet. Jetzt kommt zusätzlich noch das Erleben des Scheiterns hinzu, das Gefühl, nicht auszureichen, und festigt ein negatives Selbstbild. Sich zu schützen und diese sich ständig wiederholenden Erlebnisse zu umgehen, ist jedoch nicht möglich, denn: Trinken und Essen sind lebensnotwendig!

Gut zu wissen: Die Löffel-Theorie
Im Bereich Autismus sowie bei chronischen Krankheiten gibt es den Begriff der Löffel-Theorie oder Spoon-Theorie (geprägt von Christine Miserandino). Sie weist darauf hin, dass jeder Mensch am Tag bestimmte

4.3 Psychische Auswirkungen – Trinken und Essen und ein erregtes Nervensystem

> Ressourcen zur Verfügung hat, diese werden bei diesem Vergleich mit Hilfe von Löffeln sichtbar. Menschen mit Erkrankungen oder Behinderungen haben zum Teil nur eine begrenzte Menge an Reserven und somit Löffeln zur Verfügung. Allerdings wird für viele scheinbar »leichte« Tätigkeiten oder belastende Situationen im Alltag bereits viel Kraft benötigt und somit gleich mehrere Löffel. Die täglichen Ressourcen sind deshalb oft bereits nach wenigen Stunden aufgebraucht, alleine durch Aufstehen und Anziehen oder eben durch die erste Mahlzeit am Tag. In diesem Sinne wäre es wünschenswert, wenn für das Trinken und Essen irgendwann nur noch wenige oder auch gar keine Löffel mehr verbraucht werden müssten, beziehungsweise zu einem späteren Zeitpunkt die Ressourcen dadurch sogar aufgefüllt werden könnten.

Eine Verbesserung der Trink- und Essenssituation kann somit einerseits die allgemeine Lebensqualität verbessern, andererseits aber auch dem Auftreten zusätzlicher Diagnosen entgegenwirken.

5 (Co-)Regulation, Selbst-Regulation und Stimming

Nicht nur die Nahrungsaufnahme, sondern auch der Alltag mit seinen unterschiedlichen Herausforderungen, teilweise unbekannten oder bedrohlichen Situationen erfordert immer wieder, sich mit der damit verbundenen erhöhten Anspannung auseinanderzusetzen und diese möglichst regulieren zu können. Dabei sind die Erfahrungen, den Alltag trotz alledem unbeschadet meistern zu können, sowie die Fähigkeit, die Aufmerksamkeit zum Teil gezielt umlenken zu können, grundlegende Kompetenzen.

Insbesondere im Hinblick auf eine tiefgreifende Trink- und Essproblematik, zum Teil in Verbindung mit fehlenden, frühkindlichen positiven Erfahrungen im Mundbereich, wären eine gezielte Stärkung der Regulationsfähigkeiten und ein verbessertes Körperbewusstsein wichtige Bausteine in der Unterstützung. Auch hier lohnt sich ein Blick auf die physiologische Entwicklung.

5.1 Co-Regulation und Selbst-Regulation

Um die vielen Impulse und Aufgaben in den ersten Lebenswochen und -monaten zu verarbeiten, benötigt das Kind anfangs eine aktive Unterstützung von außen: die Co-Regulation.

> »Gerade aus dem Bauch der Mutter geboren, spürt er die erste Gefühlsregung: Hunger. Er beantwortet dieses Gefühl mit dem Saugen und beginnt seine ersten Schritte hin zur Selbst-Regulation. Der Säugling wird ab jetzt täglich durch dieses kurze, aber intensive Wechselbad der Gefühle von Hunger und der damit einhergehenden kleinen Not gehen. Diese kleine Not wird wechseln zu Gefühlen der Beruhigung, der Sättigung, verbunden mit engem Körperkontakt.« (Wilken, 2022, S. 11)

Mit Hilfe der Unterstützung der Eltern erlebt das Kind nach Momenten der Not und Unruhe immer wieder Sicherheit und Geborgenheit. Wenn nach aufregenden und angespannten Situationen wieder Entspannung folgt, wird es sich wach und neugierig neuen Situationen zuwenden. Ohne die passende

5.1 Co-Regulation und Selbst-Regulation

Unterstützung von außen entwickelt sich dieses Wechselspiel nicht ausreichend und nur ungenügend. Mit Hilfe einer guten Co-Regulation erlernen die Kinder in ihren ersten Lebensjahren zunehmend, sich selbst zu regulieren. Eine stabile Selbst-Regulation baut somit größtenteils auf die Erlebnisse und Erfahrungen der Co-Regulation auf.

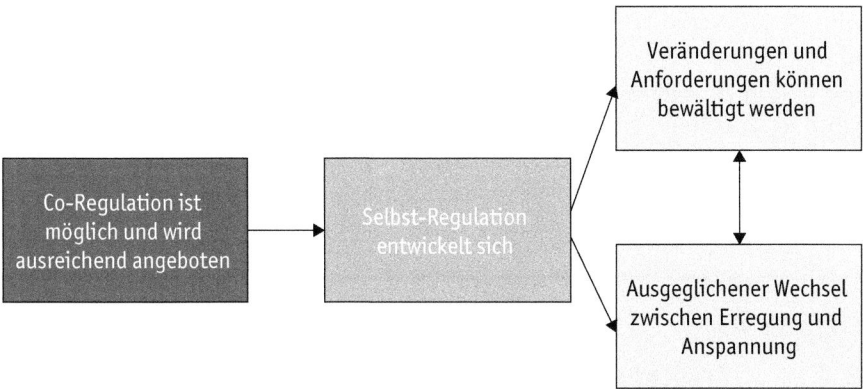

Abb. 5.1: Erleben von Co-Regulation und Erlernen der Selbst-Regulation

Es reicht nicht aus, das Kind mit Nahrung, einem Platz zum Schlafen und einer frischen Windel zu versorgen. Im Laufe des Tages gibt es viele Momente, in denen das Kind eine intensive Unterstützung in Form von Co-Regulation benötigt. Die Eltern helfen bei aufkommender Unruhe oder Unsicherheit das Nervensystem des Säuglings zu beruhigen. Bei jedem Wechsel wie Aufwachen, Einschlafen oder neuen Aktivitäten – dazu zählt auch die Nahrungsaufnahme! – braucht es Unterstützung. Auch bei weiteren bedrohlich wirkenden Situationen, wie körperlichem Unwohlsein (Müdigkeit, Krankheit, Verletzungen, Durst oder Hunger), sowie bei Unsicherheit durch neue aufregende Erlebnisse helfen die Eltern diese Herausforderungen zu überstehen. Insbesondere körperliche Impulse beruhigen das Nervensystem des Kindes. Die Eltern nehmen den Säugling hoch, wiegen ihn hin und her, halten ihn fest im Arm, streicheln seine Wange und sprechen ihm gut zu, so lange, wie es notwendig ist.

Wenn die Co-Regulation in den ersten Monaten und Jahren ausreichend erlebt und gefestigt wurde, gelingt den Kindern zunehmend die Selbst-Regulation. In manchen Situationen bedeutet dies, dass die Spannung steigt, die Kinder laut schimpfen, ein paar Mal tief durchatmen und sich dadurch wieder beruhigen. Ein anderes Mal stampfen sie mit dem Fuß oder schlagen die Faust gegen einen Widerstand, dann wieder spielen sie an der Lippe, kauen an den Nägeln oder Wippen mit dem Fuß um sich zu regulieren. Eltern erleben jeden Tag ganz unterschiedliche Verhaltensweisen ihrer Kinder (oder auch von sich selbst) und wie diese damit unterschiedliche Herausforderungen meistern. Die Fähigkeit zur Eigenregulation festigt sich in den nächsten Monaten und Jahren und kann bald auf weitere größere Herausforderungen übertragen werden. Bis zum ersten Schultag und darüber hinaus gelingt es den Kindern stetig besser, sich auch bei zum Teil sehr belastenden und komplexen Situationen selbst zu beruhigen. In den ersten Jahren ist jedoch immer wieder die Unterstützung der Eltern erforderlich, wie z. B. in Form einer festen Umarmung oder beruhigender Worte, damit Entspannung und Wohlgefühl bald wieder überwiegen. Auch im späteren Leben gibt es immer wieder Zeiten und Erlebnisse, in denen ein Beistand von außen hilfreich und bedeutend ist.

5.2 Co-Regulation und Selbst-Regulation bei Autismus

Bei autistischen Menschen zeigen sich sowohl bei der Co-Regulation sowie bei der Selbst-Regulation Besonderheiten. Häufig berichten Eltern rückblickend, dass sie ihre Kinder in den ersten Wochen und Monaten kaum oder gar nicht ausreichend beruhigen konnten bzw. dass einige Hilfestellungen sogar noch zu weiterer Erregung führten. So braucht es oft eine lange Zeit, bis sich z. B. ein guter Schlaf-Wach-Rhythmus einstellt – wenn dies überhaupt möglich wird. Auch bei vielen Alltagshandlungen wie Waschen und Wickeln zeigt sich bei den Kindern oft von Beginn an eine große Anspannung, für Außenstehende ohne erkennbaren Grund. Vor allem gestaltet sich die Nahrungsaufnahme (zum Teil) schwierig. Ein Teil der Säuglinge wird deshalb als Schreikind oder High-Need-Baby eingestuft.

Wenn die grundlegende, sicherheitsgebende und auch beziehungsfördernde Co-Regulation nicht (ausreichend) greift oder gar nicht stattfindet, zeigen die Kinder tagsüber und auch nachts eine stark erhöhte Anspannung. Wohltuende und regenerierende Ruhemomente sind selten. Bereits früh zeigen sich zudem Anzeichen und Auswirkungen der anderen Wahrnehmung und der sensorischen Besonderheiten (▶ Kap. 7): Alltägliche Informationen werden entweder besonders intensiv oder kaum differenziert aufgenommen. Dies verstärkt die Erregung und verhindert gleichzeitig die Entspannung.

5.3 Stimming, eine ganz besondere Selbst-Regulation

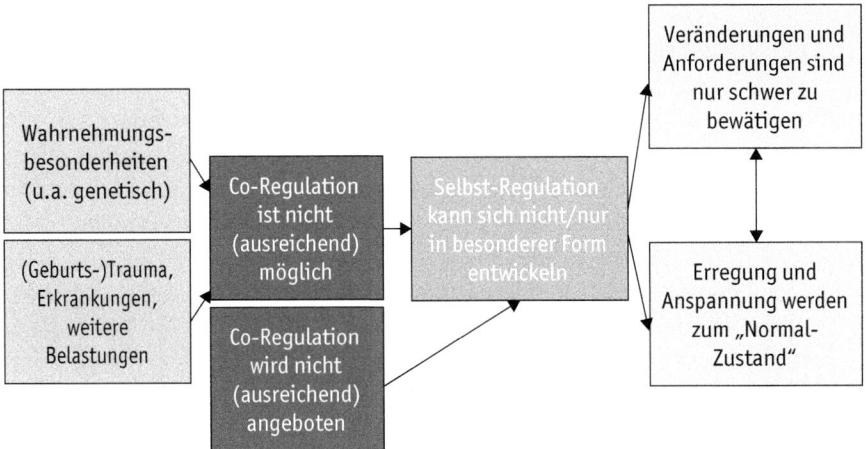

Abb. 5.2: Auffälligkeiten beim Erleben der Co-Regulation und dem Erwerb der Selbst-Regulation

Umgekehrt wirkt sich eine stärkere und langanhaltende Erregung auf die Ausprägung der Wahrnehmungsbesonderheiten aus. Die darauf aufbauende Selbst-Regulation ist ebenso beeinträchtigt und zeigt sich in einer ganz besonderen Form.

5.3 Stimming, eine ganz besondere Selbst-Regulation

Um im Alltag (gut) bestehen zu können, nutzen autistische Menschen eine abgeänderte bzw. sehr intensive Form der Regulation, das Stimming. Bedingt durch die beschriebenen Besonderheiten ist diese spezifische Stimulation notwendig, um bestimmte Aktivitäten durchführen zu können und insbesondere, um das Nervensystem im Tagesverlauf vor Überforderung zu schützen. Das Stimming dient dem Ziel, Erregung abzubauen – ebenso wie bei neurotypischen Menschen, die unauffälligere und damit tolerierte Regulationsmechanismen nutzen. Die Art und Weise und besonders die Intensität der Impulse, welche die autistischen Kinder, Jugendlichen und Erwachsenen nutzen, unterscheidet sich zum großen Teil von den Regulationsmechanismen der nicht autistischen Menschen. Zudem ist auch ein Lenken oder Unterbinden dieser Verhaltensweisen kaum möglich und führt bis zu einer Überlastung des Nervensystems, dem Overload[2] bis hin zu einem Meltdown[3].

Stimming zeigt sich zum Teil in seltsam erscheinenden Alltagshandlungen, häufig als gleichbleibende, sich wiederholende Verhaltensweisen wie ein Flattern mit den Händen, ein Stampfen mit den Füßen oder ein anhaltendes Summen und Brummen. Stimming kann aber auch das Trinken großer Mengen Flüssigkeit oder ein ausgiebiges Kauen auf den eigenen Fingern sein. Es sind oft motorische sowie auch sensorisch geprägte Aktivitäten oder Einzelimpulse, die entweder den gesamten Körper oder einzelne Bereiche betreffen. Die Intensität sowie die Durchführung können in Form von nahezu unauffälligen, minimalen Bewegungen erfolgen, bis hin zu einer intensiven Impulssuche, auch in Form von fremd- oder selbstverletzendem Verhalten. Dabei ist nicht jedes gezeigte Verhalten und jede besondere Bewegung dem Stimming zuzuordnen. Aber gerade in besonderen Erregungssituationen und wenn die Aktivität häufig wiederholt bzw. sehr stringent ausgeführt wird, dient dieses Verhalten zumeist der Regulation.

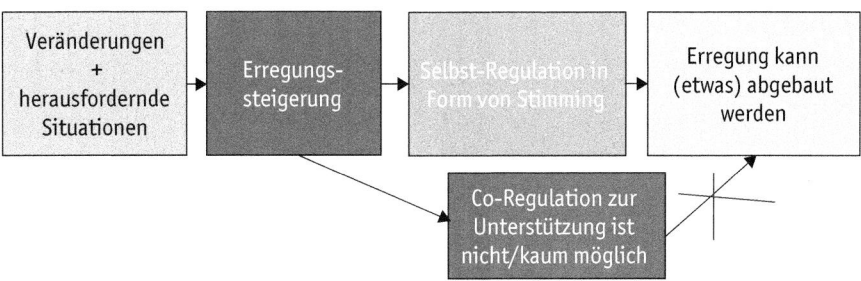

Abb. 5.3: Stimming als Regulationsmechanismus

Einige Menschen aus dem Spektrum versuchen von sich aus, das Stimming und damit die für sie beruhigenden Handlungen zu unterlassen oder umzulenken. Verbunden mit dem Wunsch, nicht aufzufallen und dazuzugehören, maskieren sie. Dieses »Masking« ist für die jeweilige Person mit einer weiteren großen Anstrengung verbunden und verstärkt die physische und psychische Herausforderung. Der Begriff »Fawn Response« beschreibt diese Anpassung in Form eines Überlebensmechanismus. Oftmals zeigt sich das

---

2 »Overload« ist eine Überforderung, bedingt durch die Intensität oder die Menge der aufgenommenen Impulse.
3 Der autistische Zusammenbruch, »Meltdown« genannt, beschreibt die Überreizung des Nervensystems und damit verbunden eine unkontrollierbare Reaktion auf die Überforderung.

Masking im öffentlichen Raum. Spätestens zuhause, in der sicheren Umgebung, endet das angepasste Verhalten. Jetzt ist ein besonders intensives und langanhaltendes Stimming unvermeidlich.

Die Bedeutung von Stimming und somit regulierenden Verhaltensweisen ist Fachleuten, Eltern und zum Teil auch Betroffenen häufig nicht ausreichend bewusst. Es wird vom Umfeld immer noch zum Teil verboten und aktiv unterbunden. Infolgedessen steigt die Erregung bei den Betroffenen weiter an, sie können der Überreizung nichts entgegensetzen und es kommt zum Meltdown. Mit dem Wissen, dass Stimming ein wichtiges Instrument zur Regulierung und eine bedeutende Ressource darstellt, müssen diese Verhaltensweisen unbedingt erlaubt werden. Noch besser wäre es, sie nicht nur zu tolerieren, sondern auch eine aktive Unterstützung anzubieten und das Stimming gezielter zu etablieren und zu fördern!

5.4 Stimming, eine Notwendigkeit bei der Nahrungsaufnahme

Die Nahrungsaufnahme stellt sensorisch und motorisch eine besonders große Herausforderung dar. Zudem sind vor und während der Mahlzeit viele Aufmerksamkeitswechsel und insbesondere Empfindungen wie Durst und Hunger zu verarbeiten. Die komplexen Anforderungen führen häufig zu negativen Erfahrungen und bedingt durch eine unzureichende (Co-)Regulation wird Trinken und Essen immer stärker mit einer hohen Anspannung verbunden. Diese schwer zu bewältigenden Situationen können dabei nicht oder nur eingeschränkt vermieden werden und sie kehren stetig wieder. Ohne ein ausgeprägtes Stimming ist Trinken und Essen für viele Menschen im Autismus-Spektrum überhaupt nicht möglich! Einige Kinder »zappeln« beim Essen ständig auf ihrem Stuhl herum, treten mit den Füßen gegen die Tischbeine oder laufen aufgeregt durch den Raum. Dabei bedeuten das Aufspringen und Weglaufen nicht nur einen Abbruch der Aktivität, sondern es ist zugleich der Versuch, die erhöhte Anspannung im Körper abzubauen, verwirrende sowie erregende Impulse zu verarbeiten und somit diese Situation zu überstehen. Andere klopfen mit ihrem Besteck fest auf die Tischplatte oder werfen den Teller mit Schwung auf den Boden. Einige dieser Verhaltensweisen können zwar auch ein erstes Erleben des »Ursache-Wirkungs-Prinzips« aufzeigen oder Teil der Autonomieentwicklung sein, aber in diesem Buch soll das

Verhalten vorwiegend im Hinblick auf Überforderung und Übererregung betrachtet werden: Die körperliche Unruhe zeigt dabei die verstärkte Stressbelastung der Betroffenen vor und während der Mahlzeit auf. Die Anforderungen verstärken sich zum Teil durch die Erwartungshaltungen des Umfeldes: Die Kinder, vor allem aber Jugendliche und Erwachsene, sollen ruhig auf einem Stuhl sitzen, nicht zappeln oder wedeln. Auch Sprechen und Lautieren beim Essen sind nicht erwünscht. Das Besteck soll »ordentlich« benutzt werden, der Mund soll beim Kauen geschlossen sein, ein Kleckern ist nicht erlaubt und jedes Lebensmittel sollte wenigstens einmal probiert werden. Die Herausforderungen sind enorm und verstärken die Notwendigkeit von Stimming, welches gleichzeitig häufig unterbunden wird.

Gut zu wissen: Das sympathische und parasympathische Nervensystem und die Auswirkungen von Stimming auf die Nahrungsaufnahme

Der Parasympathikus als Teil des vegetativen Nervensystems dient vorwiegend der Regeneration des Körpers. Er bewirkt unter anderem, dass die Herz- und Atemfrequenz abnimmt und sorgt gleichzeitig dafür, dass körpereigene und körpererhaltende Prozesse innerviert werden. Bei einer Aktivität des Parasympathikus sind insbesondere die mit der Nahrungsaufnahme verbundenen Prozesse aktiv. So können sensorische Informationen im Mundbereich differenzierter verarbeitet werden und damit ist eine verbesserte Feineinstellung der erforderlichen motorischen Abläufe möglich. Bei starker Erregung sind im Gegensatz dazu Essensaufnahme und -verarbeitung nicht vorrangig. Bei der Innervation des Sympathikus, also in Aktivitäts- und Erregungssituationen, reagiert der Körper eher auf Außenreize als auf visuelle und auditive Impulse. Die Körperwahrnehmung und insbesondere die Wahrnehmung im gesamten Mund- und Rachenraum sind hingegen vermindert.

Für Menschen im Spektrum ist die Nahrungsaufnahme bereits im Ruhezustand oft nur schwer zu bewältigen. Die Schwierigkeiten bei der Informationsverarbeitung und dem Abruf der erforderlichen Prozesse verstärken sich bei Erregung nochmals deutlich. Das Adrenalin erhöht u.a. den Muskeltonus und die erforderlichen motorischen Abläufe können deshalb nur mit mehr Spannung und weniger mit differenzierten Bewegungen durchgeführt werden. Die nochmals verminderte Wahrnehmung des gesamten Mundbereiches erschwert die Essensaufnahme und -verarbeitung weiter und noch weniger Lebensmittel oder auch gar keine können aufgenommen werden. Im Gegensatz dazu ist es aber auch möglich, dass das Essen bei starker Erregung mit nochmals mehr Druck und zum Teil in großen Mengen in den Mund »gestopft« wird oder auch mit einem besonders intensiven thermischen oder gustatorischen Impuls versehen sein muss, um einem Nichtspüren entgegenzuwirken.

Um die Wahrnehmung zu verbessern und die Abläufe zu unterstützen, ist eine gezielte Aktivierung des parasympathischen Systems und eine Hemmung des sympathischen (Erregungs-)Systems unbedingt empfehlenswert. Stimming ermöglicht eine aktive Innervation des Entspannungssystems (Parasympathikus) und somit eine notwendige unabdingbare Regulationsmöglichkeit! Mit Hilfe von Stimming wird es (wieder) möglich, den eigenen Körper und seine Bedürfnisse zu spüren bzw. dieses gesundheitlich stärkende Körpergefühl zu erlernen: Ein passendes Wahrnehmen von Hunger, Durst und Sattsein, aber auch das positive Erleben der langsamen und fließenden Bewegungen, der leichten Dehnungen der Muskeln und Gelenke, des beruhigenden Gefühls beim Schmecken und Kauen sowie der Entspannung nach dem Essen. Eine geringere Erregung ermöglicht differenziertere motorische Abläufe sowie deren bessere Koordination und stärkt somit den gesamten Trink- und Essvorgang.

5.5 Stimming von außen oder Co-Regulation ermöglichen

In den letzten Jahren ist das Wissen um die Bedeutung von Stimming deutlich gewachsen. Es wird in Therapie und Alltag häufiger zugelassen und zum Teil auch aktiv unterstützt, wie durch die wachsende Empfehlung von Stimming-Toys[4]. Von einer gezielten Unterstützung von außen, in Form der beschriebenen Co-Regulation, wird jedoch häufig abgeraten. Es gilt die Überzeugung, dass Stimulationen durch Eltern oder Begleitende insbesondere in Erregungssituationen nicht akzeptiert werden und die Betroffenen nochmals stärker belasten. Um den Druck dennoch zu mindern, ermöglichen Eltern deshalb ihren Kindern so viel Selbstbestimmtheit und alleiniges Tun wie möglich. Das bedeutet jedoch, dass die Kinder ihren Alltag und die Herausforderungen beim Trinken und Essen alleine bewältigen müssen. Wenn der

---

4 Unterschiedliche Werkzeuge bieten einen sensorischen Impuls, welcher die Regulation unterstützt.

Stresspegel in belastenden Situationen steigt, suchen sie bald erste eigene Regulationsmechanismen. Die Kinder greifen dann auf ein von ihnen gut spürbares und unterstützendes Stimming zurück. Je nach Anspannung und auch je nach Dauer der Stimulationen wirken die Hilfen jedoch nicht ausreichend oder sie greifen erst sehr spät und im schlimmsten Fall folgt ein Meltdown. Eine eigenständige, ausreichende Regulation ist, besonders in extremen Notsituationen, bedingt durch die »Habituation«, oft nicht möglich.

Gut zu wissen: Was ist Habituation?
Habituation bezeichnet die Abnahme der Reaktionsbereitschaft bei wiederholter Darbietung eines Impulses. Das bedeutet, dass ein gleichbleibender sich wiederholender Stimulus mit der Zeit vom Nervensystem als unwichtig eingeordnet wird. Die Informationen, wie Riechen, Schmecken oder Fühlen, »schleichen« sich aus. Erst ein stark abgeänderter Impuls wird wieder als ausreichend bedeutend eingestuft und wirkt dann, je nach Beschaffenheit aktivierend oder regulierend.

Im Alltag autistischer Menschen bedeutet dies, dass ein Stimming, das zu Beginn mit einem klaren und kräftigen Druck bereits entspannend wirkt, im weiteren Verlauf mit einem deutlich intensiveren Druck ausgeführt werden muss, eventuell bis hin zu einem selbst- oder fremdverletzenden Verhalten. So sind zu Beginn einige »besondere« Kieferbewegungen oder ein leichtes Zähneklappern ausreichend. Bald zeigt sich ein unregelmäßiges Zähneknirschen, bis hin zu Zeiten, in denen die Zähne fast ununterbrochen und besonders fest aufeinander gerieben werden, so dass der Zahnschmelz regelrecht »abgeschmirgelt« wird. Selbst eine Zahnschiene wird innerhalb weniger Stunden durchgebissen.

»Ich zerlege meine Schienen auch immer recht schnell, hab mir einen Backenzahn trotz Schiene komplett zerbissen nachts (mittlerweile ist nur noch die Wurzel drin, der Rest Stück für Stück weggebissen, die Wurzel wird demnächst rausoperiert.« (Selbsthilfeforum.aspies.de, 08.01.2021)

Um den Gewöhnungseffekt zu umgehen und um einer Intensivierung der Stimulationen entgegenzuwirken, ist es wichtig, die Regulationen zusätzlich aktiv von außen zu unterstützen und notwendige Variationen einzubauen. Damit die Co-Regulation gelingt, muss das Angebot jedoch unbedingt der spezifischen Wahrnehmung und der zum Teil extremen Impulssuche entsprechen! Das Angebot orientiert sich nicht an dem eigenen Erleben der

Unterstützerinnen, sondern an der Wahrnehmung der Betroffenen und an den aktuellen Bedürfnissen.

Das beobachtbare Stimming ist der Ausgangspunkt für die Unterstützungen!
Um Co-Regulation insbesondere im Hinblick auf die Nahrungsaufnahme zu ermöglichen, sollten folgende Fragestellungen geklärt werden:

- Welches ganz-körperliche Stimming zeigt sich bei der Nahrungsaufnahme?
- Welche Regulationen betreffen speziell den Mund- und Rachenbereich?
- Welches Stimming könnte zusätzlich unterstützen?

Ein Beispiel: Wenn Betroffene sich bei Erregung ins Gesicht schlagen oder intensiv mit den Zähnen knirschen, ist ein gut gemeintes Streichen über die Wange oder eine leichte Vibration am Kiefer fast gleichzusetzen mit einem schmerzhaften Körperkontakt. Solch ein taktiler Impuls wirkt nicht beruhigend, sondern verstärkt die Unruhe. Der bei dem beobachtbaren Verhalten gesuchte intensive Druck auf den Kiefer ist die Orientierung, um einen für diese Situation passenden und wohltuenden Druck- oder Massageimpuls anbieten zu können. Und daran ausgerichtet sollte die Art und Intensität der Durchführung des Angebotes erfolgen.

Tab. 5.1: Stimming durch Co-Regulationen begleiten: Unterstützen und umlenken

Beobachtbares Stimming	Mögliche Co-Regulationen
Schläge mit der Faust gegen den Kiefer oder das Kinn	Eine feste Massage am Kiefergelenk oder gegen das Kinn, ggf. verbunden mit einer kurzen Vibration
Beißen in das Handgelenk oder in feste Gegenstände, Zähne knirschen	Stimulationen an der Hand, am Kiefergelenk und im Nacken in Form von Massage und Vibrationen
Verdrehen und Herausstrecken der Zunge	Druckstimulationen der Zunge, des Zungengrundes und am Kehlkopf, gemeinsames Schnalzen oder Lautieren von Rachenlauten
Unaufhörliches Stopfen und stetiges Essen	Festes Abstreichen und intensive Druckinformationen am/im Mund und dem Halsbereich, Massagen und Stimulationen für den Oberkörper, besonders dem Bauchraum
Regelmäßiges Aufstoßen	Massageimpulse im Hals- und Brustbereich

5 (Co-)Regulation, Selbst-Regulation und Stimming

Jedes Verhalten und jede Vorliebe sollten genau betrachtet, analysiert und einem Wahrnehmungssystem zugeordnet werden. Je nachdem, welches die vorwiegende Impulssuche oder -vermeidung ist, erfolgen dann die entsprechenden und somit individuellen Unterstützungen, um eine Selbst- oder Fremdverletzung zu verhindern.

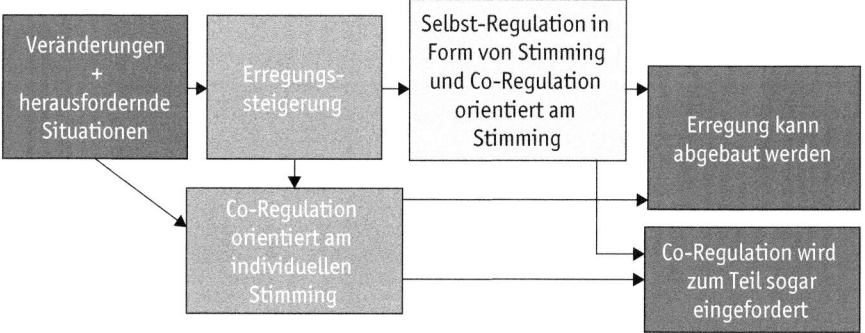

Abb. 5.4: Stimming durch Co-Regulation unterstützen

»Es kann nicht oft genug darauf aufmerksam gemacht werden, dass wir bei Kindern, die Probleme bei der Nahrungsaufnahme haben, diese beschriebenen intersensorischen Wirkmechanismen immer berücksichtigen müssen. So kann Eltern geholfen werden, sensitiv mit diesen Missempfindungen umzugehen und vor allem die Esssituation zu entspannen. In jedem Fall brauchen diese Kinder eine sensomotorische Behandlung für eine gesunde sensorische Regulation im Mundinnenraum. Das übergeordnete Ziel ist dabei nicht die Nahrungsaufnahme an sich, sondern das lustvolle und genussreiche Essen.« (Kurtenbach & Klein, 2015, S. 37).

Bei einer gut angepassten Co-Regulation wird es bald möglich und auch notwendig sein, die Impulssetzung zu variieren. Sobald das Angebot nicht mehr positiv wahrgenommen und vor allem nicht mehr ausreichend regulierend wirkt (Habituation), wird dieses variiert. So kann die Regulation langanhaltend und wirksam unterstützen. Wenn zum aktuellen Zeitpunkt keine Co-Regulation möglich ist, wird die Stimulation abgebrochen. Vielleicht gelingt die Hilfestellung an einem anderen Tag oder in einer nicht ganz so belastenden Situation? Co-Regulation und die Unterstützung des Stimmings dürfen sich abwechseln und ergänzen.

Ein Beispiel: Das Kind unterbricht durch ein Weglaufen die Esssituation. Die zu Grunde liegende ursächliche Impulssuche (u.a. vestibulär und propriozeptiv) darf zielgerichtet in die nächste Mahlzeit eingebunden werden:

- Das Kind auffordern, nach zwei oder drei Bissen gemeinsam durch den Raum zu laufen oder mehrmals kräftig auf dem Boden aufzustampfen.
- Das Kind zu kleinen Pausen mit Streck- und Dehnübungen motivieren und diese tatkräftig unterstützen.
- Das Kind auf dem Schoß auf und ab hüpfen lassen oder ein Luftkissen als Unterlage nutzen.
- Den Rücken wiederholt großflächig abklopfen oder abstreichen.

Einige Kinder fordern die Regulationsmechanismen später aktiv ein oder variieren diese. Wenn die Hilfen die Erregung mindern, wird die Nahrungsaufnahme bald weniger belastend.

5.6 Spezifisches Stimming im Mund- und Rachenbereich

Auch das Stimming mit gezielten Impulsen für den Mund- und Rachenbereich sollte genau betrachtet, verstanden und genutzt werden. Somit kann eine weitere aktive Regulationsmöglichkeit angeboten werden und zugleich spezifiziert sich die Wahrnehmung für diesen Bereich. Ein Kind, welches beispielsweise vorwiegend Fensterscheiben oder Fensterbänke ableckt, welches sich mit dem gesamten Gesicht in den Schnee drückt, liebt starke thermische Impulse und nutzt diese, um sich zu spüren. Auf Grundlage dieser Beobachtung sollten mehrmals am Tag unterschiedliche thermische Impulse angeboten werden: ein Eiswürfel[5] zum Lutschen, ein Eispack an Wange oder Stirn oder auch das Erspüren unterschiedlicher kühler Oberflächen wie bei einer Keramiktasse oder einem Metallgegenstand.

> **Fallbeispiel: Lissy, 8 Jahre, ADHS und im Autismus-Spektrum**
> Auf der Suche nach wohltuenden Impulsen und im Zusammenhang einer Hyperfokussierung entwickelt Lissy eine ganz besondere Fähigkeit: Viele Stunden am Tag lässt sie zwei, manchmal sogar drei Murmeln in ihrem

---

5 Achtung: Je nach Alter und sensorisch-motorischen Fähigkeiten kann ein versehentlich verschluckter Eiswürfel eine Gefährdung darstellen. Deshalb bietet es sich an, auf andere Formen zurückzugreifen, wie etwa Eisstäbchen. Sämtliche Hinweise auf die Verwendung von Eiswürfeln im vorliegenden Text schließt diese oder andere Alternativen ausdrücklich mit ein.

Mund hin und her rotieren. Diese verbleiben teilweise auch beim Sprechen oder auch beim Trinken und Essen im Mund. Je nach Bedarf liegen sie mittig auf der Zunge oder sie werden in die Wangentaschen geschoben.

Ein Erklärungsversuch: Das Spiel mit den Murmeln im Mund entspannt Lissy. Die glatte Oberfläche, die Kühle auf der Zunge, aber auch die gleichmäßige Rundung bieten ihr einen wohltuenden Fokus. Wenn sie ihr Stimming-Toy nutzt, kann sie auch größere Herausforderungen besser überstehen und manche Aktivitäten werden für sie erst möglich. Ein Verbot dieser Hilfen würde eine stärkere Belastung bedeuten und dazu führen, dass einige (schwierige) Aufgaben nun nicht mehr geleistet werden können und besonders, dass sich die gefühlte Lebensqualität verschlechtert. **Achtung:** Die Glasmurmeln im Mund könnten unfreiwillig verschluckt werden und somit droht Erstickungsgefahr! Auch der Zahnschmelz nimmt durch die häufigen Kontakte mit dem harten Glas Schaden.

Ideen zur Hilfestellung: Als mögliche Alternativen können gekochte, aber tiefgekühlte Erbsen, ab und an als Snack angeboten werden. Auch gecrashtes Eis ist möglich, hier besteht keine Gefahr des Steckenbleibens. Bei einem festen Kauknochen besteht keine Verschluckungsgefahr, dieser ist aber für viele Kinder anfangs gefühlt zu weich und wird erst im weiteren Verlauf toleriert. (Hunde-)Kauknochen aus Kunststoff können als passender Ersatz dienen. Zusätzlich bieten Massagen oder Vibrationsgeräte im Alltag einen wohltuenden Impuls.

Das gezeigte Verhalten der autistischen Person zu verstehen, ist ein wichtiger Schritt in der Begleitung. Am Ende eines Elterngespräches äußerte die Mutter: »Ich hatte da noch gar nicht richtig drüber nachgedacht, warum er das mag! Jetzt verstehe ich ihn endlich und kann ihn hoffentlich besser unterstützen«.

Tab. 5.2: Weitere Regulationen (▶ Tab. 5.1) in Bezug auf das beobachtbare Stimming im Mund- und Gesichtsbereich

Beobachtbares Stimming	Mögliche Unterstützungen
Ablecken von Gegenständen, wie z. B. eine Raufasertapete oder Holzfasern	Zwieback, Knäckebrot oder Kaugegenstände mit entsprechender Oberfläche anbieten
Essen von besonders scharfem Essen wie einem Löffel Tabasco	Weitere scharfe Stimuli oder ein heißes Getränk anbieten
Kauen oder Beißen auf der Zunge	Kaumaterialien anbieten

Tab. 5.2: Weitere Regulationen (▶ Tab. 5.1) in Bezug auf das beobachtbare Stimming im Mund- und Gesichtsbereich – Fortsetzung

Beobachtbares Stimming	Mögliche Unterstützungen
Sich die Wange oder Lippe blutig beißen	Eis mit oder ohne Bitterstoffe oder einen Metallgegenstand zum Lutschen anbieten
Eine Windel, ein Mulltuch oder Kleidungsstücke in den Mund nehmen	Einen nassen Waschlappen ins Eisfach legen und anbieten

»Dabei habe ich viele unangenehme Geschmackserfahrungen machen müssen, aber auch interessantes festgestellt. Der eiserne Türgriff der Flurtür schmeckt zum Beispiel genauso wie Blut. Ein ähnliches Aroma fand ich auch im Nachgeschmack des Leitungswassers, und zwar genau dann, wenn man das Wasser gerade heruntergeschluckt hat.« (Schuster, 2007, S. 33).

Wenn es gelingt, den Stimulus zusammen mit der Intensität und der spezifischen Ausführung zu erkennen, kann eine passende Regulation erfolgen. Diese Hilfen sollten mehrmals im Tagesverlauf sowie auch während der Nahrungsaufnahme immer wieder eingebracht werden. Durch das verringerte Erleben von Belastung und das vermehrte Erleben von Genuss können sich begleitende psychische und gesundheitliche Belastungen mindern.

Fazit: Mit Hilfe der ganz-körperlichen, aber auch speziell im Mundbereich durchgeführten Stimulationen, entweder in Form von Stimming oder mit Hilfe der Co-Regulationen, wird eine möglichst eutone Körperspannung (Wohlspannung) als Ausgangslage möglich. Es erfordert Mut, Umdenken und Flexibilität, damit die Angebote, individuell passend gestaltet werden. Zu Beginn, aber auch im weiteren Verlauf, sollte bei der aktiven Regulation immer wieder deutlich erkennbar sein, welche Impulse wohltuend wirken und die Erregung bedeutend mindern. Dies sind Momente, in denen sich ein Lächeln zeigt, und Situationen, in denen eine freudige und entspannte Zuwendung zum Gegenüber beobachtbar sind. Dieser erste und wichtigste Schritt, ermöglicht langfristig eine Veränderung der Sensorik in Form eines differenzierteren Wahrnehmens und darauf aufbauend der Motorik und somit der Abläufe und stärkt das gesamte Trink- und Essverhalten.

6 Der spezifisch-sensorische Input

Mit Hilfe individueller Druck-, Tast-, Geruchs- und Geschmacksimpulse soll eine positive und differenzierte Lenkung der Aufmerksamkeit auf die einzelnen Wahrnehmungsbereiche möglich werden. Dieser »spezifisch-sensorische Input« soll positiv anregend und zugleich regulierend wirken. Auf den Begriff der »Reizsetzung« wird dabei gezielt verzichtet, da es eben nicht vorwiegend um eine »Reizung« geht, sondern viel mehr um wohltuende »Impulse«. Auch der Begriff Stimulus beschreibt die positive Wirkweise. Für den Bereich Trinken und Essen bedeutet dies, dass die ausgewählten Impulse überwiegend im Gesichts-, Mund- und Rachenbereich Anwendung finden. Entweder mit Hilfe (händischer) körperlicher Stimulationen durch ein Gegenüber, unterstützt mit unterschiedlichen Materialien, oder auch durch die Auswahl bestimmter Lebensmittel. Der spezifisch-sensorische Input soll es ermöglich, die entsprechenden Informationen im Folgenden gezielter verarbeiten zu können und die oralmotorischen Fähigkeiten zu stärken.

6.1 Körperliche Stimulationen im Kopf-, Hals- und Nackenbereich

Der Kopf ist einer der sensibelsten Bereiche des Körpers und dessen Unversehrtheit ist für das (Über-)Leben besonders wichtig. Verletzungen, die den Kopf betreffen, werden deshalb vorrangig verarbeitet und intensiver gespürt als Verletzungen anderer Körperbereiche. Aber auch Berührungen werden hier sensitiver wahrgenommen und sind zudem eng mit dem parasympathischen System bzw. sympathischen System verbunden (▶ Kap. 5.4). Die meisten Menschen genießen sanfte Berührungen im Gesichtsbereich und bieten infolgedessen diese im vertrauten Personenkreis auch ihrem Gegenüber an. Eltern streicheln z. B. ihrem Kind sanft über den Kopf und berühren es leicht an der Wange.

Besonderheiten im Autismus-Spektrum
Eltern von Kindern im Autismus-Spektrum bieten ihren Kindern selten ein

Streicheln über den Kopf oder im Gesicht an, da diese diffusen Berührungen meist eine heftige Abwehr zur Folge haben, besonders wenn die Kinder im Alltag ein heftiges Kopfschlagen oder ein starkes Grimassieren zeigen. Einige Eltern oder Betreuerinnen bieten bereits ganzkörperliche Stimulationen an, an den Händen oder auch am Rücken der Kinder. Hier erfolgen die Stimulationen fester, mit einer größeren Auflagefläche, und werden dadurch gut angenommen.

Im Hinblick auf mögliche Veränderungen der Trink- und Essenssituation sind jedoch Unterstützungen insbesondere im Kopf-, Hals- und Nackenbereich besonders empfehlenswert! Wenn ich auf Fortbildungen darauf hinweise, dass ein spezifischer Impuls vor allem den Kopf betreffen darf, ist dies für viele Therapeutinnen zu Beginn kaum vorstellbar. Der Kopf und besonders der Mundbereich sind für die meisten Menschen ein zumeist sehr intimer Bereich und einem »fremden« Kind oder sogar einem Erwachsenen so nahe zu kommen, wird als übergriffig empfunden. Einige Unterstützerinnen haben entsprechende Stimulationen im Gesichtsbereich zwar bereits angeboten, aber bedingt durch die eigene Unsicherheit, durch zu sanfte Angebote und damit durch nicht ausreichende positive Rückmeldungen bald wieder verworfen. Wenn der spezifisch-sensorische Input jedoch gut an die Impulssuche der Betroffenen angepasst wird und dadurch positiv erlebt wird, ist diese Unterstützung eine ganz besonders wertvolle Ressource. Die Kopfstimulationen verbessern in diesem Bereich das Körpergefühl und positive Veränderungen in Bezug auf die Nahrungsaufnahme werden möglich.

Händische Interventionsangebote:

- Die Massagen werden die ersten Wochen eher großflächig und beidhändig, angeboten.
- Der Bereich kann intensiv gedrückt, durchgewalkt oder auch fest ausgestrichen werden.
- Verbunden mit einer Vibration (ein besonders schneller Wechsel zwischen Druck und dem anschließenden Lösen) wird der Impuls nochmals intensiver.
- Im weiteren Verlauf verkleinert sich die Auflagefläche, bis hin zu einer punktuellen Stimulation wie einem intensiven Druck mit Hilfe der Fingerkuppen.
- Die Massage- oder Stimulationsrichtung erfolgt zumeist von der Mittellinie zu den Seiten, bzw. vom Kopf in Richtung Schultern (wenn nicht anders beschrieben).

- Wenn der Kontakt an einem Punkt verbleibt, erfolgt die Stimulation nochmals stärker, jedoch nur sehr kurz (ca. 1–2 Sekunden), und wird dann wieder gelöst oder er erfolgt in Form von kreisenden oder intermittierenden (vibrierenden) Impulsen.

Die Stimulationen können auch mit Hilfe fester und weicher Bürsten, mit unterschiedlichen Bällen (z. B. Gesichtsmassagebälle) sowie mit einem thermischen Impuls, wie einem Eisstäbchen, oder auch mit unterschiedlichen Massagegeräten erfolgen.

Interventionsangebote mit Hilfe von Massage-/Vibrationsgeräten
Eine Unterstützung durch Massage- oder Vibrationsgeräte ist zu empfehlen, da so die Vielfalt der Stimulationen erweitert werden kann. Händisch sind solch starke und hochfrequente und auch länger anhaltende Schwingungen nicht/kaum ausführbar. Im Zusammenhang mit dem Trink- und Essverhalten ist dabei nicht die Verminderung akuter oder chronischer Muskel- oder Gelenksschmerzen das Ziel, sondern eine Verbesserung der Wahrnehmung der beteiligten Bereiche und darauf aufbauend der motorischen Abläufe bei der Nahrungsaufnahme. Auf dem Markt finden sich unterschiedliche Materialien.

Achtung: Eine Gefährdung durch die Anwendung von Massagegeräten im Kopf- und Nackenbereich ist nicht auszuschließen und sie sollte daher nur durch die betreuende Person erfolgen. Es gilt jedoch zu beachten, dass eine dauerhafte selbst gewählte Stimulation, wie ein Schlagen mit dem Kopf gegen Wand oder Tischkante, in jedem Fall eine gesundheitliche Gefährdung bedeutet. Somit ist eine zeitweise, gezielte Stimulation mit einem Massagegerät kurzfristig akzeptierbar und ermöglicht langfristig den Abbau der starken gefährdenden Impulssuche. Kontraindikationen und weitere Gefährdungshinweise sollten unbedingt bei dem entsprechenden Hersteller nachgelesen oder erfragt werden und ggf. Beachtung finden!

Vibrationsplatte: Mithilfe gezielter Stimulationsfrequenzen kommt es zu verstärkten Muskelkontraktionen. Die Personen stehen auf der Vibrationsplatte und die Stimulationen sind durch den gesamten Körper bis hin zum Kopf spürbar. Einige Eltern berichten, dass ihr Kind sich bevorzugt mit dem Kopf auf die Vibrationsplatte des Gerätes legt und diese intensive Stimulation sehr genießt.

Massage-Pistolen: Eine Massagepistole bietet punktgenaue Stöße und Vibrationen auf die entsprechenden Körperstellen. Häufig kann hier zwischen unterschiedlichen Geschwindigkeiten gewählt werden. Sie kann je nach Modell bis ca. 10 mm tief stimulieren.

NOVAFON: Das NOVAFON ist ein medizinisches Hilfsmittel. Es ist mit einer Schallwellentechnik ausgestattet, welche besonders tief (bis zu 6 cm) in die jeweiligen Schichten eindringt. Es gibt je nach Ausstattung unterschiedliche Intensitäts- und Schwingungseinstellungen. So kann das Angebot gut auf die Bedürfnisse der einzelnen Personen sowie auf die zu stimulierenden Körperteile abgestimmt werden. Bei den Zusatzmaterialien gibt es u.a. intra-orale Aufsätze. Die aufgesteckten langen Massagestäbe sind bei Kindern, besonders mit häufigen, unerwarteten Bewegungen nicht zu empfehlen. Wenn intra-oral gearbeitet werden soll, ist eine Kombination mit unterschiedlichen Kaumaterialien möglich und bietet hier vielfältige Variationen.

Musikinstrumente: Durch das Auf- oder Anlegen einer Stimmgabel bzw. einer Klangschale an Stirn oder am Kopf erfolgt ebenfalls ein vibratorischer Impuls, welcher zumeist entspannend und aufmerksamkeitsfördernd wirkt.

Vibrationsstifte mit unterschiedlichen Aufsätzen: Diese sanften Massagegeräte aus dem Fachhandel sind relativ günstig zu erwerben und können auch selbstständig von den Kindern gehalten und genutzt werden.

Handmassagegeräte: Kleine Massage-Roller sind in vielen Farben und zum Teil mit unterschiedlichen Aufsätzen und in verschiedenen Formen (auch Tierformen) zu erwerben. Sie können gut unterwegs, im Kindergarten, in der Schule und im Auto genutzt werden.

Elektrische Zahnbürsten: Bei einer elektrischen Zahnbürste kann die Vibration auf die gewünschte Intensitätsstufe eingestellt werden. Gerade bei den schwächeren Kinderzahnbürsten wird die Stimulation jedoch oft als zu diffus empfunden.

Die oben aufgeführte Reihenfolge der unterschiedlichen Materialien ist an der jeweiligen Intensitätsstufe orientiert. Da häufig geringere Impulse, wie von einem Z-Vibe, als zu diffus wahrgenommen und folgend abgelehnt werden, sollten diese erst im Verlauf angeboten werden. Ein stärkerer Impuls, wie z.B. von einem starken Vibrationsgerät, und insbesondere händische Stimulationen sind oft schon von Anfang an passend. Wenn ein Angebot abgelehnt wird, bedeutet dies, dass der Impuls aktuell nicht passend ist. Zu einem späteren Zeitpunkt wird er hingegen oft angenommen.

Interventionsangebote mit weiteren Hilfsmitteln
Auch kleine und große Igel- oder Softbälle sowie (Nagel-)Bürsten können zur Stimulation genutzt werden. Im Mundinnenbereich bedarf es vor allem ausreichend stabiler Materialien, da die Beißkraft je nach Alter sehr hoch sein

6 Der spezifisch-sensorische Input

kann. Hier bieten sich feste Kaumaterialien an, ggf. aus dem Hundebedarf[6], da diese kaum zu zerbeißen sind. Zudem bieten sie oft kräftige Farben und spannende Oberflächen.

Abb. 6.1: Mit Hundespielzeug oder einem Massagegerät den Mund positiv spüren lernen.

Abfolge der Stimulationsbereiche

Die Abfolge der Stimulationsbereiche ist aufeinander aufbauend und dementsprechend zu empfehlen:

- Ober- und Hinterkopf und das Kinn
- Hals-, Nackenbereich und Mundboden
- Gesicht mit den Schläfen, dem Kiefer (von außen) und den Wangen
- Mund innen mit der Zunge, Kiefer, den Wangentaschen und den Zahnreihen
- Mund außen mit den Lippen

Wenn Kinder, aber auch Erwachsene, jegliche Berührung im Kopfbereich vermeiden, haben sie zu oft die Erfahrung gemacht, dass Kontakte von außen nicht wohltuend waren und nicht ihren Bedürfnissen entsprachen. So ist es

---

6 Auch wenn die Überprüfung bezüglich der Giftstoffe bei Materialien für Säuglinge und Kleinkinder bestimmt strenger ist, ist ein fester Hunde-Kauknochen sicherer, da er nicht so leicht zerkaut werden kann und somit keine kleinen Teile versehentlich verschluckt werden.

6.1 Körperliche Stimulationen im Kopf-, Hals- und Nackenbereich

möglich, dass bereits beim Annähern des Gegenübers an den Kopf das Nervensystem die Situation als Gefahr einstuft. Jede Berührung, gleich in welcher Form und Intensität, wird abgelehnt. Hier sollte unbedingt als Einstieg mit einer Stimulation der Extremitäten (bspw. in Form von festen Druck- oder Zugimpulsen auf die Armgelenke) begonnen werden! Diese sind bis hin zu den Schultern und den Nacken zu spüren und bieten somit indirekt ein Angebot für den Hals- und Kopfbereich. Bei den ganzkörperlichen Stimulationen können z.B. auch Materialien wie eine Turnmatte, ein großes Kissen oder ein Gymnastik-Ball genutzt werden. Mit oder auch unter diesen »Puffern« ist häufig ein Abklopfen der entsprechenden Körperstellen möglich. Mit der Erfahrung, dass die Angebote ein Wohlgefühl auslösen, können die Stimulationen dann ggf. bald auch direkt erfolgen.

> **Gut zu wissen: Können die Interventionen »falsch« ausgeführt werden?**
> Auch wenn viele die meisten Menschen, die diese Ausführungen lesen, keine physiotherapeutische oder orthopädische Ausbildung haben, möchte ich dazu ermutigen, diese Stimulationen durchzuführen. Wenn es bereits Auffälligkeiten im orthopädischen Bereich gibt, sollte zusätzlich eine fachliche physiotherapeutische Unterstützung gesucht werden. Selbstverständlich kann auch ohne eine Vorerkrankung die Gefahr einer Verletzung oder einer falsch ausgeführten Stimulation nicht ausgeschlossen werden. Die Stimulationen sind jedoch doch fast immer gesundheitsförderlich. Einerseits, da das häufig beobachtbare Stimming und die aufgeführten Gefahren bei der Nahrungsaufnahme in jedem Fall eine sehr hohe Gefährdung darstellen. Andererseits, da die zunehmende verstärkte Erregung bei der Nahrungsaufnahme zu einer weiteren Verschlechterung des Körpergefühls und damit zu einer Verstärkung der muskulären Dysbalancen führt. Eine verbesserte Sensibilität aufgrund der gezielten Interventionen stärkt hingegen das Gefühl für den eigenen Körper, ermöglicht ein verbessertes aufeinander aufbauendes muskuläres Zusammenspiel und ist somit auch aus orthopädischer Sicht gesundheitsstärkend.

Achtung: Jeder Mensch, jede Entwicklung und jede Wahrnehmung sind unterschiedlich – deshalb sollte die Abfolge wie auch die Art und Intensität der Durchführung jederzeit an die Bedürfnisse angepasst werden. Einige Bereiche dürfen (vorerst) ausgelassen bzw. einige Impulssetzungen sollten zu

Beginn vermieden werden, damit eine positive Lenkung der Aufmerksamkeit gelingt.

6.1.1 Stimulationen am Ober- und Hinterkopf und dem Kinn

Der gesamte Schulter- und Nackenbereich sowie der obere Teil der Halswirbelsäule sind oft besonders stark involviert und weisen eine dauerhafte Anspannung auf. Viele intensive Stimulationen der Betroffenen sind deshalb besonders auf diesen Bereich ausgerichtet. Um die Regulation zu unterstützen, eignen sich Stimulationen unter anderem am Ober- und Hinterkopf, da diese im engen Wechselspiel mit der Haltemuskulatur für den Kopf verbunden sind. Aber auch der direkte Druck auf den Schädelknochen wird oft als wohltuende Information wahrgenommen.

Folgendes sollte beachtet werden:

- Das Angebot am Kopf erfolgt von vorne oder auch von den Seiten.
- Der Kontakt sollte mit zwei Händen erfolgen, so dass der Druck ausreichend stark erfolgen kann und der Kopf zumeist zentriert in der Mittelposition verbleibt.
- Die gesamten Handflächen umfassen den Kopf und bieten gut spürbare Impulse.
- Der Kontakt erfolgt z.B. mit einer Hand an der Stirn, die andere Hand stützt am Hinterkopf.
- Oder der Kontakt erfolgt von unten/vorne gegen das Kinn, wenn möglich mit einem Gegendruck am Hinterkopf.
- Klopfmassagen auf dem Kopf werden mit den Fingerkuppen durchgeführt.
- Bei isolierten Kinnstimulationen liegt der Daumen unterhalb vom Kinn und bietet Stabilität, die Finger kreisen oder klopfen das Kinn ab.

6.1 Körperliche Stimulationen im Kopf-, Hals- und Nackenbereich

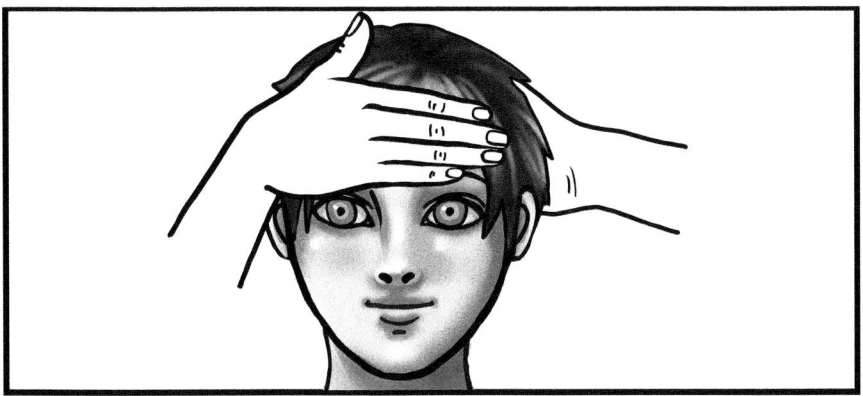

Abb. 6.2: Stimulation am Ober-/Hinterkopf seitwärts und frontal

Das beobachtbare Stimming gibt dabei nicht nur die Intensität, sondern auch die Richtung vor. Das heißt, wenn die Bewegung des Kopfes im Alltag eher nach vorne oder hinten erfolgt, wie bei einem kräftigen Nicken, sollte der Druck auch in diese Richtung erfolgen. Wenn der Kopf eher hin und her bewegt wird, sind seitliche Impulse die bevorzugten Stimulationen. Zeigen sich Dreh- und Schleuderbewegungen in verschiedene Richtungen, sind dementsprechend Wechsel und Drehbewegungen zu empfehlen.

Eigenständig durchführbare Übungen:

- Sich mit dem Rücken gegen eine Wand stellen und gezielten Druck gegen den Kopf ausüben, ggf. einen (Soft-)Ball nutzen.
- Im Liegen den Kopf fest auf die Unterlage drücken.
- Die Hände am Hinterkopf falten, den Rücken runden und den Kopf nach unten dehnen.
- Eine feste Kappe oder ein enges Haarband tragen.

6 Der spezifisch-sensorische Input

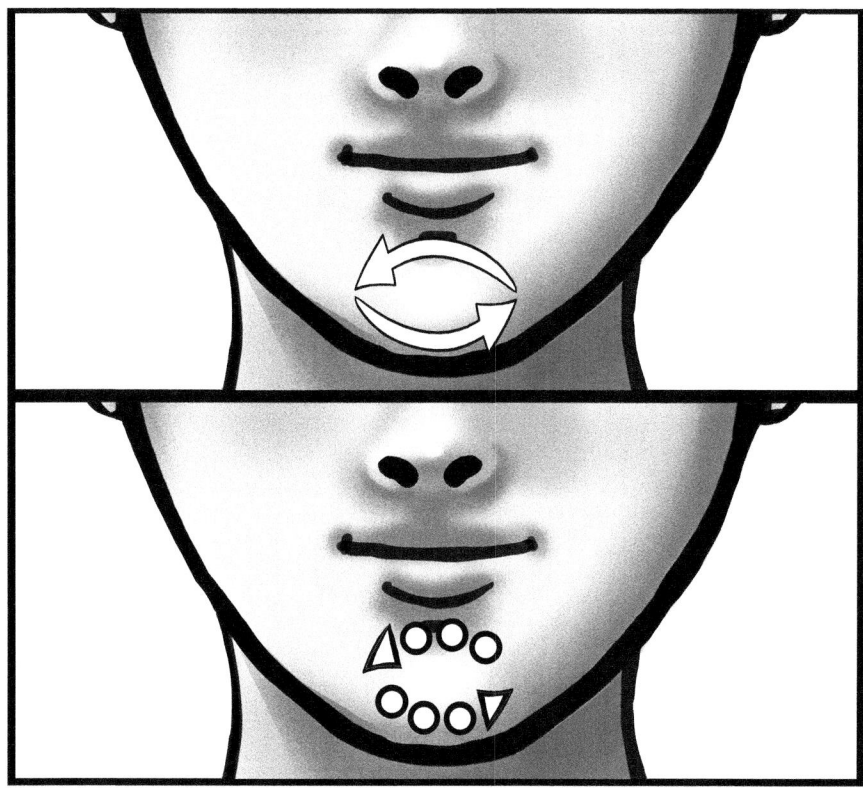

Abb. 6.3: Stimulation am Kinn, kreisende Bewegungen oder Abklopfen

6.1.2 Stimulationen im Hals- und Nackenbereich und am Mundboden

Eng verbunden mit den gerade beschriebenen Kopfstimulationen sind die Impulse für den Hals- und Nackenbereich. Der Mundboden ist dabei eng mit dem Schluckvorgang verbunden, bei einer hohen Anspannung ist Schlucken kaum möglich. Stimulationen dieser Körperbereiche helfen, ein besseres Gespür beim Schlucken zu entwickeln, einem Verschlucken entgegenzuwirken und Gefährdungen durch Überstrecken, durch extreme Drehbewegungen oder auch durch Schläge zu vermeiden.

Die beobachtbaren Dreh-, Nick- oder Streckbewegungen zeigen dabei erneut die bevorzugte Stimulation und die entsprechende Intensität an. Eine isolierte Massage des Mundbodens kann den Schluckvorgang außerdem aktiv einleiten und wirkt besonders entspannend.

6.1 Körperliche Stimulationen im Kopf-, Hals- und Nackenbereich

Mögliche Stimulationen:

- Der Kontakt erfolgt mit der gesamten Handfläche, die Hände dürfen den Hals- und Nackenbereich dabei gut umfassen.
- Bei der frontalen Anwendung beginnt die Bewegung, wenn möglich, bereits am Unterkiefer, über das Zungenbein und zieht dann seitlich am Kehlkopf vorbei bis zum Brustbein.
- Bei der rückseitigen Anwendung wird die Bewegung vom Hals zu den Schultern ausgeführt.
- Bei der Stimulation am Mundboden drückt der Daumen in einem Bogen nach oben hinten.
- Oder die Stimulation erfolgt mit beiden Händen am Mundboden und die Bewegung zieht dann seitlich am Kehlkopf vorbei bis zum Brustbein und zu den Seiten.

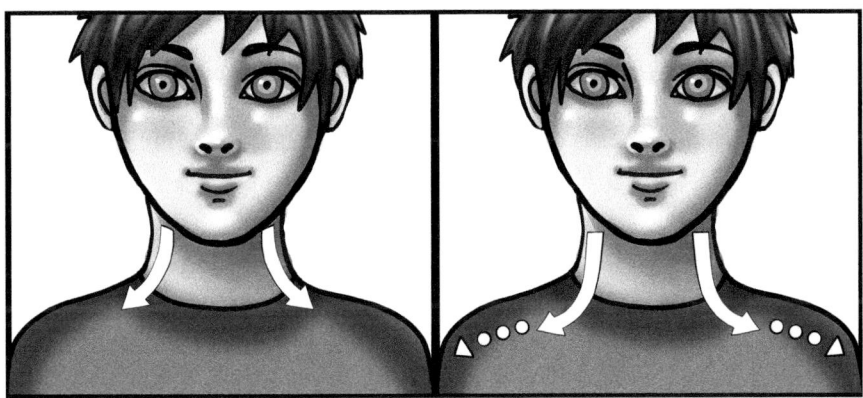

Abb. 6.4: Stimulation im Hals- und Nackenbereich

6 Der spezifisch-sensorische Input

Abb. 6.5: Stimulation am Mundboden

Eigenständig durchführbare Übungen:

* Kopfkreisen
* Kopfschütteln
* Dehnübungen für den Schulter-Nackenbereich durch Drehbewegungen des Kopfes.
* Einen »SupraBall[7]« (oder ein gerolltes Handtuch) unter das Kinn klemmen und diesen zusammendrücken – mit Heben und Senken des Kopfes, sowie mit einem Öffnen und Schließen des Kiefers. Die Position, wenn möglich abwechselnd einige Sekunden halten, dann wieder im fließenden Wechsel die Übung durchführen.
* Das »TJ-Motion« oder weitere »Kiefertrainer« sind spezielle Trainingstools für den Kieferbereich, um Zähneknirschen zu verhindern (ursprünglich zur Hautstraffung und zum Muskeltraining konzipiert). Ein Kunststoffblock wird dabei entweder frontal oder seitlich zwischen die Zahnreihen geklemmt.
* Den gesamten Oberkörper strecken.
* Massagegeräte nutzen.
* Ein (festes) Nackenhörnchen nutzen.

---

7 Der SupraBall wird zur Aktivierung und Stärkung der Muskulatur des Mundbodens verwendet.

6.1.3 Stimulationen im Gesichtsbereich mit Schläfen, dem Kiefermuskel (von außen) und den Wangen

Bei einer anstrengenden Tätigkeit oder auch bei aufkommender Müdigkeit ist es für viele Menschen wohltuend, sich mit beiden Händen über das Gesicht zu streichen. Bereits (kleine) Kinder nutzen diese Art der Entspannung und drücken sich mit ihrem Gesicht fest an Mutter oder Vater, in ein Kissen oder gegen eine andere Begrenzung. Insbesondere mit dem Ziel der Entspannung, aber auch für eine bessere Sensibilität im Gesichtsbereich wird diese Stimulation angeboten. Um den Einstieg zu erleichtern, ist ein besonders starker Druck und ein Verweilen auf dem Kiefergelenk zu empfehlen, da hier die Anspannung oft besonders hoch ist.

Mögliche Stimulationen:

- Der Kontakt verweilt auf dem Kiefergelenk, vor der Ohrmuschel.
- Der Kontakt beginnt auf dem Kiefergelenk vor der Ohrmuschel und wandert am Unterkiefer entlang bis hin zum Kinn.
- Der Kontakt verweilt an den Schläfen.
- Der Kontakt beginnt an den Schläfen und wandert über die Wangenknochen bis hin zum Kinn.
- Der Kontakt beginnt an der Stirn, die Bewegung erfolgt über den Nasenrücken zu den Nasennebenhöhlen bis zu den Wangenknochen.

Eigenständig durchführbare Übungen:

- Starkes Grimassieren, u.a. Zusammenkneifen der Augen.
- Nutzen der eigenen Hände, von Bällen oder Massagegeräten, wie oben beschrieben.
- Intensives Gähnen, ggf. gekoppelt mit einer Massage.
- Grimassieren während das Gesicht fest gegen ein Kissen gedrückt wird.
- Gesichtsmasken z.B. mit Quark auflegen.

6 Der spezifisch-sensorische Input

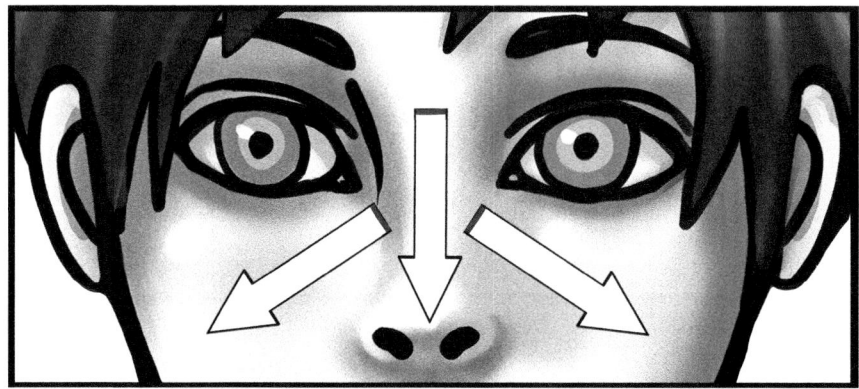

Abb. 6.6: Stimulation an Nase und Wangenknochen

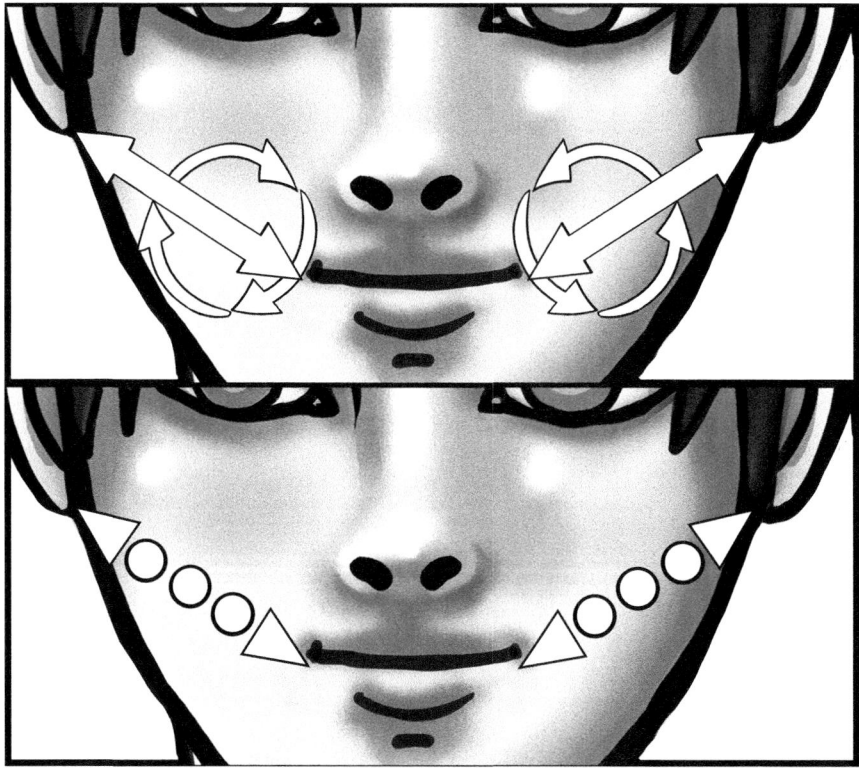

Abb. 6.7: Stimulation am Kiefergelenk, von außen

6.1.4 Mund (innen), Zunge, Wangentaschen, Zahnreihen und Kiefer

Zumeist erfolgen die Stimulationen im Mund erst, wenn die äußerlichen Impulse gut angenommen werden. Zeigt sich jedoch im Alltag ein anhaltendes Kauen auf Gegenständen oder harten Lebensmitteln, können diese Hilfen auch mit den ersten Kopfstimulationen angeboten werden. Dazu werden Hilfsmittel wie Lernzahnbürsten oder weitere Kaumaterialien benötigt.

Ein »Rogge-Spatel« kann hier eine gute Unterstützung leisten. Der Rogge-Spatel besteht aus zwei Holzspateln, über deren eines Ende das Saugteil eines Schnullers gezogen wird. Mit dem Rogge-Spatel lassen sich vielfältige Stimulationen im Mundbereich durchführen und so können besonders Zähne und Zahnhälse, Zahnfleisch, Zunge und Wangeninnentaschen nochmals intensiver in den Fokus rücken. Weiterhin eignen sich Übungen, bei den mit unterschiedlichen Gegenständen fest die Zunge getippt wird oder diese das Hilfsmittel wegschieben muss. Entweder mit den seitlichen Zungenrändern oder auch mit der Zungenspitze wird Druck nach oben oder unten ausgeübt. Das Hilfsmittel kann auch in einem schnellen Wechsel von einer zur anderen Seite oder auch von oben nach unten bewegt werden.

Das Kiefergelenk als stärkster und bei starker Erregung stets innvervierter Muskel, darf frühzeitig stimuliert und mobilisiert werden, um insbesondere regulierend zu wirken! Zudem kann so die Bereitschaft zum Abbeißen und Kauen gestärkt werden. Bei jüngeren Kindern kann dieser Input einen verspäteten Zahnwechsel anregen.

Mögliche Stimulationen:

- Auf verschiedenen Materialien darf ausdrücklich gekaut werden, z. B auf einen Chewy Tube[8] (Kauknochen), mit zusätzlicher händischer Vibration oder einem kräftigen Druckimpuls.
- Der Gegenstand wird bei geöffnetem Mund kräftig auf und ab bzw. hin und her bewegt und schlägt dabei gegen die Zahnreihen, die Mundwinkel oder Mundinnentaschen.

---

8 Hilfsmittel zur Verbesserung der Sensibilität im Mundbereich und zur Stärkung der Kaumuskulatur.

6 Der spezifisch-sensorische Input

Abb. 6.8: Stimulation der Zahnflächen und des Kiefers

- Der Gegenstand setzt einen Impuls nach unten/hinten direkt auf die Zunge.
- Der Gegenstand schiebt die Zunge zu den Seiten weg, die Zunge arbeitet dagegen.

Eigenständig durchführbare Übungen:

- Pleuel-Übung: Die Zungenspitze legt sich hinter die unteren Schneidezähne, der Zungenrücken darf sich nun runden und nach vorne drücken, teilweise bis aus dem Mund heraus.
- Eine Mund- oder Kaukiste zusammenstellen, gefüllt mit unterschiedlichen Kaumaterialien, die frei zugänglich ist. Auch ein angepasster Zahnschutz, wie er im z.B. beim Boxen verwendet wird, könnte eine mögliche Unterstützung sein.
- Kaugummi kauen.

6.1 Körperliche Stimulationen im Kopf-, Hals- und Nackenbereich

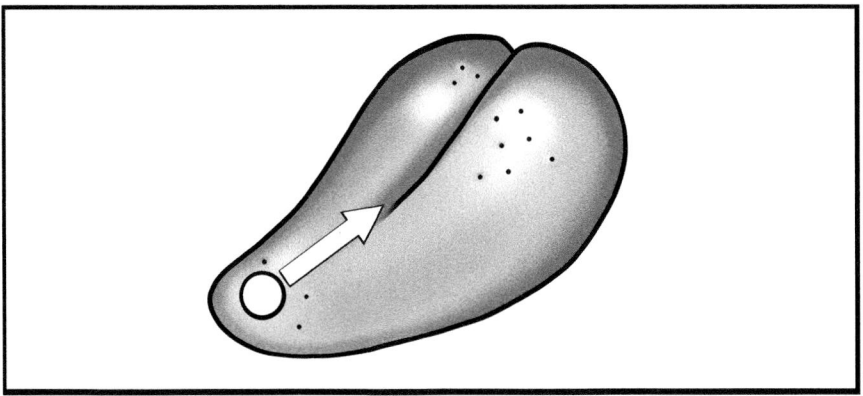

Abb. 6.9: Stimulation der Zunge

6.1.5 Lippenstimulationen

Im weiteren Verlauf, wenn das Nervensystem bereits positiv auf weniger prägnante Stimulationen reagiert, werden Mund und die Lippen in die Stimulation einbezogen. Neben der Regulation verbessern sich hier Trinken, Abbeißen und Kauen und auch der Mundschluss kann gestärkt werden.

- Der Kontakt erfolgt von vorne, flächig auf Mund/Lippen und darf auch an den Zähnen gespürt werden, ggf. mit einer stützenden Hand am Hinterkopf.
- Der Kontakt beginnt von der Mitte der Ober-/Unterlippe und verschiebt sich bis zu den Mundwinkeln oder auch darüber hinaus.
- Der Kontakt beginnt unter der Nase und schiebt Richtung Oberlippe.
- Der Kontakt beginnt am Kinn und schiebt Richtung zur Unterlippe.
- Die Lippen werden, wenn möglich, wie ein Schnabel zusammengepresst und nach vorne gezogen.
- Die Lippen werden abgeklopft.
- Mund und Lippen werden mit den Fingerspitzen oder einem Kauknochen abgeklopft.
- Mit Hilfe von kleinen Schröpfgläsern werden Zugimpulse durchgeführt.

6 Der spezifisch-sensorische Input

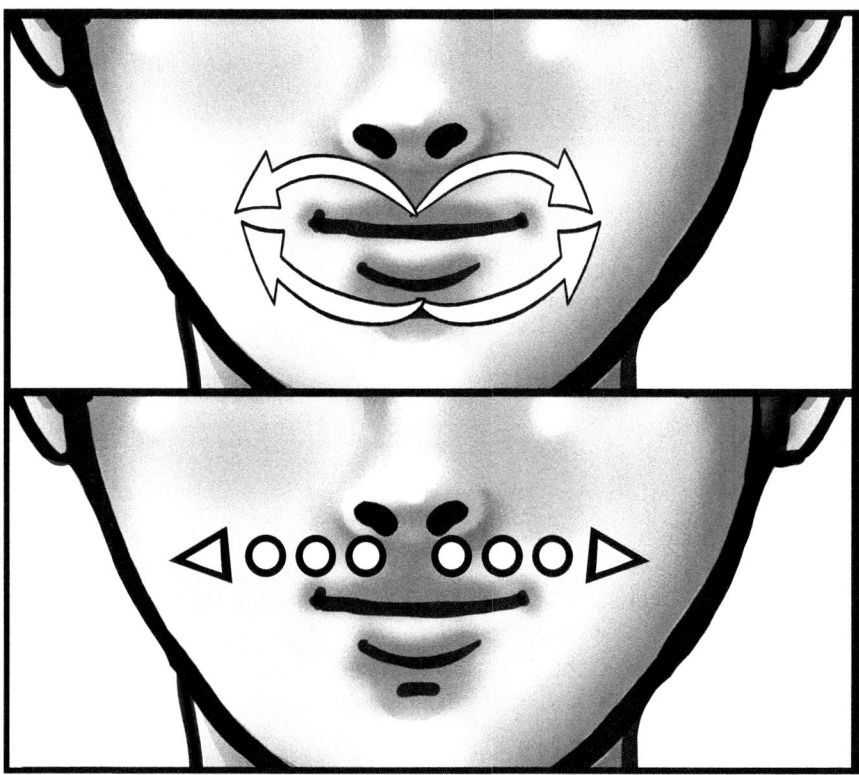

Abb. 6.10: Stimulation an den Lippen, von der Mitte zu den Seiten oder punktuell an einer Stelle verbleibend

Eigenständig durchführbare Übungen/Hilfen:

- Starkes Grimassieren, u.a. Spitzen oder Zusammenpressen der Lippen.
- Lippenkrafttraining (▶ Kap. 15 Spielesammlung)

6.2 Lebensmittel zur Stimulation nutzen

Bei den gerade beschriebenen körperlichen Impulsen kann das Angebot in kürzester Zeit stets an die aktuellen Bedürfnisse angepasst werden: Eine unpassende Berührung und ein damit verbundenes Missempfinden kann häufig mit einem (abgeänderten) Druckimpuls oder einer Vibration aufgehoben werden. Mit Aufnahme der Lebensmittel in den Mund ist es jedoch ungleich schwerer bei einem Unwohlsein den Impuls »zurückzunehmen«. Wenn ein Lebensmittel im Mund als unangenehm wahrgenommen wird, ist ein Entfernen zwar möglich, jedoch ist dies oft mit weiteren verwirrenden Informationen verbunden. Zudem wirkt ein unangenehmer Geschmack oder eine nicht passende Konsistenz zumeist nach. Ein Schluck Milch oder kaltes Wasser könnte eine unterstützende oder ablenkende Spürinformationen bieten, aber auch diese Handlung erfordert eine aktive Aufnahme, eine entsprechende Koordination im Mundbereich sowie beim Schluckvorgang. Bei einer akuten Überforderung ist solch eine komplexe Handlung nicht leistbar, im schlechtesten Fall folgt ein Würgereiz oder ein Erbrechen.

Lebensmittel sollten deshalb erst dann zur Stimulation genutzt werden, wenn die körperlichen Stimulationen positiv und flexibel angenommen werden können. Dies gilt besonders im Hinblick auf die Therapiesituation. Zuhause und in der Tageseinrichtung ist diese Trennung kaum möglich, da auf Trinken und Essen nicht verzichtet werden kann. Im Alltag wird der vorwiegende Nahrungsbedarf weiterhin mit dem Safe-Food abgedeckt. Gezielte Impulssetzungen und Variationen mit Hilfe von Lebensmitteln dürfen zwar auch schon zu Beginn erfolgen, müssen jedoch mit nochmals mehr Bedacht gewählt werden. Bei einem deutlichen Anstieg der Erregung sollte die Aufnahme der Lebensmittel abgebrochen werden, um das weitere Erleben unangenehmer oder sogar bedrohlicher Situationen zu vermeiden. Aufregung und Anspannung dürfen zwar spürbar sein, doch trotz der Herausforderungen müssen immer wieder ein Aufatmen, ein Durchatmen, im besten Fall ein Lächeln sichtbar werden. Diese Momente der Entspannung müssen überwiegen! Eisstimulationen bieten dabei eine gute Möglichkeit (▶ Kap. 7.4), den Übergang von vorwiegend körperlichen Stimulationen zur Stimulation mit Lebensmitteln zu gestalten.

> **Gut zu wissen: Hilfsmittel Kausäckchen**
> Um ein »ungefährliches« Schmecken und Spüren zu ermöglichen, können sogenannte Kausäckchen genutzt werden. Dazu wird eine Mullkompresse entfaltet, das Durchzukauende mittig hineingelegt und die Enden der Kompresse werden eingedreht. Dieses Säckchen kann dann in den Mund genommen werden. Im Handel gibt es Kausäckchen aus Kunststoff, die nochmals sicherer in Bezug auf Verschluckungs- oder Erstickungsgefahr sowie in der Handhabung komfortabler sind. Die Säckchen eignen sich zum Füllen mit Obst, Gemüse, Wurst, Käse und Keksen. So wird es möglich, Kauen anzubahnen, Geschmack zu erleben und zugleich die enthaltenden

> Nährstoffe aufzunehmen, ohne dass es zu einem Verschlucken kommt. Bei einer Übererregung kann das Säckchen innerhalb kürzester Zeit wieder entfernt werden. Wenn Kälte einen wohltuenden Impuls darstellt, eignen sich zur Einführung gecrashte Eiswürfel.
> Viele Kinder aber auch Erwachsene empfinden das Kausäckchen im Mund jedoch als sehr unangenehm. Insbesondere die Mullbinde ist eine sehr diffuse Information und wird deshalb abgelehnt. Vielleicht wird es jedoch zu einem späteren Zeitpunkt toleriert und bietet dann vielfältige Möglichkeiten zum gefahrlosen Spüren und Erleben an?

Die Lebensmittel werden, wenn möglich, im Hinblick auf einen spezifisch-sensorischen Input für die bevorzugten Wahrnehmungssysteme des Kindes ausgewählt. So ist es möglich, das Getränk eisgekühlt anzubieten oder mit besonders viel Kohlensäure, das Essen extra fein zu pürieren oder es bei Bedarf besonders »fest« zu servieren, es leicht gefroren anzubieten oder es stärker bzw. weniger stark zu würzen. Zusätzlich kann auch die Aufnahme selbst einen besonderen Impuls bieten, wie das Saugen von (dickflüssigen) Getränken mit einem Strohhalm oder die Verwendung eines Trinklernbechers mit einem geriffelten Rand. Es ist möglich, auf das Trinkglas oder auf das Besteck Bitterstoffe zu träufeln oder diese mit einer Würzpaste zu bestreichen. Ein weiterer möglicher Stimulus wäre ein Massagegerät, welches an den Becherboden oder an den Griff des Löffels gehalten wird und so das Lebensmittel selbst zum Vibrieren bringt.

Gegensätzliche Empfindungen, ein Fallbeispiel: Andreas, 24 Jahre, im Autismus-Spektrum

Andreas' Eltern berichten, dass sie sich seit vielen Jahren an seine geringe Auswahl von Lebensmitteln gewöhnt haben. Er isst nur einige wenige Joghurtsorten, mittags gibt es jeden Tag Nudeln, die Bratensoße liegt gesondert daneben. Abends nimmt er sich oft eine große Portion Cornflakes, jedoch ohne Milch, dazu trinkt er etwas Saft. Manchmal isst er auch Brot oder Brötchen, diese dürfen jedoch keine Körner enthalten, und als Belag wird nur ein bestimmter Frischkäse toleriert. Laugengebäck isst Andreas bevorzugt, gerne auch mit Salz.

Nach dem Wechsel in eine neue Tageseinrichtung, verbunden mit neuen Eindrücken und Abläufen, wurde die Selektion beim Essen nochmals stärker. Brot und Brötchen werden nur einmal angebissen und dann wieder weggelegt. Während der Mahlzeiten springt Andreas häufiger auf, läuft durch den Raum und setzt erst nach einer Pause das Essen fort. Bei

Spaziergängen ist eine neue Problematik aufgetreten: Wenn Andreas einen Zigarettenstummel auf dem Boden entdeckt, steckt er diesen in den Mund. Die Eltern müssen ihm diesen, verbunden mit lautem Geschrei und einer handfesten körperlichen Auseinandersetzung, wieder aus dem Mund herausholen.

Ein Erklärungsversuch: Andreas' Wahrnehmung im Mundbereich ist stark eingeschränkt. Einerseits verursachen ihm neue Konsistenzen und Geschmacksinformationen Unbehagen, andererseits benötigt er besondere Stimuli, damit er das Essen spüren kann. Die Cornflakes bieten ihm durch ihre besondere Oberfläche gut spürbare wie auch hörbare Impulse. Das Laugengebäck hat hingegen einen ganz besonderen geschmacklichen Reiz. Bei steigender Erregung, wie der Wechsel in die neue Einrichtung und den vielen neuen Eindrücken, verstärken sich seine Anspannung und somit die Auffälligkeiten beim Essen deutlich. Die Zigarettenstummel mit den enthaltenden Gift- und Bitterstoffen stellen nun einen nochmals begehrenswerteren Stimulus für Andreas dar.

Ideen zur Hilfestellung: Je geringer Andreas' ganzkörperliche Anspannung ist, umso besser spürt er seinen Körper wie auch seinen Mundraum. Gerade bei einem einschneidenden Wechsel der Tagesstrukturen müssen die Regulationsangebote unbedingt intensiviert werden. Andreas benötigt zudem insbesondere beim Trinken und Essen stärkere Informationen. Die Betreuerinnen könnten gemeinsam mit ihm ausprobieren, welche (starken) Gewürze, Konsistenzen und Temperaturen ihm helfen, sich zu spüren und zu beruhigen, um nicht immer wieder in Not zu kommen und um langfristig sogar Genuss erleben zu können. Im Tagesverlauf könnten regelmäßige Stimulationen am und im Mundbereich (propriozeptiv und taktil) angeboten werden und andererseits auch weitere Hilfestellungen beim Essen erfolgen, wie das Sitzen auf einem Wackelkissen oder auch auf einem Drehstuhl.

Mit den Grundlagen für den spezifisch-sensorischen Input und im Hinblick auf die einzelnen Wahrnehmungssysteme werden im Folgenden die individuellen Angebote erarbeitet und können die Nahrungsaufnahme nochmals differenzierter unterstützen.

7 Die Wahrnehmungssysteme erkennen und unterstützen

Am Trinken und Essen sind folgende Systeme beteiligt:

- Die vestibuläre Wahrnehmung: Das Gleichgewichtssystem
- Die propriozeptive Wahrnehmung: Das Spüren intensiver Druck- und Zugimpulse für Muskeln, Sehnen und Gelenke
- Die thermische Wahrnehmung oder das Temperaturempfinden
- Die taktile Wahrnehmung: Tasten und Fühlen über die (Schleim-)Haut
- Die gustatorische Wahrnehmung: Die Geschmackswahrnehmung über die Zunge
- Die olfaktorische Wahrnehmung: Die Geruchswahrnehmung über die Nase

Zudem sind oft auch weitere Systeme aktiv:

- Die auditive Wahrnehmung: Hörimpulse beim Schlucken und Kauen betreffend
- Die visuelle Wahrnehmung: Sehen und somit erste Informationsaufnahme

Fast jeder dieser Sinnesbereiche unterscheidet sich bei autistischen Personen isoliert gesehen von der Wahrnehmung nicht autistischer Menschen. Informationen werden deutlich anders wahrgenommen und verarbeitet. Einige Autistinnen suchen zum Teil besondere Druckerfahrungen, extreme Temperaturen, starke Gewürze und andere eindeutige und somit gut fokussierbare Impulse. Dieser Impuls ist dann sehr präsent und andere ablenkende Informationen werden nicht mehr wahrgenommen. Ohne einen besonders starken Stimulus, führen geringe Intensitäten, wie ein schwacher Geruch oder eine leicht unregelmäßige Oberfläche, zu einem Unwohlsein und zu steigender Erregung.

Das Anschauen, Riechen, Schmecken, Spüren und Schlucken der Lebensmittel ist durch die vielfältigen sensorischen Informationen eine große Herausforderung, insbesondere durch die vorwiegende Hyper- oder Hyposensibilität. Ohne eine differenzierte Wahrnehmung der beteiligten Muskeln, der Organe und weiteren Rezeptoren zeigen sich Schwierigkeiten beim Fokussieren, Auswählen, Trinken, Abbeißen, Kauen und Schlucken. Die Ausprägung der Besonderheiten in Bezug auf die einzelnen Wahrnehmungsbereiche variiert zudem je nach Tagesform, Gesundheitsstand und Stressbelastung.

Ein Gedankenspiel: Wie fühlt sich Essen mit einer besonderen Wahrnehmung an?
Stellen Sie sich vor, Sie sollen ein Steckspiel absolvieren. Es gibt verschiedene Formen und Farben, die zugeordnet und in entsprechende Aussparungen eingesetzt werden müssen. Sie dürfen sich die Aufgabe anschauen, dann verbindet man Ihnen die Augen. Sobald Sie das Material anfassen, verändert es sich. Zum Teil löst es sich auf oder zerfällt in verschiedene Einzelteile. Einige Steine beginnen zu kleben, andere zerfallen in lange Fäden. Auch die Empfindungen an den Fingern verändern sich, das Gefühl wird intensiver, fast etwas schmerzhaft und die Fingerspitzen prickeln zusätzlich. Das Handgelenk ist hingegen kaum zu spüren und es fällt schwer, die erforderliche Spannung aufrecht zu halten. Auch die Temperatur verändert sich deutlich im Kontakt und führt zu einer kurzzeitigen Irritation. Eigentlich wollen Sie einen Gegenstand nach dem anderen in die jeweilige Aussparung stecken, aber bei all diesen unterschiedlichen und zum Teil widersprüchlichen Informationen ist daran nicht zu denken. Am liebsten würden Sie jetzt sofort die Aufgabe abbrechen, aufspringen und die Hände schütteln oder fest aneinander reiben, damit das Gefühl der Überforderung und Verwirrung aufhört.

So oder so ähnlich fühlt es sich für viele autistische Menschen an, wenn sie Nahrung in den Mund nehmen. Das Spüren der Lebensmittel an den Lippen und der Zunge, das Empfinden, wenn diese am Gaumen kleben... Es müssen viele unterschiedliche Informationen verarbeitet werden. Dabei sind einige dieser Impulse kaum wahrnehmbar, andere sind besonders intensiv. Veränderungen der Konsistenz, der Temperatur oder des Geschmacks vollziehen sich, sobald die Nahrungsmittel im Mund verarbeitet werden. Eine Möglichkeit zur visuellen Unterstützung ist jetzt nicht mehr möglich.

Die Wahrnehmungssysteme gezielt unterstützen
Zu Beginn muss das beobachtbare Verhalten eine detaillierte Betrachtung erfahren. Die Beobachtungen können im Fragebogen (s. Link zum Zusatzmaterial am Ende des Buches) festgehalten werden und sollten ggf. aktualisiert werden. Im Folgenden können die beim Trinken und Essen beteiligten Wahrnehmungssysteme vielfältig angeregt, unterstützt und gefördert wer-

den, um langfristig die sensorischen Informationen besser verarbeiten zu können – ohne das Nervensystem dabei zu überlasten. Um eine bessere Nahrungsaufnahme und -verarbeitung zu ermöglichen, erfolgt darauf aufbauend das Stärken der motorischen Fähigkeiten (▶ Kap. 7). Das Ermöglichen einer größeren Nahrungsmittelauswahl sowie eine größere Unabhängigkeit gegenüber der noch zu Beginn unbedingt notwendigen Stabilisatoren, wie bestimmter Rahmenbedingungen, sind weitere Ziele der Unterstützungen.

Allgemeines zur Impulssetzung
Die Reihenfolge der aufgeführten Wahrnehmungssysteme dient als erste Orientierung, welche Impulse zu Beginn angeboten werden und welche im weiteren Verlauf hinzukommen können. Ein Blick auf das im Alltag bevorzugte Stimming hilft auch hier bei der Auswahl des Angebotes.

Bedingt durch das zum Teil gegenteilige Erleben der Impulse sind einige der aufgeführten Ideen gegensätzlich zu weiteren, folgenden Vorschlägen. Teilweise werden beide Herangehensweisen gleich gut angenommen. Aufgrund der oftmals wenig differenzierten Wahrnehmung, besonders in Bezug auf den eigenen Körper, empfiehlt es sich, zumeist mit starken und somit klaren Informationen zu beginnen: vom Groben zum Feinen, vom starken zum sanften Impuls.

Der neue oder stark veränderte Impuls erfolgt nicht anhaltend, sondern zumeist kurzzeitig und gut spürbar. Je nachdem, ob daraufhin eine Abwehr verbunden mit einer erhöhten Anspannung oder eine Zuwendung verbunden mit einem positiven Aufmerken erfolgt, wird die Impulsgebung abgebrochen oder wiederholt. Wenn sogar mehrere Wiederholungen (ca. 3–4-mal) möglich sind, empfiehlt es sich dennoch, das Angebot zu verändern, bevor es bedingt durch die Habituation, nicht mehr ausreichend wahrgenommen wird. Immer, wenn die Erregung erneut ansteigt, braucht es eine veränderte Form der Unterstützung, oder es ist Zeit, eine Pause einzulegen!

> **Gut zu wissen: »Unerwünschte Verhaltensweisen« gezielt anbahnen?**
> Plötzliches Aufspringen beim Essen, ein Zappeln mit den Füßen am Tisch, ein lautes Schmatzen oder ein Gähnen sind im Alltag, insbesondere bei einer gemeinsamen Mahlzeit, meist nicht erwünscht. Im vorliegenden Buch sind diese Verhaltensweisen jedoch Teil der Unterstützungsleistungen! So ist es möglich, dass unerwünschtes oder auch als »schlechte Erziehung« bezeichnetes Verhalten gezielt verstärkt oder sogar angebahnt wird. Wenn die Förderung greift und Trinken und Essen leichter sowie vielfältiger gelingen, können diese Aktivitäten ggf. wieder ausgeschlichen

werden – aber nur, wenn Genuss und Lebensqualität dadurch nicht zu stark beeinträchtigt werden. Vielleicht ist es auch möglich, bei Mahlzeiten im öffentlichen Raum kurzfristig auf diese Verhaltensweisen zu verzichten und es zuhause oder in einem anderen geschützten Rahmen vermehrt zu nutzen.

7.1 Die vestibuläre Wahrnehmung

Das Gleichgewichtssystem gibt uns Auskunft darüber, in welcher Lage sich unser Körper im Raum befindet, insbesondere die Haltung unseres Kopfes im Verhältnis zur Erdoberfläche. Jede Bewegung und somit jede Lageveränderung wird an das Nervensystem weitergeleitet, dort interpretiert, weiterverarbeitet und steuert dann wiederum die folgende Bewegung. Der Gleichgewichtssinn ist eng mit dem propriozeptiven und dem visuellen Wahrnehmungssystem verbunden. Ein gutes Zusammenspiel ermöglicht es, uns im Raum zu bewegen und unterschiedliche Aktivitäten auszuführen, ohne dabei die Aufrichtung zu verlieren oder umzufallen. Dazu werden einerseits Kraft und Ausdauer benötigt, um eine aufrechte Körperposition zu erhalten, andererseits muss die beteiligte Muskulatur, mit entsprechender An- oder auch Entspannung, immer wieder auf die aktuellen Bedingungen reagieren. Ein gutes Wechselspiel zwischen dem vestibulären System und den unterschiedlichen motorischen Abläufen, insbesondere im Hals- und Nackenbereich stellt somit eine elementare Grundlage beim Trink- und Essensprozess dar. Es ermöglicht ein sicheres und ggf. flexibel abrufbares Abbeißen, Kauen und Schlucken, ohne aus dem Gleichgewicht zu kommen.

Besonderheiten im Autismus-Spektrum
Für Menschen im Spektrum stellen zum Teil die erforderlichen Körperbewegungen am Tisch, wie das Vorbeugen zum Teller, verwirrende Impulse dar. Dass das vestibuläre System einen deutlichen Einfluss auf die Nahrungsaufnahme hat, ist kaum bekannt.

7.1.1 Mögliche Auffälligkeiten des vestibulären Wahrnehmungssystems

Folgendes Verhalten ist bei vorwiegender Hyposensibilität zu beobachten und ist zumeist mit einer intensiven Impulssuche verbunden:

- Aufspringen vom Essenstisch oder Essen bevorzugt in Bewegung
- Auf- und Abhüpfen, Hin- und Herpendeln auf oder mit dem Stuhl
- Starke Kopfbewegungen und intensives Kopfschütteln
- Die Körperposition »Kopfüber« wird häufig gesucht.
- Intensive Kaubewegungen
- Wildes Schaukeln oder sich schnell im Kreis drehen
- Die Füße sind unter dem Tisch ständig in Bewegung und suchen Halt.

Folgendes Verhalten ist bei vorwiegender Hypersensibilität zu beachten und ist zumeist mit der Impulsvermeidung verbunden:

- Kauen wird vermieden.
- Abstützen des Kopfes auf der Hand oder an der Wand
- Der Oberkörper liegt oder lehnt beim Essen schlaff auf dem Tisch.
- Bewegungsunmut bzw. Erstarren in der eingenommenen (Essens-)Haltung, insbesondere kein Nach-vorne-Beugen.
- Stark verlangsamte Bewegungsabläufe

Das Kind muss sich auf die Mahlzeit, auf die Nahrung, auf den Essvorgang und auf die sozialen Beziehungen zur Essenszeit konzentrieren können. Unmittelbare Aufmerksamkeit auf Gleichgewichtsinformationen kann vom Essen ablenken (Ernsperger & Stegen-Hanson, 2015, S. 65).

7.1.2 Das vestibuläre System stärken

Um sich sicher, aufrecht und stabil der Nahrungsaufnahme widmen zu können und um diese koordiniert zu absolvieren, bedarf es eines ausgeglichenen vestibulären Wahrnehmungssystems. Stimulationen für das Gleichgewichtssystem können vor, während und nach der Trink- und Esssituation angeboten werden und sollten auch im weiteren Alltagsverlauf immer wieder Anwendung finden. Vestibuläre Impulse innervieren ganzkörperliche Wechsel zwischen An- und Entspannung und wirken somit gleichzeitig regulierend sowie stimulierend. Die beobachtbaren vestibulären Stimulationen dürfen aufgenommen und erweitert werden.

Vestibuläre Impulse, die die Nahrungsaufnahme erleichtern:

- Beim Sitzen auf einen Kontaktpunkt für die Fußflächen (barfuß bevorzugt) achten.
- Einen festen Halt für den Oberkörper bieten.
- Mit den Füßen abwechselnd fest auf den Boden aufstampfen.
- Sich hüpfend oder im Kreis drehend zum Essenstisch bewegen.
- Einen beweglichen Sitzplatz wählen (z. B. ein Dreh- oder Schaukelstuhl).
- Auf einem Wackelkissen sitzen.
- Auf dem Schoß einer Person, welche das Kind immer wieder in Bewegung bringt, sitzen.
- Essen auf einer Schaukel, begleitet von einer sanften Schaukelbewegung, oder in den »Schaukelpausen« essen.
- Vielfältige Kopfbewegungen anregen.
- Kleine Pausen zum Aufstehen, Laufen und Hüpfen einführen.
- Massagen und Druckimpulse auf das Kiefergelenk in Richtung Ohrmuschel.
- Flächige Druckimpulse mit den Handflächen auf die Ohren geben.
- Ein Galileo-Gerät nutzen.

> »Emils Lehrperson nennt ihn eine ›nasse Nudel‹. Er scheint von selbst nie in aufrechter Haltung zu bleiben und neigt dazu, während der Imbisspause halb auf dem Tisch zu liegen. Es ist auch schwierig, Emil dazu zu bringen, sich auf seine Mahlzeit zu konzentrieren. Er schaut sein Essen gar nicht an. Während der Essenspausen bekommt Emil ein Sitzkissen oder einen Ball, um darauf Platz zu nehmen. Dies gibt ihm Gelegenheit, sich zu bewegen und einen den Gleichgewichtssinn stimulierenden Reiz zu empfangen, während er am Tisch bleibt. Emil ist jetzt in der Lage, für die Dauer eines Imbisses in einer aufrechten, aber sitzenden Position zu bleiben und sich mehr auf den eigenen Essvorgang zu konzentrieren.« (Ernsperger & Stegen-Hanson, 2015, S. 69)

7.2 Die propriozeptive Wahrnehmung

Die propriozeptive Wahrnehmung vermittelt Informationen über Zug und Druck auf Muskeln, Sehnen und Gelenke. In den ersten Lebenswochen, -monaten und -jahren lernt das Kind mit Hilfe propriozeptiver Impulse seinen Körper, dessen Grenzen und seine Bewegungsmöglichkeiten kennen sowie ermöglicht es ihm, diesen im Gleichgewicht zu halten. Das Entdecken und Erleben des eigenen Körpers bezieht sich dabei auf Arme und Beine, den gesamten Oberkörper, aber auch auf den Kopfbereich mit dem Mund- und Rachenraum. Dabei sind Oberkörper und Kopf die Bereiche, welche vorwiegend an der Nahrungsaufnahme beteiligt sind. Besonders beim Essen erfahren Lippen, Zähne, Zunge und die Wangentaschen, aber auch das Kiefergelenk, der Zungengrund und der Kehlkopf propriozeptive Informationen.

Besonderheiten im Autismus-Spektrum
Wenn Menschen aus dem Spektrum auf der Suche nach deutlich spürbaren Druckimpulsen sind, wird das Kauen zum Teil besonders intensiv ausgeführt und auf das Kiefergelenk wird ein starker Druck ausgeübt. Die Nahrung wird zum Teil regelrecht in den Wangentaschen »gehamstert« und das Schlucken erfolgt erst, wenn der gesamte Mundraum gefüllt ist, bzw. wenn eine große Menge geschluckt werden kann. Auch das Schlucken von Unzerkautem oder von besonders großen Stücken ist ggf. der Suche nach dem Druckgefühl beim Passieren der Speiseröhre geschuldet. Ein Beißen in die eigene Hand oder in den Arm der Betreuenden kann ebenfalls Anzeichen einer starken Impulssuche sein. Zudem werden oftmals harte Lebensmittel, wie ungekochte Nudeln, altes Brot, ungekochtes festes Obst oder Gemüse bevorzugt. Aber auch Kiesel-, Legosteine oder Büroklammern, in den Mund genommen oder auch gekaut, bieten spannende Informationen.

> »Wenn ich an manchen Tagen pausenlos nach trockenem Brot verlangt habe, dann war ich in der Regel gar nicht hungrig, ich konnte aber meinen Mund nicht spüren, was ordentlich unangenehm ist. Das trockene Brot gab mir das Gefühl, dass da, wo der Mund sein sollte, etwas war.« (Zöller, 2001, S. 76)

Bei einer Impulsvermeidung umfasst die Auswahl der Lebensmittel vorwiegend weiche oder pürierte Kost – diese bietet kaum Druckinformationen für Zunge, Kiefer, Wangentaschen und Speiseröhre. Auch ein Kauen und somit eine besondere Aktivität des Kiefergelenkes (Zug und Druck) ist dabei nicht notwendig. Ein Nicht-Öffnen des Kiefers kann auch bedingt sein durch die Vermeidung des propriozeptiven Impulses am Kiefergelenk, und nicht bedingt durch die Abwehr eines bestimmten Lebensmittels.

> »Problematisch war und blieb bei uns immer die Konsistenz, denn Essen wird bis heute geschlungen, selten richtig gekaut und führt dann auch mal zu unangenehmen Schlucksituationen. Andererseits lösen zu breiige Lebensmittel sofort wieder den Würge- und Brechreiz aus.« (Bauerfeind, 25.10.2016)

> **Gut zu wissen: Entspannung mit Hilfe propriozeptiver Impulse**
> Propriozeptive Impulse ermöglichen nicht nur das Spüren des eigenen Körpers, sondern bieten auch eine gute Möglichkeit zum Spannungsabbau. Der Zug und Druck auf die Muskeln, Sehnen und Gelenke kann eine erhöhte Körperspannung abbauen. So zeigen viele Kinder, gerade in herausfordernden Situationen, einen starken Bewegungsdrang. Durch Herumlaufen, Springen oder weitere Impulse versuchen sie, Anspannung aktiv abzubauen und unangenehme Informationen zu verarbeiten. Gesamtkörperlich, aber insbesondere im Oberkörper- und im Gesichtsbereich, wirken die tiefgreifenden Druck- oder Zugerfahrungen zudem direkt auf das vegetative Nervensystem und ermöglichen aktive Entspannung (▶ Kap. 5 Stimming). Essen kann in diesem Zusammenhang auch eine wichtige Möglichkeit zur Regulation sein. Wenn Nahrung nahezu »gehamstert« wird, wirkt der stark gefüllte Mund entspannend.

7.2.1 Mögliche Auffälligkeiten der propriozeptiven Wahrnehmung im Gesichts-, Mund- und Rachenbereich

Folgendes Verhalten ist bei vorwiegender Hyposensibilität zu beobachten und ist zumeist mit einer intensiven Impulssuche verbunden:

- Trinken wird vermieden.
- Der gesamte Mund wird mit Essen gefüllt, erst dann folgen Kauen und Schlucken.
- Die Nahrung wird in den Wangentaschen gehamstert.
- Es werden größere Nahrungsstücke geschluckt, um diese in der Speiseröhre spüren zu können.
- Es werden vorwiegend feste Nahrungsmittel ausgewählt, wie ungekochte Nudeln, hartes Brot oder auch Hundekekse, die einfach härter sind als normale Kekse.
- Essensreste verbleiben im Mundwinkel.
- Löffel oder Gabel werden besonders tief in den Mund gesteckt.
- Auf Löffel oder Gabel wird herumgebissen.
- Auf der Zahnbürste wird intensiv gekaut.
- Es wird stark grimassiert, die Zunge wird herausgestreckt.
- Es werden häufig unterschiedliche Geräusche mit besonderen Impulsen für den Mund, die Zunge und den Rachenraum initiiert: Schnalzen, Kratzen und Lautieren (wie »gagaga« oder »kakaka«).

- Würgegeräusche oder Aufstoßen werden gezielt produziert.
- Die Lippen, die Zunge oder/und die Wangeninnentaschen werden aufgebissen.
- Zähneknirschen oder -klappern wird intensiv betrieben, bis hin zum Abschmirgeln des Zahnschmelzes.
- Auf Gegenständen, dem Shirt, den eigenen Fingern oder Fingernägeln wird ständig gekaut.
- Es werden harte und scharfkantige Gegenstände in den Mund genommen (Kieselsteine, Playmobilmännchen und weiteres).
- In die eigenen Hände oder Arme oder in Körperteile anderer Personen wird gebissen.
- Es wird gegen den Kopf, den Kiefer, die Zähne oder den Kehlkopf geschlagen.
- Der Kopf wird verdreht.
- Der Kopf wird ruckartig nach vorne oder hinten (»Headbangen«) bewegt.
- Der gesamte Hals- und Schulterbereich ist stark verspannt.

Folgendes Verhalten ist bei vorwiegender Hypersensibilität zu beobachten und ist zumeist mit einer Impulsvermeidung verbunden:

- Die Muskelspannung reicht zum Trinken nicht aus, das Getränk fließt über das ganze Gesicht, Suppe oder Brei fließt wieder aus dem Mund.
- Es werden kleine (Löffel-)Portionen oder Fingerfood ausgewählt – Abbeißen wird vermieden.
- Weiche Nahrungsmittel, wie Brei oder Püree, werden bevorzugt – Kauen wird vermieden.
- Es finden kaum bzw. keine Kaubewegungen statt.
- Die Mund- und Kiefermuskulatur ist vorwiegend hypoton.
- Der Kiefer ist zumeist geöffnet, Mundatmung wird bevorzugt.
- Es finden kaum Geräusch- und Lautmalereien, insbesondere keine Rachenlaute, statt.
- Bewegungen im gesamten Kopf- und Nackenbereich sind verlangsamt oder werden vermieden.
- Bei der Nahrungsaufnahme werden Ablenker eingefordert: der Fokus wird gezielt auf andere Wahrnehmungsimpulse (u. a. visuell) gelenkt.
- Zahnpflege ist kaum/nicht möglich.

Im Folgenden wird die viszerale Wahrnehmung nochmals gesondert aufgeführt. Hier werden die Besonderheiten für das Spüren der inneren Organe differenziert betrachtet. Propriozeptive Impulse sind nicht nur bei der Aufnahme und Verarbeitung im Mund wahrnehmbar, sondern auch im Bereich der Speiseröhre, der Atemmuskulatur, des Zwerchfells und des Magen-Darm-Trakts bis hin zur Blase und haben somit ebenfalls einen großen Einfluss auf die Nahrungsaufnahme.

7.2.2 Mögliche Auffälligkeiten der viszeralen (die inneren Organe betreffenden) Wahrnehmung

Folgendes Verhalten ist bei vorwiegender Hyposensibilität zu beobachten und ist zumeist mit einer intensiven Impulssuche verbunden:

- Es wird übermäßig viel getrunken.
- Ein Sättigungsgefühl ist kaum oder nicht vorhanden oder das Druckgefühl eines vollen Magens wird intensiv gesucht.
- Ein Hungergefühl ist nicht wahrnehmbar oder wird intensiv gesucht.
- Der gesamte Oberkörper wird verdreht, auch während des Essvorgangs.
- Während der Trink- und Esspausen wird intensiv und tief geatmet oder laut getönt bzw. es werden Geräusche produziert. Dabei findet eine hohe Aktivität des Zwerchfells und der Atemmuskulatur statt.
- Beim Sitzen am Tisch wird der Oberkörper gegen die Tischkante gedrückt oder es ist ein Sitzen mit angewinkelten Knien, welche gegen den Bauchraum drücken, zu beobachten.
- Nahrung wird häufig aufgestoßen oder erbrochen.
- Während des Essens wird aufgesprungen oder sich auf den Boden geworfen, die Kinder drücken sich mit dem Oberkörper gerne gegen Begrenzungen.
- Die Personen liegen häufig auf dem Bauch.
- Ein Gürtel wird sehr eng geschnallt oder im Bauchbereich wird sehr enge Kleidung favorisiert.
- Der Stuhlgang wird zurückgehalten, um den Druck im Darm zu spüren.

Wichtig: Da auch Magenschmerzen nach dem Verzehr von Nicht-Essbarem oder verdorbenen Lebensmitteln entweder nicht gespürt werden oder dieses Schmerzempfinden gezielt gesucht wird, bedeutet dies eine zusätzliche Belastung für das Verdauungssystem. Die damit verbundenen chemischen und auch physischen Belastungen können zu (chronischen) Entzündungen oder Verletzungen im Verdauungstrakt, zu Verstopfungen, zu Durchfall oder auch zu Vergiftungen führen. Erbrechen nach der Nahrungsaufnahme kann somit eine wichtige Reaktion des Körpers sein, um die »Gefahr« schnellstmöglich abzutransportieren. Es ist aber auch möglich, dass das Hervorwürgen der Nahrung selbst als beruhigend empfunden wird, verbunden mit starken propriozeptiven wie auch gustatorischen Informationen.

Folgendes Verhalten ist bei vorwiegender Hypersensibilität zu beachten und ist zumeist verbunden mit einer Impulsvermeidung:

- Bei steigender Erregung ist keine Aufnahme von Nahrung möglich.
- Es werden zumeist nur geringe Mengen an Trinken und Essen aufgenommen.
- Blähende Nahrungsmittel und Kohlensäure werden vermieden.
- Säure- oder fruktosehaltige Lebensmittel werden stark selektiert.
- Schon eine geringe Aktivität im Magen-Darm-Trakt löst Unbehagen oder Schmerz aus, es wird häufig über Bauchschmerzen geklagt.
- Enge Hosen am Bundbereich werden vermieden, die Hose wird nach dem Trinken oder Essen gelockert oder geöffnet.
- Es ist ein deutlicher Bewegungsunmut zu beobachten, Bewegungen werden nur minimal oder verlangsamt ausgeführt.
- Es wird vermieden, auf dem Bauch zu liegen.
- Stuhlgang wird als unangenehm empfunden.

Das enge Zusammenspiel der Systeme wird auch in Hinblick auf eine mögliche Übelkeit in Zusammenhang mit der Nahrungsaufnahme deutlich. Um insbesondere bei einem Nach-vorne-Lehnen am Tisch die Balance zu halten, muss der Mittelpunkt des Körpers in jedem Augenblick ausreichend gespürt werden. Daraufhin findet eine ständige minimale An- und Entspannung der Muskulatur, vor allem im Bauchbereich statt, um ein mögliches Ungleichgewicht wieder auszugleichen. Auch solche minimalen, aber notwendigen Bewegungen bei der Essensaufnahme können verwirren. In Zusammenhang mit einer deutlich spürbaren (Über-)Dehnung des Magens beim Trinken und Essen kann das Zusammenspiel zwischen dem vestibulären System und dem propriozeptiven System nochmals stärker belasten. Es ist möglich, dass bereits bei einem nur sehr geringen Druck und somit nach nur wenigen aufgenommenen Bissen die Nahrungsaufnahme überfordert – zum Teil verbunden mit dem starken Bedürfnis einer zeitnahen Entleerung und somit dem Erbrechen der Nahrung.

7.2.3 Das propriozeptive Wahrnehmungssystem stärken

Mit Hilfe von Zug- und Druckinformationen soll das Bewusstsein für den eigenen Körper, vor allem im Mundbereich, gestärkt und differenziert werden. Propriozeptive Stimulationen und auch zusätzliche Bewegungsangebote wirken regulierend und ermöglichen, bei geringerer Anspannung, die koordinativen Abläufe besser zu absolvieren.

Jegliche Angebote sollten immer positiv wahrnehmbar sein, ansonsten muss die Auflage, der Druck oder die Anwendungsart verändert werden. Die individuelle Wahrnehmung der Betroffenen ist für die Stimulation maßgeblich! Das beobachtbare Stimming zeigt die gesuchte und notwendige Intensität bzw. die spezifische Ausführung an.

Propriozeptive Impulse, welche die Nahrungsaufnahme erleichtern (▶ Kap. 6.1):

- Stimulationen im Kopf-, Hals- und Nackenbereich
- Gesichtsmassagen
- Mundstimulationen, außen und innen

Aber auch einige Lebensmittel können wohltuende Druck- und Zugimpulse bieten und werden je nach den individuellen Bedürfnissen ausgewählt.

Nahrungsmittel mit spannenden propriozeptiven Informationen:

- Schwere Flüssigkeiten, wie Smoothies oder Milchshakes
- Angedickte Getränke und Suppen
- Gemüse mit »Biss«, ungekocht oder nur mit geringer Kochdauer
- Hart gekochte Nudeln
- Festes Obst, wie Äpfel oder auch Bananen mit Schale
- Backwaren
- Stark »klebrige« Lebensmittel, wie Karamell, klebrige Bonbons oder getrocknete Früchte
- Kaugummis (z. B. Stronger Gum), welche bis zu 15-mal härter sind (nur für Erwachsene)

Beispiele für die spezifische propriozeptive Impulssuche und mögliche Hilfestellungen

Wenn große Essensmengen, Schuhe, ein ganzer Waschlappen, das gesamte Kuscheltier oder auch die eigene Faust bzw. der Arm zur Stimulation im

Mund genutzt wird, sind einerseits Druckmassagen am Kiefer und am Kinn hilfreich, andererseits ein entsprechender intra-oraler Druckimpuls. Ein mit Wasser gefüllter Kauschlauch, wobei die Enden mit einer Klemme verschlossen werden, wird im Eisfach gefroren, die Größe kann dabei flexibel angepasst werden. Geknotete Stricke, kleine Bälle oder weitere Materialien aus dem Tierbedarfsshop können selbstständig genutzt werden oder mit einer unterstützenden Vibration bzw. klaren Druckimpulsen von außen nochmals spannender angeboten werden. Werden kleine Gegenstände, wie Legosteine oder Playmobilfiguren bevorzugt, sind oft die harten Kanten und Ecken bzw. die glatten und festen Oberflächen der gesuchte Input. Als Alternative könnten hier besonders feste Kaumaterialien, ebenfalls mit einer glatten Oberfläche, und intensive händische Druckmassagen helfen. Auch Eiswürfel oder extra im Eisfach hergestellte flache Eisplatten bieten Kanten sowie eine entsprechende Oberfläche. Zudem können unterschiedliche Größen und Formen von Eiswürfeln zum Einsatz kommen. Wenn Kieselsteine, Holzfiguren oder eine Stuhllehne favorisiert werden, sollte das Angebot beißfest sein, aber auch eine etwas porösere Oberfläche bieten. Auch hier finden sich im Handel für Tierbedarf unterschiedliche, ausreichend stabile Kaumaterialen. Viele Seile, »Beißtiere« oder »Kaustäbe« haben oft eine entsprechende, griffigere Oberfläche.

Manchmal zeigen sich durch die Aufnahme von Kieselsteinen, Plastikmaterialien, Büroklammern, aber auch von einem Schlüsselbund Druck- und Schnittverletzungen im Mund. Diese sind wahrscheinlich ebenfalls durch die spezifische Impulssuche, ähnlich dem Schmerzempfinden, begründet. Um eine entsprechende und somit nochmals intensivere Stimulation, ohne die Gefahr der Verletzung anzubieten, könnte die Stimulation mit Hilfe eines Vibrationsgerätes, welches an den Kauknochen oder an den Kau-Stab gehalten wird, intensiviert werden. Es ist auch möglich, das Kaumaterial mit einem scharfen Gewürz zu bestreichen.

7.2.4 Das propriozeptive (die inneren Organe betreffende) Wahrnehmungssystem stärken

Der Weg zum Tisch kann mit einem körperlichen Angebot verbunden werden und zusätzliche Bewegungseinheiten können während der Mahlzeit angeboten werden:

- Wie eine Schnecke oder eine Schlange auf dem Boden kriechen.
- Sich wie ein Schimpanse oder ein Gorilla fortbewegen.

7.2 Die propriozeptive Wahrnehmung

- Wie ein Frosch hüpfen.
- Wie ein Adler mit großen Schwingen fliegen.
- Wie ein Elefant auf den Boden stampfen und mit den Armen einen Rüssel schwingen lassen.
- Wandliegestütze

Die (Sitz-)Position kann folgendermaßen gestaltet werden:

- Auf dem Schoß einer Person sitzend, welche das Kind immer wieder an Rücken und Bauch abrubbelt, abklopft sowie auf und ab hüpfen lässt.
- Auf einem Stuhl mit Armlehnen und guter seitlicher Begrenzung sitzend
- Auflegen einer Gewichtsdecke, eines Gewichtskissens oder eines Gewichtstiers.
- Tragen von Druckwesten.
- Tragen von einem Spio®-Anzug oder anderer Kompressionskleidung.
- Zusätzliche Massageangebote für die Extremitäten (Arme und Beine)
- Unterstützung und Begrenzungen für die Beine und Füße anbieten.
- Mit dem Bauch bis zur Tischkante vorrücken und den Bauch fest einklemmen.
- Essen im Stehen, evtl. mit einem »Lernturm«[9], hier ist ein zusätzlicher Druck gegen den Bauch mit Hilfe des Schutzbügels möglich.
- Essen bei einem (Wald-)Spaziergang anbieten[10]: Wenn die Bewegung entspannt und sich damit das Körpergefühl verbessert, wird das Risiko sich zu verschlucken geringer.

Im Alltag darf u. a. der Kopf- und Schulterbereich und der Oberkörper mit weiteren propriozeptiven Impulsen in den Fokus gerückt werden:

- Intensivieren der Spürinformation beim An- und Ausziehen der Kleidung.
- Duschen unter einem festen Duschstrahl.
- Nach dem Waschen festes Abtrocknen oder Abrubbeln von Kopf, Gesicht und Nacken.
- Ein festes Haarband, eine Kappe oder ein breites Gummiband am Kopf tragen.

---

9 Ein Lernturm ähnelt einer Trittleiter mit Schutzbügel. Damit können die Kinder sicher stehen und eine höhere Arbeitsfläche erreichen.
10 In vielen Ratgebern wird vom Essen in Bewegung zwar abgeraten, aber dieser Hinweis bezieht sich auf eine unauffällige Trink- und Essentwicklung.

- Stimulationen mit Hilfsmitteln wie einem Galileo-Gerät oder mit starken Massagegeräten.
- Lautes Rufen, Schreien oder Tönen, Atemübungen, gemeinsames Singen oder lautes Lachen zur Aktivierung des Zwerchfells, der Lunge und auch des Kehlkopfes.
- Drehen, Dehnen und Kreisen des Kopfes
- »Pucken« (ein besonders festes Einwickeln von Körperteilen) mit Tüchern oder Gummibändern an Bauch und Rücken.
- Eine Bauchmassage (z.B. vor dem Einschlafen)
- Beim Waschen und beim An- und Ausziehen großflächige Druckimpulse am Oberkörper anbieten.
- Zusätzliche Massagen oder Abklopfen des Oberkörpers und des Rückens; mit Kissen, Pezziball, Schaumstoffrolle oder einer Faszienrolle.
- Das Kind liegt unter einer Matte oder wird in eine Matte eingerollt und erfährt zusätzliche Gewichts- oder Klopfimpulse.
- Verdrehen, Strecken und Beugen des Oberkörpers, z.B. Hampelmann
- Möbelrücken oder schwere Dinge tragen

Mit Hilfe propriozeptiver Stimulationen für die inneren Organe wird einerseits eine (verbesserte) Wahrnehmung des Hunger- und Sättigungsgefühls möglich! Andererseits zeigt sich eine bessere Beweglichkeit der inneren Organe. Dies ermöglicht eine tiefere Atmung mit einem aktiveren Zwerchfell und unterstützt zusätzlich die Verdauungsprozesse.

7.3 Die taktile Wahrnehmung

Die Haut, und somit auch die Lippen sowie die Schleimhaut in unserem Mund, ist das Sinnesorgan für die taktile Wahrnehmung. Hier befinden sich Rezeptoren, welche die verschiedenen taktilen Informationen über Berührung und Oberflächenbeschaffenheit aufnehmen. Druck und Temperatur werden je nach Intensität entweder über das taktile oder das propriozeptive System verarbeitet.

Bereits in den ersten Tagen und Wochen nimmt das Kind mit Hilfe der taktilen Wahrnehmung und insbesondere mit dem Mund vielfältige Informationen über sich und seine Umwelt auf: Die eigenen Hände, und wenn möglich die Füße, werden so erkundet, Gegenstände werden im Mund ertastet oder es wird daran gelutscht. Vor allem aber beim Saugen an der Brust der Mutter erfährt das Kind erste und besonders bedeutende taktile Informationen. Mit Hilfe dieser sensorischen Impulse gelingt einerseits die wohltuende Versorgung mit Nahrung, andererseits erlebt der Säugling Regulation, wodurch sich die Bindung zwischen Mutter und Kind festigt.

Die taktilen Informationen bei der Nahrungsaufnahme sind an den Lippen, der Zunge, den Wangeninnentaschen, dem Zahndamm, aber auch am Gaumen, im Rachenbereich bis hin zum oberen Teil der Speiseröhre wahrnehmbar. So können bestimmte Oberflächen, Strukturen oder thermische Impulse (▶ Kap. 7.4) mit ihren spezifischen Beschaffenheiten unterschieden werden. Viele taktile Information beim Essen, aber vor allem beim Trinken sind mit eher feinen Impulsen verbunden, wie die glatte Oberfläche einer Weintraube oder die Cremigkeit eines Joghurts. Einige wenige Lebensmittel weisen jedoch auch intensivere Informationen auf, wie ein paniertes Essen mit seiner stark strukturierten Oberfläche, Chips oder Knäckebrot durch harte Spitzen und Kanten sowie Brause oder Kohlensäure durch intermittierende Impulse.

Welche Information bevorzugt wird und wie unterschiedlich die Bewertung ist, zeigt sich, wenn man die zum Teil kuriosen Unterschiede beim Essen einer Praline, wie z. B. Toffifee vergleicht: Einige lecken erst die Creme auf der Oberfläche ab, andere beißen die Unterseite ab und nehmen die Nuss heraus, andere stecken die ganze Praline in den Mund. Der Ablauf ist immer gleich und für die jeweilige Person die genau richtige Art und Weise des Verzehrs.

Besonderheiten im Autismus-Spektrum
Viele Menschen im Spektrum empfinden diese vielfältigen taktilen Informationen beim Trinken und Essen häufig als besonders belastend. Insbesondere die feinen Impulse verwirren und überfordern. Auch minimale Abweichungen der bevorzugten Rezeptur sowie das Vermengen von unterschiedlichen Informationen bei einer Mahlzeit, wie bei einem Eintopf oder einem Auflauf, sind belastend. Veränderungen bei der Verarbeitung im Mund, sind mit weiteren herausfordernden taktilen Informationen verbunden und verhindern ebenfalls die Aufnahme, vor allem aber den Genuss der entsprechenden Lebensmittel. Bei einer sehr stark ausgeprägten taktilen Hypersensibilität kann die Aufnahme von fester Nahrung an einigen Tagen unmöglich sein.

> »Als Kleinkind konnte ich an keinem richtigen Mittagessen teilnehmen, da ich das Gefühl gekochter Lebensmittel nicht auf der Zunge ertragen konnte. Gemüse habe ich überhaupt nicht gegessen und besonders die Oberfläche von Kartoffeln erzeugte Ekelgefühle, wenn sie mit meinem Mund in Berührung kamen. Ganz schlimm waren

gekochte Zwiebeln, die ich auf meiner Zunge als widerlich schleimig empfand.« (Schuster, 2007, S. 33)

Wenn gleichmäßige, kaum spürbare Oberflächen oder Beschaffenheiten bevorzugt ausgewählt werden, wie bei einem Joghurt (ohne Fruchtstückchen) oder dem Lieblingsbrei, erfolgt die Aufnahme und Verarbeitung auch ohne (große) Aufmerksamkeit. Monotonie und Gleichförmigkeit bieten Sicherheit (▶ Kap. 9.1), das Nicht-Spüren von Informationen verhindert hier eine Übererregung.

> **Gut zu wissen: Der Würgereflex**
> Der Würgereflex wird bei der Berührung des Zungengrundes sowie des weichen Gaumens (vorwiegend der Gaumenbögen) ausgelöst. Er ist ein Schutzreflex, der verhindern soll, dass Fremdkörper in die Atemwege eindringen. Bei verschiedenen Erkrankungen und auch bei Menschen im Autismus-Spektrum kann ein deutlich verstärkter Würgereiz beobachtbar sein. Dabei wird der Würgereflex zum Teil schon bei einer Berührung der Zunge im mittleren Teil und manchmal auch im vorderen Teil ausgelöst. Bei einer Hypersensibilität in diesem Bereich können u. a. bestimmte Nahrungsmittel, Besteck oder die Zahnbürste den Würgereiz auslösen. Es ist möglich, dass Tabletten nicht geschluckt werden können oder eine zahnärztliche Behandlung bzw. die Zahnpflege nicht möglich ist. Im Gegensatz dazu kann es auch sein, dass der Würgereflex deutlich verspätet oder nicht ausgelöst wird und somit ein wichtiger Schutzmechanismus fehlt.

Im Gegensatz dazu bieten feste, gut spürbare Lebensmittel wie eine trockene Gebäckstange oder angetrocknetes Brot eindeutige taktile Impulse und werden zumeist eher toleriert, wie z. B. ein weiches Brötchen oder auch gekochtes Gemüse, die über weniger starke Informationen verfügen. Einige wenige Betroffene suchen bei jeder Mahlzeit einen neuen »Kick« um die Aufmerksamkeit ausreichend auf den Mundbereich lenken zu können. Immer wieder etwas Besonderes zu finden, gestaltet sich im Alltag ebenfalls als schwierig.

7.3.1 Mögliche Auffälligkeiten des taktilen Wahrnehmungssystems

Folgendes Verhalten ist bei vorwiegender Hyposensibilität zu beobachten und ist zumeist mit einer intensiven Impulssuche verbunden:

7.3 Die taktile Wahrnehmung

- Durst wird nicht gespürt!
- Wasser wird mit viel Kohlensäure getrunken.
- Lebensmittel mit einer besonderen Oberfläche, wie Paniertes, Cracker, Kindermilchschnitte oder Knäckebrot mit Sesam werden bevorzugt.
- (Sanfte) Impulse an der Wange und im Mund durch Speisereste werden nicht gespürt.
- Es wird ständig am Mund, an den Fingern, an den Haaren oder an einem Gegenstand herumgenestelt.
- Über verschiedene Oberflächen, wie die einer Raufasertapete oder einer Schuhsohle, wird intensiv geleckt.
- Es werden festere oder scharfkantige Gegenstände in den Mund genommen.
- Vermehrter Speichelfluss (Hypersalivation) durch ein nicht ausreichendes Spüren und Schlucken von Speichel: häufig nasse Mundwinkel oder Kleidung.
- Kleine Verletzungen oder ein »Wackelzahn« werden nicht wahrgenommen oder dieser wird selbstständig gezogen, auch wenn er »eigentlich« noch sehr festsitzt.
- Zahnschmerzen oder Entzündungen im Mund werden nicht gespürt.
- Es werden nicht nur die Zähne geputzt, sondern auch das Zahnfleisch und die Zunge.

Folgendes Verhalten ist bei vorwiegender Hypersensibilität zu beobachten und ist zumeist verbunden mit einer Impulsvermeidung:

- Trinken wird bevorzugt, das Essen wird zum Teil verweigert.
- Getränke werden ohne Kohlensäure getrunken.
- Lebensmitteln mit glatten Oberflächen wie Trauben, Erbsen oder Kirschtomaten werden ausgewählt.
- Nur einige wenige Nahrungsmittel mit vergleichbaren Konsistenzen werden aufgenommen.
- Trockene Lebensmittel werden entweder explizit verweigert oder besonders bevorzugt.
- Die Nahrung wird nicht gekaut oder im Mund vermengt, da sich dann die taktile Information verändert.
- Es werden keine größeren Stücke abgebissen, eine Berührung am Mund und an den Lippen wird vermieden.
- Es werden kleine Löffelportionen bevorzugt, die direkt in den Mund gesteckt werden können, oder Essen mit den Fingern (Fingerfood).

- Das Essen wird mit viel Soße vermischt, um die Informationen der unterschiedlichen Konsistenzen zu verringern.
- Der Mund wird bei jedem Krümel abgewischt.
- Bei der Nahrungsaufnahme werden Ablenker eingefordert, um den Fokus gezielt auf andere Wahrnehmungsimpulse (u.a. visuell) zu lenken.
- Ein sanfter Körperkontakt wie ein Streichen über die Wange wird als unangenehm oder schmerzhaft empfunden.
- Selbst kleinste Verletzungen im und am Mund werden als schmerzhaft empfunden und bleiben über mehrere Tage im Fokus.
- Schmerzempfindliche Zähne
- Die Zahnpflege wird ausgelassen.

7.3.2 Das taktile Wahrnehmungssystem stärken

Häufig empfinden autistische Menschen propriozeptive und somit deutlich spürbare Impulse angenehmer und entspannender als die sanfteren taktilen Informationen – dies gilt insbesondere in Erregungssituationen. Deshalb sollten die in diesem Kapitel aufgeführten Stimulationen und die empfohlenen Lebensmittel erst angeboten werden, wenn die propriozeptiven Hilfen gefestigt werden konnten.

Taktile Impulse, welche die Nahrungsaufnahme erleichtern (▶ Kap. 6.1):

- Stimulationen im Kopf-, Hals- und Nackenbereich
- Gesichtsmassagen
- Mundstimulationen, außen und innen

Die taktilen Impulse sind in ihrer Durchführung und dem Vorgehen den propriozeptiven Stimulationen ähnlich, erfolgen im Gegensatz dazu jedoch deutlich sanfter und zum Teil mit einer geringeren Auflagefläche. Es bieten sich Hilfsmittel wie eine weiche Bürste, Pinsel, Softbälle oder verschiedene Stoffe an. Für die Mundstimulation eignen sich eine weiche Zahnbürste, Lernzahnbürsten oder weiche Kaumaterialien.

> »Einige der taktilen Übungen, die auf seinem Förderplan standen, waren z.B., ihm zu erlauben, sein Gesicht mit verschiedenartig strukturierten Waschhandschuhen zu berühren, Tiefdruckstöße auf seine Lippen und Wangen auszuüben, sein Gesicht vor Mahlzeiten mit einem lauwarmen Waschhandschuh zu waschen und mit Ventilatoren zu spielen, die ihm ins Gesicht bliesen.« (Ernsperger & Stegen-Hanson, 2015, S. 72)

Beobachtbare Verhaltensweisen, vor allem die Aufnahme von gefährdenden und damit besonders interessanten Substanzen, bieten eine gute Orientierung für die Unterstützungen.

Beispiele für die spezifische taktile Impulssuche und mögliche Hilfestellungen
Wenn Mehl oder Sand, zum Teil in großen Mengen, in den Mund gesteckt werden, bietet dies einerseits einen »flächigen« Druck, andererseits aber auch einen sehr diffusen, wechselhaften Input. Zuckerwatte oder auch Schaumküsse könnten der Suche entsprechen. Im Mund verändert Mehl zusätzlich seine Konsistenz, es wird klebrig und bietet damit der Zunge immer wieder einen Anreiz, sich zu bewegen und etwas zu entdecken. Geschmorte Zwiebeln oder auch weich gekochte Nudeln oder Reis, bei denen die Stärke nach dem Kochen nicht abgespült wird, bieten ebenfalls eine klebrige Konsistenz. Auch sehr weiche oder gestampfte Kartoffeln könnten dem entsprechen. Wenn ein Klebstoff gegessen wird, sind dessen zähe Konsistenz und der Geruch eine besondere Kombination, gegebenenfalls könnte warmer Käse eine ähnlich spannende Kombination sein. Auch das Essen von Katzenstreu ist verbunden mit diffusen und wechselhaften Informationen. Die Streu ist aber etwas klumpiger und bietet ab und an einen Widerstand zum Spüren an. Vielleicht ist ein sämiger Grießbrei, Hüttenkäse, ein Frischkäse oder ein gröberes Apfelmus eine passende Alternative, eventuell angereichert mit Zimt, Pfeffer oder auch Chili-Pulver, um die Umstellung zu erleichtern.

Auf der Suche nach Spürimpulsen auf der Zunge lecken einige Betroffene bevorzugt an einer Raufasertapete oder über verschiedene Stoffe. Auch die eigene oder fremde Haut, insbesondere eine Wunde oder Verkrustung, bieten spannende Tastimpulse. Passende Alternativen könnten Druckimpulse mit einem Kauknochen direkt auf die Zunge, Vibrationsimpulse mit einem Massagestab oder mit einer elektrischen Zahnbürste sein. Auch das Nutzen eines (Metall-)Zungenreinigers, von (Knall-)Brause, Fruchtgummi- oder Lakritzschnüren, die zu einem großen Knäuel verknotet werden, bieten interessante Stimuli.

Wenn scheinbar wahllos Gegenstände in den Mund genommen oder abgeleckt werden, lohnt es sich nochmals hinzuschauen, sich einzufühlen und ggf. einige Dinge selbst im Mund zu explorieren. So wird es ggf. besser möglich ein entsprechendes Angebot zu machen: weich, fest, porös, cremig, glatt oder uneben.

Weitere Nahrungsmittel mit spannenden taktilen Impulsen:

- Knäckebrot
- Trockenes Müsli oder Cornflakes
- Kaktus-Eis mit Knisterbrause
- (Knall-)Brause, Brausebrocken
- Brause in Wasser auflösen und als Eiswürfel einfrieren
- Götterspeise schlürfen
- Zuckerwatte
- Chips
- Frittiertes oder Kandiertes
- Natron mit Apfelessig gemischt

Zudem können Essen oder Getränke durch Zugabe von Stärke, Gelatine und weiteren speziellen Andickungsmittel in ihrer Konsistenz verändert werden.

Spiel- und Förderideen, um die taktile Wahrnehmung im Gesicht, im Mund sowie auf der Zunge zu verbessern:

- Lippen ablecken, ggf. Nutella oder Marmelade zum Ablecken auftragen.
- Spuckebläschen sprudeln lassen.
- Mit den Lippen und den Fingen das Geräusch eines Propellers nachahmen.
- Unterschiedliche Materialien am und im Mund erspüren, wie Stoffe und Oberflächen von Spielzeugen und Alltagsgegenständen.
- Spiel mit Flüssigkeiten: Wasser-Weitspucken, eine Fontäne spucken, Blasen mit einem Strohhalm in Wasser oder Seifenlauge blubbern lassen.
- Anbieten von kurzzeitig, sensibilitätsverändernden Cremes, Kamille hat z.B. einen leichten Betäubungseffekt.
- Gesichtsmasken, z.B. mit Quark, auflegen.
- »Kinesio-Tapes« oder »Face-Taping«: Das Anbringen von speziellen (bunten!) Klebebändern (K-Tapes) im Gesicht.
- »Luftballonspiele« im Gesichtsbereich anbieten (Abrollen, elektrische Spannung aufladen, Abklopfen oder Abreiben, den Luftzug spüren).
- Die Zunge vor ein kleines Windrad oder einen Ventilator halten.
- Einen Ventilator oder Föhn nutzen und den Luftzug im Gesicht spüren.
- Wenn die Zahnpflege positiv wahrgenommen wird, diese direkt vor dem Essen oder auch in Essenspausen durchführen.

Fallbeispiel: Sina, 4 Jahre, im Autismus-Spektrum, Suche nach besonderen taktilen Impulsen

Eine Kollegin berichtete mir von einem ihrer Therapiekinder und suchte Unterstützung: »Seit ein paar Wochen kommt Sina, ein 4-jähriges Mädchen in meine logopädische Praxis. Sie ist nonverbal und ihre Kommunikationsfähigkeiten sind stark eingeschränkt. Mittlerweile geht sie häufiger in die Interaktion und genießt die Therapie, besonders wenn ich ihr vestibuläre und berührende propriozeptive Angebote mache. Ich konnte ein Massagegerät für den Mund und das Eis erfolgreich anbahnen. Sina genießt die Stimulationen sehr. Das Hauptproblem für die Familie ist das Essen von gefährdenden Substanzen, wie von Teilen der Tapete, von Haaren[11], Fäden an Kleidung, Kordeln oder Papierfetzen. Alles, was länglich ist und abgezogen werden kann, nimmt Sina in den Mund und schluckt es zum Teil hinunter. Dies geschieht vorwiegend zuhause, besonders wenn Sina sich alleine beschäftigen muss, z.B., wenn ihre Mutter in der Küche kocht.«

Ein Erklärungsversuch: Haare, Bänder oder auch Papierstreifen bieten ganz besondere Impulse im Mund. Beim Entlangziehen dieser Materialien ist der Impuls anders wahrnehmbar als eine punktuelle Druckinformation. Es ist ein eher sanfter, gleichmäßiger, aber auch einschneidender Stimulus. Dass sie die Stimulation vorwiegend daheim und vorwiegend in der Ruhesituationen sucht, zeigt, dass sie sich sicher fühlt, dass nichts anderes ihre Aufmerksamkeit beansprucht und sie nun diesen, für sie besonders wohltuenden Reiz genießen kann.

Ideen zur Hilfestellung: Bevor Sina sich alleine mit diesem Stimulus beruhigt, könnte die Mutter ihr vorbeugend andere Hilfen zum Entspannen anbieten. Vielleicht könnte sie ihr, sobald sie zu Hause angekommen sind, mit ihr gemeinsam durch die Wohnung hüpfen, laut tönen oder ein Glas kaltes Wasser anbieten. Vielleicht gibt es aber auch Lebensmittel, die in solchen Situationen unterstützen, wie z.B. saure oder süße Fruchtgummischnüre oder auch aufgerollte Lakritzschnüre. Auch im Tagesablauf könnten Spiele mit solchen Schnüren im Mundbereich eine ungefährlichere Abwechslung bieten. Im weiteren Verlauf könnten die Eltern Sina auch Lebensmittel mit einer vergleichbaren Information anbieten, wie Spargel oder Rhabarber, wobei hier weitere Geschmacksinformationen hinzukommen. Zusätzlich sollten im Alltag und in der Therapie noch mehr

---

11 Das (krankhafte) Essen von Haaren wird als Trichophagie oder auch als Rapunzelsyndrom bezeichnet. Die meisten Haare werden wieder ausgeschieden, jedoch kann sich bei zu vielen Haaren im Magen ein gefährlicher Haarballen bilden.

Massage-, Druck-, Zug- und Vibrationsimpulse erfolgen und vielleicht ist auch der Kindergarten bereit, Sina entsprechend zu unterstützen. Wenn insbesondere Wartesituationen stark belasten, braucht sie dafür nochmals spannendere Impulse, wie z. B. ein Eispack oder einen ganz festen und wenn möglich vibrierenden Kauknochen.

Trinken, eine ganz besondere taktile Herausforderung
Im Gegensatz zu fester Nahrung bieten Flüssigkeiten im Mund in Bezug auf Druck und Struktur nur sehr geringe Informationen. Wenn die Wahrnehmung im Mund eingeschränkt ist und vorwiegend intensive Druckimpulse gut verarbeitet werden können, ist das Aufnehmen von Wasser, aber auch von Milch und Säften ungleich schwerer.

Flüssigkeiten sind zudem visuell sehr »flüchtig«. Bei Erschütterungen oder auch beim Hochnehmen des Bechers bewegt sich die Substanz von rechts nach links oder schwappt nach vorne und bündelt die Aufmerksamkeit einzig auf den visuellen Impuls. Viele Getränke, wie Wasser und Limonade, sind eher farblos, damit wird die Bewegung nochmals diffuser und schwieriger einschätzbar. Milch bietet da eine deutlichere visuelle Information.

Wenn ein Glas angehoben wird, um daraus zu trinken, kommt die Flüssigkeit oft wie ein Schwall nach vorne. Bereits das eigenständige Trinken benötigt eine gute Kraftdosierung und Feinmotorik der Hand, aber auch die Lippen, die Zunge und die Muskulatur bis hin zum Kehlkopf müssen gut wahrgenommen und die Bewegungen müssen fein aufeinander abgestimmt werden.

Für einige ist deshalb das Trinken aus der Flasche, insbesondere aus einer Glasflasche, leichter und sauberer zu absolvieren, ggf. ist das Nutzen eines Strohhalmes unabdingbar. Aber auch hier zeigen sich weitere Besonderheiten: Oft wird nur eine ganz bestimmte Sorte Sprudelwasser akzeptiert und zusätzlich können von jeder Flasche nur einige wenige Schlucke genommen werden. Sobald die Flasche eine kurze Zeit offensteht, verändert sich die Sprudelintensität und das Wasser wird »ungenießbar«. Eltern berichten, dass an einem Tag ein bis zwei Kästen Wasser »angetrunken« werden und die ganze Familie immer bestrebt ist, die angebrochenen Flaschen leer zu trinken, oder dass am Abend zehn Gläser halb voll in der Küche stehen. Ein Verbot solcher Verhaltensweisen, führt oft dazu, dass das Trinken ganz abgelehnt wird.

Auch beim Einschenken in ein Glas können jegliche, zum Teil minimale Veränderungen der taktilen oder thermischen Information und ggf. auch des visuellen Eindruckes dazu führen, dass das Trinken nicht mehr möglich ist. Variationen, Veränderungen oder Neuerungen führen bedingt durch ein nicht ausreichendes Spüren beim Trinkprozess zu massiven Verunsicherungen und somit häufig zu Verweigerung.

Hilfen, um das Trinken anzustoßen
Eine Verbesserung der Mundwahrnehmung ist erneut die Grundlage für weitere Hilfestellungen. Zusätzlich können die Informationen des jeweiligen Getränkes passend abgeändert werden: Der Spürimpuls kann durch mehr Kohlensäure verstärkt werden, indem Wasser mit viel Kohlensäure angeboten wird oder auch das Wasser mit Hilfe eines Soda-Gerätes individuell passend aufgesprudelt wird. Achtung: Bei einigen Betroffenen ist das Nutzen eines Wassersprudlers nicht möglich, da die Intensität bei jedem Vorgang immer ein wenig abweicht.

Auch weitere Wahrnehmungssysteme dürfen einbezogen werden: Bubble-Tea bietet beim Trinken ein besonderes Spür- und Geschmackserlebnis: Das Getränk ist in entsprechenden Shops erhältlich und wird in Bechern mit einem festen, etwas dickeren Strohhalm angeboten. Die Grundlage ist ein grüner oder schwarzer Tee, welcher mit Milch und Sirup oder Honig versehen wird. Dem Tee werden »Bubbles« hinzugefügt, kleine Kugeln aus Stärke und Zucker, die aus einer gummiartigen Masse mit zähem Kern bestehen und die mit einer aromatisierten Zuckersirup-Füllung in verschiedenen Geschmacksrichtungen gefüllt sind. Die Gelee-Kügelchen bieten einen speziellen taktilen Impuls, der kräftige, leicht bittere Tee und der süßliche Kern stellen interessante gegensätzliche, gustatorische Informationen dar.

Es könnte auch eine Glasflasche mit besonders kaltem, grün eingefärbtem Gurkenwasser gefüllt werden oder ein glitzernder oder blinkender Becher mit einem roten, sehr säuerlichen prickelnden Fruchtsaft angeboten werden. Auch ein dickflüssiger Milchshake mit einem dicken Strohhalm wird ggf. eher akzeptiert als zimmerwarmes, abgestandenes Leitungswasser in einem Pappbecher. Und manchmal ist es auch genau anders herum und es darf keine weitere Information hinzukommen, da sonst keine Aufnahme mehr möglich ist.

7.4 Die thermische Wahrnehmung

Freie Nervenendigungen auf unserer Haut, auf den Schleimhäuten sowie der Zunge ermöglichen die »Thermorezeption«, die Wahrnehmung von Temperaturen und deren Veränderungen. Dabei gibt es Rezeptoren für die Empfindungen kalt und warm sowie Hitzerezeptoren. Die Lippen und die Zungenspitze weisen eine erhöhte Dichte dieser Rezeptoren auf.

Jedes Getränk, jede Nahrung hat eine unterschiedliche Temperatur: gefroren, geeist, gekühlt, zimmerwarm, lauwarm, heiß oder kochend heiß. Je nach Dauer und nach Intensität des thermischen Impulses wird die Information entweder dem propriozeptiven oder dem taktilen System zugeordnet. Ein Schluck zimmerwarmes Wasser ist eine taktile Information. Ein Schluck Eiswasser oder besonders ein Schluck kochendes Wasser bietet dem Mund hingegen einen deutlich stärkeren und tiefergehenden Impuls. Dieser dringt bis in die tiefen Haut- und Muskelschichten ein und muss dem propriozeptiven Wahrnehmungssystem zugeordnet werden.

Pflanzliche Stoffe, wie Capsaicin[12] (bspw. in Chili-Pfeffer enthalten), sind ebenfalls mit einer starken thermischen Empfindung gekoppelt und stellen, je nach Schärfe, entweder einen taktilen oder auch einen tiefergehenden propriozeptiven Impuls dar. Auch Alkohol vermittelt je nach Alkoholgehalt entweder ein Wärmegefühl oder ein starkes Brennen auf der Zunge. Pfefferminze stimuliert die Thermorezeptoren in Bezug auf Kälte, und in Verbindung mit Eis wird eine deutlich tiefergehende Information spürbar.

Ob eine bestimmte Nahrung eher heiß, warm oder kalt angeboten oder aufgenommen wird, unterscheidet sich je nach Kulturkreis, nach Wahl des Lebensmittels, nach Tageszeit und nach dem persönlichen Befinden und den Gewohnheiten. Im europäischen Kulturkreis wird das Frühstück zumeist eher kalt serviert, das Mittag- oder Abendessen besteht vorwiegend aus gekochter Nahrung und wird eher warm gegessen. Die Tasse Kaffee schmeckt den meisten Personen heiß am besten, eine Limonade kalt, zum Teil werden Eiswürfel hinzugefügt. Einige Kulturen trinken Tee auch an heißen Tagen lieber ungekühlt. Die Schale mit Haferflocken bevorzugen viele Menschen mit kalter Milch, die Kartoffeln in einer Mahlzeit sollten gut warm sein. Es gibt zahlreiche unterschiedliche Nahrungsmittel und die meisten sind oft mit einem ganz bestimmten Temperaturempfinden gekoppelt, grundlegende Veränderungen in diesem Bereich werden von den meisten Menschen eher abgelehnt. Aber es gibt auch persönliche Vorlieben und Abweichungen von der Norm, so wird die Bockwurst zum Teil kalt verspeist oder eine Suppe wird in Form einer Kaltschale serviert. Bei einigen Lebensmitteln ist die Wahl der »richtigen« Temperatur durch deren Zusammensetzung vorgegeben, so kann

---

12 Capsaicin wirkt antibakteriell und kann Pilze abtöten. Es sorgt dafür, dass die Gefäße im Körper besser durchblutet werden und es ist möglich, dass einige Menschen die bessere Durchblutung mit der Aufnahme in Verbindung bringen und diese gezielt suchen. Capsaicin setzt zudem Glückshormone frei.

ein Joghurt nicht ohne eine Veränderung der Konsistenz warm angeboten werden und das Speiseeis verliert beim Auftauen seine Festigkeit. Viele gekochte Lebensmittel entfalten erst durch Wärme ihr volles Aroma, so ist ein heißes Stück Fleisch oder ein Gemüseauflauf direkt aus dem Ofen deutlich aromatischer als ein kaltes Stück Fleisch oder ein erkalteter Gemüseauflauf.

Besonderheiten im Autismus-Spektrum
Im Hinblick auf die thermischen Impulse beim Trinken und Essen zeigen Menschen im Autismus-Spektrum ebenfalls oft ein Erleben in Extremen. Eine nicht passende thermische Information führt auch zu Verunsicherung und Unwohlsein.

> »Es kommt bei mir, auch heute mit 24 Jahren auf die Temperatur des Essens an. Am besten lauwarm, bloß nicht zu warm oder zu kalt.« (https://www.rehakids.de/fto pic127869.html, Eintrag von IlonaN vom 06.06.2017)

Bedingt durch das häufige Favorisieren gut spürbarer Impulse bevorzugen viele autistische Menschen kalte Speisen wie Eis, Joghurt, eine kühlschrankkalte Streichwurst oder eine Gurke. Es ist jedoch auch möglich, dass vorwiegend heiß getrunken oder gegessen wird. Betroffene trinken nur ein zwei Schluck oder nehmen nur wenige Löffel vom Essen zu sich und wenn dann die Nahrung nur ein wenig abgekühlt ist oder der Mund sich ein wenig an die Hitze gewöhnt hat, ist auch das Lebensmittel nicht mehr genießbar.

> »Essen muss so heiß sein, dass ich mich fast verbrenne.« (Rückmeldung aus dem Fragebogen zum Thema Trinken und Essen bei Autismus, 2024)

7.4.1 Mögliche Auffälligkeiten des thermischen Wahrnehmungssystems

Folgendes Verhalten ist bei vorwiegender Hyposensibilität zu beobachten und ist zumeist mit einer intensiven Impulssuche verbunden:

- Es wird besonders heiß getrunken/gegessen.
- Es werden scharfe Speisen wie Chili, scharfer Paprika oder Peperoni und entsprechende Gewürze verwendet.
- Erwachsene favorisieren höherprozentigen Alkohol.
- Ausgiebiges Essen von Eis.
- Als Besteck wird nur Metallbesteck toleriert.

- Kalte Fliesen und Fensterscheiben werden abgeleckt.
- Kalte Metallgegenstände werden bevorzugt in den Mund genommen.

Folgendes Verhalten ist bei vorwiegender Hypersensibilität zu beobachten und ist zumeist mit einer Impulsvermeidung verbunden:

- Kalte oder heiße Getränke werden gemieden.
- Eis oder kühlschrankkaltes Essen, wie z. B. Gurke, wird nicht gegessen.
- Beim Essen wird »getrödelt«, heiße Nahrungsmittel bleiben so lange unberührt stehen, bis sie kälter sind.
- Scharfe Gewürze werden verweigert.
- Erwachsene trinken keinen (hochprozentigen) Alkohol.
- Es werden Ablenker bei der Nahrungsaufnahme eingefordert, damit wird der Fokus gezielt auf andere Wahrnehmungsimpulse (u. a. visuell) gelenkt.

7.4.2 Das thermische Wahrnehmungssystem stärken

Intensive thermische Angebote bieten besonders prägnante Informationen und sind deshalb eher dem propriozeptiven Wahrnehmungssystem zuzuordnen. Da Hitze mit einer höheren Verletzungsgefahr verbunden ist, sind Kälte- oder Eisstimulationen zu bevorzugen. Durch den Kälteimpuls beim Eis ziehen sich die Blutgefäße zusammen, die Muskeln spannen sich kurzzeitig an und die Wahrnehmung fokussiert sich auf den jeweiligen Bereich. Im Anschluss verringert sich die Muskelspannung wieder, doch der stimulierte Bereich ist meist noch gut wahrnehmbar. Mit Hilfe von Eisstäbchen kann die Stimulation und der Wechsel zwischen An- und Entspannung auch gezielt im Mundbereich erfolgen und bietet hier, bedingt durch die Dichte an sensorischen Nervenfasern, eine besonders gute Möglichkeit zur Entspannung. Ein Wärmeimpuls ist hingegen ein eher diffuser Reiz und somit weniger zur gezielten Fokussierung geeignet. Er könnte aber später im Wechsel mit einem Kältereiz dennoch Anwendung finden.

Beispiele für die spezifische thermische Impulssuche und mögliche Hilfestellungen
Als ein Vater mir berichtete, dass sein Sohn jeden Winter an kalten Tagen nach metallenen Brüstungen oder Stäben sucht, wurde deutlich, dass dieser Kältereiz eine wichtige und wohltuende Information darstellt. Eventuell auch zusammen mit dem Zug an der Zunge beim Entfernen oder mit dem folgenden Brennen auf der Zunge. In dieser Form seinen Körper positiv zu

spüren ist jedoch gefährlich und es müssen Alternativen angeboten werden. Nicht-gefährdende Angebote wären Eiswürfel oder ein Eisroller aus Glas. Aber auch ein propriozeptiver Stimulus wie eine Druckmassage auf der Zunge oder das Essen eines gut spürbaren Lebensmittels könnte den gesuchten Informationen entsprechen.

Im Gegensatz dazu berichten einige erwachsene Menschen aus dem Autismus-Spektrum, dass sie kochend heiße Getränke bevorzugen, wie extra heißer Espresso oder frisch aufgebrühter Tee. Hier helfen stark thermisch wirkende Gewürze wie Chili, Chilibonbons oder das Beißen in eine Peperoni. Aber auch ein starker kalter Reiz ist möglich, wie das Kauen auf kühlender Minze, das Lutschen von Pfefferminz-Bonbons oder Eisbonbons. Bei einem Chili-Eisbonbon oder gefrorenen Eiswürfeln mit Chili-Pulver werden Kälte und Wärme spannend kombiniert.

Achtung: Kurzzeitig dürfen auch Substanzen genutzt werden, welche nicht zu den Lebensmitteln zählen und in geringer Dosis nicht gesundheitsschädlich sind, wie bspw. Zahncreme mit Minze oder Menthol, die abgeleckt werden kann. Wenn es möglich wird, langfristig die Sensibilität zu verbessern, verhindert dies eine Gesundheitsgefährdung durch andere Substanzen.

> **Gut zu wissen: Elektronische Stichheiler**
> Im Handel gibt es sogenannte Stichheiler, elektronische Sticks, welche mit einer konzentrierten Wärme (ca. 51 Grad Celsius) den Juckreiz nach einem Insektenstich mindern. Für Menschen, die intensive thermische Impulse favorisieren, bietet dieser Stick eine spannende Information ohne die Gefahr der Verletzung. Er kann auch eine Alternative beim Aufbeißen der Lippen und Wangeninnentaschen oder beim Aufkratzen des Zahnfleisches mit den Fingernägeln sein. Als Anwendungsfläche bietet sich der Bereich neben den Lippen (beim Lippenbeißen) oder der äußere Wangenbereich (beim Wangenbeißen) an. Auf dem Zahnfleisch, im Mundinnenraum und direkt auf der Zunge muss unbedingt die geringere Intensivitätsstufe gewählt werden und die Stimulation muss nochmals achtsamer begleitet werden, damit es zu keinen (extremen) Hautreizungen kommt. Bei massiven und gesundheitlich stark beeinträchtigenden Selbstverletzungen sollten auch solche Impulsgebungen in Betracht gezogen werden, um die Verletzungsgefahr langfristig zu mindern.

»Wir nehmen extra scharfe Bonbons (Schärfegrad 6–9, wie Chili, Himbeere oder Polar-Eis), Salzbonbons (Schärfe 0–2), saurer Apfel (Schärfe 0–2) und Lakritz. Diese lösen wir in einem Eisbereiter je einzeln in Wasser auf. Wenn sich ein Teil der Bonbons nicht auflöst, werden diese Stückchen vorher rausgeholt. Dann kommt die Eiswürfelform in das Eisfach. Das ist hier wirklich der absolute Renner!« (Rückmeldung einer Mutter per E-Mail, 2024)

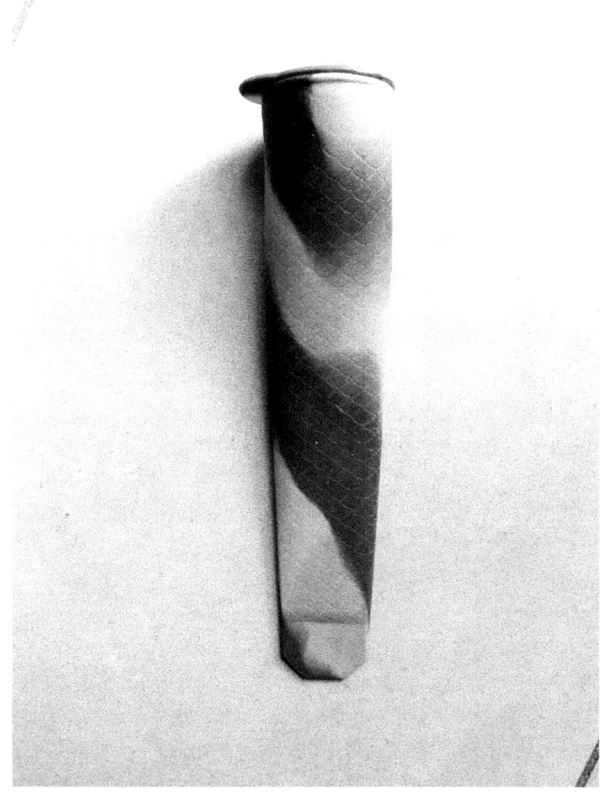

Abb. 7.1: Selbstgemachtes Eis bietet spannende Impulse

Weitere thermische Impulse, welche die Nahrungsaufnahme erleichtern:

- Eisstimulationen vor, während und nach dem Essen, u.a. mit einem Eispack, Eisspray, einem selbstgemachten Wassereis ohne Geschmack oder einem Schluck Eiswasser.
- Essen (leicht) gefrostet anbieten, wie Frozen Joghurt oder ein Stück gefrorene Mango.
- Getränke direkt aus dem Kühlschrank trinken.

7.4 Die thermische Wahrnehmung

- Nahrungsmittel besonders kalt anbieten, z.B. auch das »reguläre« Mittagessen.
- Menthol-Bonbons anbieten.
- Blätter einer Minzpflanze knabbern und ablecken.
- Brotaufstriche mit Zitronenmelisse und Pfefferminze anbieten.
- Eine »Zahncreme mit Minze und Menthol« auf das Brot streichen.
- Nahrung stark gewürzt anbieten (->Wärmeentwicklung)
- Chili-Soße (z.B. Sriracha-Sauce) nutzen.
- (Scharfes) Kaugummi oder Fruchtgummi anbieten.
- Beim Essen zwischendurch einen Schluck heißen Tee trinken (hier ist eine gute Aufsicht notwendig, damit es nicht zu Verbrennungen kommt!).

Gut zu wissen: Eisstimulationen, Einstieg und weitere Möglichkeiten
Der erste Impuls bei den Eisstimulationen mit einem Eisstäbchen oder einem Eiswürfel wird nur kurz gesetzt. Anschließend erfolgt ein fester Druck- oder Massageimpuls an der entsprechenden Körperstelle, um eine Übererregung zu vermeiden, ggf. kann dieser mit einem Handtuch erfolgen, um die verbleibende Feuchtigkeit auf der Haut aufzunehmen. Bei Bedarf wird der Druckreiz mit einer zusätzlichen Vibration gekoppelt, welche nochmals besser reguliert. Wenn der Impuls nur kurz angeboten wird und dann eine Regulation folgt, ergibt sich oft der Wunsch nach einer Wiederholung. Je nach spezifischer Reaktion des Kindes kann der Eiskontakt beim nächsten Mal vielleicht verlängert und das »Abschwächen oder Ablenken« verzögert werden. Einige Kinder und Jugendliche versuchen bereits nach wenigen Stunden ein Stück vom Eis abzubeißen. Manchmal zeigen sich weitere Aktivitäten, wie ein intensives Ablecken, ein komplettes Umfassen mit den Lippen und sogar ein kräftiges Saugen.

Besonders impulssuchende Kinder lieben die Eisstimulationen. Die positive Aufmerksamkeit im Mundbereich verbessert das Körper-Bewusstsein für die am Trinken und Essen beteiligten Bereiche. Eltern berichten, dass ihre Kinder zeitweise mehrmals am Tag zum Eisschrank laufen oder das Eis mit Gesten oder Worten einfordern. Im weiteren Verlauf wird dann eventuell auch ein Speiseeis ausprobiert und toleriert. So könnte sich ein Ausflugsziel und eine positiv besetzte gemeinsame Aktivität für die gesamte Familie ergeben. Weitere Lebensmittel wie Kaltschalen oder gefrorenes Obst können ebenfalls angeboten werden. Gemeinsam mit den Kindern dürfen unterschiedlichste Getränke und Lebensmittel gefrostet und so (neu) entdeckt werden.

In der Praxis haben sich zur Eisstimulation Silikonformen bewährt, welche wie eine spitze Tüte geformt sind. Das gefrorene Eis wird bei Bedarf herausgenommen und umgedreht, damit die schlanke Spitze auch im Mund zum Einsatz kommen kann.

Thermische Impulse, welche die Nahrungsaufnahme am Tisch erleichtern können:

- Ein Eispack an den Handgelenken anbringen oder auf die Tischplatte legen.
- Ein Waschlappen oder ein kleines Handtuch nass in das Gefrierfach legen und gefroren neben den Teller legen, bei Bedarf kann dies ins Gesicht gehalten werden oder auch in den Mund genommen werden.
- Die Füße während des Essens unter dem Tisch in eine Wanne mit kaltem Wasser baden.
- In einem Planschbecken oder einer Wasserwanne sitzend trinken und essen.
- Warme oder kalte Wadenwickel anlegen.
- Ein Wärmekissen auf den Schoß oder auf die Schultern legen oder auf einem Wärmekissen sitzen.

Spiel- und Förderideen im Alltag, um die thermische Wahrnehmung zu verbessern:

- Festes und schnelles Abreiben der Wangen mit den Händen (erzeugt Wärme).
- Durchblutungsfördernde Cremes im Wangen- und Halsbereich verwenden.
- Lippenroller oder -cremes benutzen, welche einen thermischen Impuls bieten (Lippenstift mit Menthol, Chili oder Ingwer).
- Im Alltag und speziell vor dem Essen die Wangen und den Hals mit einer kühlenden Salbe eincremen.
- Die Zahncreme (mit Minze oder Menthol) im Kühlschrank lagern.
- Mit Menthol-Wasser gurgeln.
- Im Alltag einen sauberen nassen Waschlappen, der im Kühlschrank gekühlt wurde, anbieten.
- Ein Eispack an die Wange halten, beim Aufwachen im Bett, im Tagesverlauf oder vor dem Schlafengehen.

- Einen Kauschlauch mit Wasser füllen und gefrieren lassen, evtl. als Stab oder vor dem Füllen als Ball verknoten.
- Eis-Spray auf die Zunge oder auf die Lippen sprühen.

7.5 Die gustatorische Wahrnehmung

Die gustatorische Wahrnehmung ist die Geschmackswahrnehmung. Mit Hilfe der Geschmacksknospen können unterschiedliche Geschmacksrichtungen unterschieden werden. Diese befinden sich einerseits in der Mundschleimhaut der Zunge, aber auch am weichen Gaumen und im Rachenbereich bis hin zum Kehlkopf. Ab der 15. SSW macht das Ungeborene bereits Geschmackserfahrungen durch Schlucken von Fruchtwasser. Mit wenigen Wochen kann das Neugeborene erste Unterschiede schmecken: *Süß* wird vor *bitter* und *sauer* bevorzugt. Ab dem 4. Lebensmonat wird *salzig* geschmeckt und der Säugling bevorzugt fetthaltiges Essen. Bald kann zwischen folgenden Qualitäten unterschieden werden: süß, sauer, salzig, bitter und umami (fleischig/herzhaft). Mit drei Jahren ist die Verknüpfung der Geschmackserfahrungen mit dem Nervensystem fast vollständig abgeschlossen.

Die Geschmacks- aber auch die Geruchsinformationen sind den visuellen Informationen vorgeschaltet. Sie helfen, aufgenommene Lebensmittel auf ihre Verträglichkeit zu prüfen. Bittere und saure Informationen können dabei auf giftige oder verdorbene Lebensmittel hinweisen, süße und salzige Informationen dagegen auf nährstoffreiches Essen. Die Geschmacksinformation Oleogustus[13] weist auf nährstoffreiche Lebensmittel mit einem hohen Fettgehalt hin, hier werden die Fettsäuren wahrgenommen. Durch Kombinationen der verschiedenen Geschmäcker kommt es zu Mischempfindungen und die einzelnen Qualitäten verändern sich nochmals. Weitere Variationen ergeben sich durch eine mögliche Verarbeitung der Lebensmittel: Gekochtes Essen ist zumeist deutlich geschmacksintensiver als ungekochtes. Die sogenannte »Umami-Synergie« beschreibt die Veränderung des Geschmacks durch bestimmte Zusätze wie Glutamat. Auch Lebensmittel untereinander haben diesen Synergieeffekt. Sie verstärken gegenseitig ihren Geschmack. Im asiatischen Raum werden unterschiedliche Umami-Substanzen oft intensiv genutzt, z. B. mit Hilfe einer Brühe aus Seetang. In Deutschland entsprechen Maggi oder andere Würzsaucen solch einem Zusatz.

---

13 Der »Ölgeschmack« entsteht beim Kontakt der freien Fettsäuren mit der Zunge.

Das gustatorische Wahrnehmungssystem ist eng mit dem olfaktorischen Wahrnehmungssystem verbunden. 75 % der Geschmackswahrnehmungen werden durch einen funktionierenden Geruchssinn vermittelt. Besonderheiten der olfaktorischen Wahrnehmung wirken sich somit auch auf die gustatorische Wahrnehmung aus. So schmeckt bei einem Infekt, wenn die Nase verstopft ist, das gewohnte Essen fade und uninteressant.

Vorlieben und Abneigungen in Bezug auf den Geschmackssinn sind sowohl kulturell als auch individuell begründet und können sich im Laufe des Lebens immer wieder verändern. Kinder favorisieren eher zuckerhaltige Lebensmittel, Erwachsene wählen gerne auch bittere, salzige oder saure Lebensmittel aus, wie Kaffee, extra salziges Lakritz oder Rhabarber. Innerhalb der Mahlzeit zeigen sich oft Wechsel zwischen herzhaften und folgend süßen Informationen. Viele Menschen freuen sich über Veränderungen und lieben überraschende Geschmacksvariationen. Bei neurodivergenten Menschen zeigt sich der Wunsch nach Abwechslung im Geschmack seltener. Selbst kleinste Veränderungen werden oft negativ wahrgenommen, neue Lebensmittel und Geschmackszusammensetzungen werden vermieden. Gewohnheit und Vertrautheit sind ein wichtiger Maßstab, deshalb wird oft auf das Gleiche oder Ähnliches zugegriffen.

Besonderheiten im Autismus-Spektrum
Autistische Personen favorisieren dabei entweder geschmacksneutrale Lebensmittel oder sie suchen explizit nach besonders intensiven gustatorischen Informationen. Der übermäßige Gebrauch von Maggi, Soja- oder Worcestersauce, das Bevorzugen von Laugengebäck, stark gesalzenen Lebensmitteln und saurem Obst, wie einer Zitrone, spiegeln die Impulssuche. Aber auch der Verzehr von Nicht-Essbarem, wie das Trinken von Seifenblasenflüssigkeit oder der Verzehr von Knete, ist ebenfalls bedingt durch die Suche nach eindeutigen Geschmacksinformationen. Bei Getränken bieten säurehaltige Lebensmittel oder Bitterstoffe einen besonderen Reiz, wie in Kaffee, in Ananas- oder Orangensaft oder in einem Ingwer-Shot.

> »Wasser trinke ich heute noch gar nicht, weil jedes Wasser anders schmeckt und keines ›richtig‹ schmeckt. Mir fehlt der Geschmack.« (@kopfueberbunt, 03.04.2024).

Das Bevorzugen zuckerhaltiger Speisen könnte durch die Süße selbst, aber auch durch eine gezielte Suche nach kalorienreicher und leicht verdaulicher Nahrung begründet sein (▶ Kap. 10.4 zur somatischen Intelligenz). Um einen individuellen Status festzulegen, welche Geschmacksrichtungen explizit gesucht, welche vermieden und welche nicht wahrgenommen werden, bedarf es für den Bereich Gustatorik durch die Vielfalt der Informationen eine nochmals aufmerksamere Beobachtung. Eine Auflistung sollte für jeden Bereich gesondert erfolgen (siehe Fragebogen im Zusatzmaterial, Link am Ende des Buches).

7.5.1 Mögliche Auffälligkeiten des gustatorischen Wahrnehmungssystems

Folgendes Verhalten ist bei vorwiegender Hyposensibilität zu beobachten und ist zum Teil mit einer intensiven Impulssuche verbunden:

- Starker Kaffee, Ingwer-Shots o. ä. werden bevorzugt getrunken.
- Obst wird sehr unreif (eher bitter) oder sehr reif (süßlich, ggf. leicht gegärt) bevorzugt.
- Obst wie Orangen, Mandarinen und Bananen werden mit Schale gegessen.
- Salzige Lebensmittel – wie extra gesalzene Chips oder salzig Eingelegtes – werden bevorzugt.
- Bittere Lebensmittel – wie verschiedene Kohl- oder Salatsorten, Laugengebäck oder Ingwerstückchen – werden bevorzugt.
- Lebensmittel mit intensivem Geschmack wie Ziegenkäse oder Camembert werden bevorzugt.
- Umami-Lebensmittel – wie Fleisch, (dunkel) Gebratenes, Speck, aber auch Algen, Pilze oder Tomaten – werden bevorzugt.
- Ölige Lebensmittel – wie Oliven – werden bevorzugt.
- Scharfe Lebensmittel werden bevorzugt, diese bieten einen thermischen Impuls (▶ Kap. 7.4)
- Ein geringes Nachwürzen oder die Zugabe neuer Geschmacksinformationen wird nicht bemerkt.
- Es werden gefährliche Substanzen wie Desinfektionsmittel oder Seifenblasenflüssigkeit getrunken.
- Es werden Gegenstände außerhalb des Lebensmittelbereiches aufgenommen (▶ Kap. 2.3.2 zum Pica-Syndrom), Batterien werden abgeleckt, auf Zigarettenstummeln wird gekaut oder Seife wird gegessen.
- Es wird an kleinen Wunden geleckt oder Wangen und Lippen werden aufgebissen, um das Blut (Metallgeschmack) zu schmecken.
- Nahrung wird häufig aufgestoßen oder erbrochen.

Folgendes Verhalten ist bei vorwiegender Hypersensibilität zu beobachten und ist zum Teil mit einer Impulsvermeidung verbunden:

- Auch gering dosierte Geschmacksinformationen werden als unangenehm wahrgenommen.
- Jede kleinste Veränderung der Geschmacksinformation wird bemerkt, z. B. das Schmecken von großen Unterschieden bei verschiedenen Mineralwässern, und zumeist abgelehnt.
- Es werden vorwiegend geschmacksneutrale Lebensmittel wie Brei oder Joghurt gegessen.
- Bei der Nahrungsaufnahme werden Ablenker eingefordert, der Fokus wird gezielt auf andere Wahrnehmungsimpulse (z. B. visuell) gelenkt.
- Es findet eine übermäßige Zahnpflege statt: nach jedem Essen muss eine Reinigung oder Spülung erfolgen.

7.5.2 Das gustatorische Wahrnehmungssystem stärken

Das Unverständnis, dass die eigene Wahrnehmung sich grundlegend von der Wahrnehmung des Gegenübers unterscheidet, zeigt sich vor allem beim Geschmacksempfinden. Selektive Esserinnen hören häufig Kommentare wie »Das schmeckt doch lecker, probiere mal!«. Um die Kinder, Jugendlichen und Erwachsenen hilfreich zu unterstützen, braucht es jedoch Geschmacksinformationen, die für die Betroffenen selbst wohlschmeckend sind. Dazu muss die Nahrung entweder interessante gustatorische Impulse bieten oder im Gegensatz dazu, keine gustatorischen Störimpulse aufweisen. Bedingt durch die Vielzahl der unterschiedlichen Geschmäcker (sauer, süß, bitter, umami und salzig) ist es nochmals schwerer, die Zusammenhänge für eine bestimmte Reaktion korrekt zuzuordnen. Aber die Vielfalt kann auch helfen, neue und spannende Angebote für die jeweilige Person zu finden.

Beispiele für die spezifische gustatorische Impulssuche und mögliche Hilfestellungen

Das Trinken der Salatsoße, das Beißen in eine Zitrone sowie das Essen eingelegter Gurken weisen auf die Suche nach Saurem hin. Aber auch das Ablecken von Batterien oder Desinfektionsmittel ist bedingt durch die Suche nach eben diesem Geschmack. Im Alltag ist der Schutz und somit das Verhindern der Aufnahme von gefährdenden Substanzen, kaum oder nicht leistbar. Dies zeigt einmal mehr, dass langfristig nur das gezielte Hinlenken zu anderen, der Suche entsprechenden Informationen, mehr Sicherheit und Schutz bietet. Mögliche Alternativen sind: Aroniabeeren, Ananas, Grapefruit oder Kumquats, aber auch natürlich fermentierte Lebensmittel wie Sauerkraut oder Apfelessig. Das Essen einer Orange oder einer Banane mitsamt der

Schale könnte begründet sein durch die Suche nach einem bitteren Geschmack und eröffnet alternative Möglichkeiten wie Fenchel, Chicorée, Rosenkohl, Wirsing. Artischocken und Rucola werden aufgrund ihrer Konsistenz eher abgelehnt.

Wenn Betroffene sich wiederholt auf die Lippen, die Zunge oder auch die Wangeninnentaschen beißen bis diese bluten, wird die Verletzung wahrscheinlich nicht als unangenehm wahrgenommen, sondern eher gesucht (propriozeptiver Impuls). Es ist aber auch möglich, dass das Blut selbst, mit seinem metallenen Geschmack, eine spannende Information bietet. Alternativ könnten Bitterstoffe, ein Stück Ingwer, eine Salmiakpastille oder auch ein Tonikum mit Eisen der Suche entsprechen.

Weitere gustatorische Impulse, welche die Nahrungsaufnahme erweitern:

- Neue Gewürze anbieten oder vorhandene Gewürze und Zusätze intensivieren bzw. verringern/vermeiden.
- Exotische oder säurehaltige Getränke wie Mango-Lassi, Kefir oder Buttermilch anbieten.
- Eine größere Menge Getränkesirup verwenden, um den Geschmack zu intensivieren.
- Bei pikanten Speisen ausreichend Pfeffer, Salz, Paprika, Kurkuma usw. nutzen.
- Maggi oder Sojasauce anbieten.
- Saure Lebensmittel wie Sauerkraut, saure Gurken, in Essig eingelegte Speisen auswählen.
- Bonbons mit Zitronensäure anbieten, wie »bitterer Apfel« oder »saure Zitrone«.
- Extra saures Fruchtgummi anbieten.
- Laugengebäck wie Laugenbrötchen oder Salzstangen anbieten.
- Bei Joghurt und Quark Früchte wie Zitrone, Orange oder Ananas oder Fruchtsäure hinzufügen.
- Lebensmittel intensiv salzen, gesalzene Butter hinzugeben oder zeitweise einen »Leckstein« aus Salz anbieten.
- Zuckerhaltige Speisen nutzen und Obst, aber auch Gemüse zusätzlich süßen oder besonders süße Geschmäcker anbieten wie Honig oder Datteln.
- Butter oder Fett als intensiven Geschmacksträger nutzen.
- Glutamat als Geschmacksverstärker zugeben.
- Möglichst geschmacksneutrale Lebensmittel wie Joghurt, Nudeln, Milch oder Wasser anbieten.

Spiel- und Förderideen, um die gustatorische Wahrnehmung zu verbessern:

- Naschraten: Wenige ausgewählte Dinge sollen an ihrem Geschmack erkannt werden, evtl. zwei Lieblingsessen anbieten und diese »blind« erraten.
- Geschmacksmemory: Auf Bildkarten werden die unterschiedlichen Geschmäcker dargestellt (anfangs nur süß und sauer) und dem jeweiligen Geschmack zugeordnet.
- Ein Schnapsglas mit verschiedenen Lebensmitteln ausstreichen und auslecken (Pesto, Honig, Nutella...).
- Kräuter schmecken: In einem Kräutergarten verschiedene Blätter anfassen, riechen, ablecken und ggf. aufessen.
- Eine Zahncreme mit besonderem Geschmack, wie Ananas, Kokos oder Rhabarber, verwenden.
- Eine (Kräuter-)Mundspülung nutzen.
- »Ölziehen«: Ein Esslöffel Mundziehöl wird für längere Zeit im Mund belassen, um dort einzuwirken, anschließend wird es in ein Tuch gespuckt. Achtung: Das Öl sollte nicht geschluckt werden!

7.6 Die olfaktorische Wahrnehmung

In der Nasenhöhle werden mit Hilfe der olfaktorischen Wahrnehmung Gerüche aus der Umwelt wahrgenommen. Der Geruchssinn ist vom ersten Lebenstag an voll ausgebildet und zum Teil sind Babys geruchsempfindlicher als Erwachsene. So findet das Neugeborene die Milch der Mutter über Duftsekrete, die rund um die Brustwarze produziert werden. Mit wenigen Tagen erkennt es die Mutter an ihrem spezifischen Geruch und es beruhigt sich durch bekannte Gerüche. Zu Beginn ist der Geruchssinn zusammen mit der propriozeptiven sowie der taktilen Wahrnehmung und dem thermischen System der bevorzugte Sinn zur Orientierung und für Regulationsmechanismen. Bereits ab der 6. Lebenswoche reagiert das Kind auf bekannte Essensgerüche mit einem Lächeln. Auch der Geruch des Kuscheltiers, bald vermischt mit dem eigenen Speichel, wirkt beruhigend.

Später bietet die Riechwahrnehmung beim Trinken und Essen wichtige Informationen darüber, ob Nahrung bekömmlich ist und somit unser Überleben sichert oder ob sie unsere Gesundheit gefährdet. Aktuell gibt es Bemühungen, das Riechen, ähnlich wie das Schmecken, in spezielle Kategorien einzuteilen. Erste Ergebnisse (z. B. Castro, Ramanathan & Chennubhotla, 2013) weisen auf ca. zehn »Basis-Geruchsrichtungen« hin, u. a. holzig-harzig, fruchtig, chemisch, minzig, süß, Popcorn, Zitrone, beißend und faulig. Auch eine Geruchsrichtung mit der Bezeichnung »wohlriechend« ist dort zu finden. Diese Bezeichnung ist jedoch keine Beschreibung der entsprechenden Qualität, sondern weist bereits eine individuelle Wertung auf. Weitere Forschungen und Ausführungen sowie spezifische Klassifizierungen wären an dieser Stelle wünschenswert – besonders im Hinblick darauf, Abweichungen und Einschränkungen dieser Geruchswahrnehmung zu verdeutlichen.

> **Gut zu wissen: Besondere Geruchserlebnisse im Zusammenhang mit einem Infekt**
> Im Zusammenhang mit einer Erkältung, insbesondere bei einer verstopften Nase, verändert sich der Geruchs- und folgend auch der Geschmackssinn. Auch wenn die Gesamtbelastung für den Körper oft nicht außergewöhnlich hoch ist, verändert sich das Trink- und Essverhalten dennoch. Entweder es wird mehr gegessen, da alleine das Spüren der Lebensmittel als wohltuender Impuls nicht ausreichend ist, wird es mit größerer Menge oder Häufigkeit der aufgenommenen Nahrung kompensiert, oder es wird weniger gegessen, da das wohlbekannte Aroma fehlt. Zum Teil entwickeln sich bei starker Ausprägung sogar Abneigungen für bisherige Lieblingsspeisen, da diese ohne den gewohnten Geruchs- oder Geschmacksimpuls als uninteressant oder auch als ungenießbar eingestuft werden. Einige Menschen konnten in Zusammenhang mit einer Covid-19-Erkrankung kaum mehr etwas schmecken, andere berichten, dass viele Dinge im Alltag sonderbar gerochen haben, zum Teil rochen Lebensmittel sogar nach Fäkalien.

Die enge Wechselwirkung zwischen der gustatorischen und der olfaktorischen Wahrnehmung ist dadurch bedingt, dass die aufgenommenen Informationen mit Hilfe der Geruchsrezeptoren in der Nase und den Geschmacksrezeptoren auf der Zunge zwar isoliert aufgenommen werden, im Gehirn aber deutlich stärker miteinander verknüpft werden und sich gegenseitig bedingen, wie dies bei manch anderen Sinnesbereichen passiert. Bei komplexeren Aromen, wie z. B. Himbeere, sind beide Sinne erforderlich. Es gibt zudem die Theorie, dass unter anderem rohe Knoblauchzehen durch das enthaltene Allicin leichte Entzündungen im Mund hervorrufen. In diesem Zusammenhang werden andere Gerüche und Aromen intensiver wahrnehmbar. Knoblauch, Senf, aber auch Chili schärfen somit unsere (Geruchs-) Sinne (Mrasek, 2005).

Die Geruchswahrnehmung ist eng mit dem limbischen System verbunden. In diesem Bereich des Gehirns werden vor allem Emotionen und körperliches Erleben verarbeitet, deshalb sind Gerüche häufig unmittelbar mit den entsprechenden Gefühlen gekoppelt. Zusätzlich wirken sich Geruchsinformationen, bedingt durch das enge Zusammenspiel mit dem vegetativen Nervensystem, auch auf den körperlichen Spannungszustand aus. Gerüche können somit je nach Auswahl beruhigen oder anregen. Für viele Menschen ist das Riechen der Speisen vor Beginn der Mahlzeit ein erster Genussmoment. Die Atmung wird tiefer, es wird vermehrt Speichel produziert und es zeigt sich eine freudige Erwartung.

Besonderheiten im Autismus-Spektrum
Bei Menschen im Spektrum können gerade die mit dem Trinken und Essen verbundenen Gerüche bereits zu einem Anstieg der Gesamtspannung führen und somit erste Abwehrhandlungen auslösen. Ein warmes und somit häufig geruchsintensives Mittagessen kann zu einer zeitnahen Überforderung führen. Kaltes Essen ist im Gegensatz dazu eher geruchsneutral und somit weniger verwirrend. Daher werden Lebensmittel wie Brei, Joghurt, Brot und Kartoffeln bevorzugt. Oft sind jedoch nicht nur das Essen und die damit verbundenen Gerüche überfordernd. Bereits der Aufenthalt in der Küche mit den unterschiedlichsten Geruchsinformationen ist oft eine große Herausforderung.

> »Isabels Mutter konnte während der Mahlzeiten nie eine Schüssel mit Fruchtsalat auf den Tisch stellen, ohne dass Isabel angefangen hätte, zu jammern und sich zu beschweren und das Essen schlussendlich abzulehnen. Die Konfrontation mit irgendeinem unvertrauten oder unangenehmen Geruch [...] ließ Isabel sagen, es würde wie totes Huhn riechen. Das Ergebnis war, dass zuerst Isabels Familie die Mahlzeit in der Küche einnahm, bevor sich die Familie hinsetzte, um Isabel dabei zuzuschauen, wie sie ihre Mahlzeit aß. Die Familie vermied Besuche bei Bekannten, weil Isabel die Mahlzeit so sehr stören würde, dass sie um sich tretend und schreiend vom Tisch weggetragen werden müsste.« (Ernsperger & Stegen-Hanson, 2015, S. 77).

Andererseits ist es möglich, dass bestimmte, zum Teil intensive olfaktorische Informationen gezielt gesucht werden. Dies zeigt sich durch ein langanhaltendes Riechen mit geringem Abstand zur Nahrung, insbesondere bei starken Informationen, wie bei obergärigen Lebensmitteln, Kohl oder Essig.

7.6.1 Mögliche Auffälligkeiten des olfaktorischen Wahrnehmungssystems

Folgendes Verhalten ist bei vorwiegender Hyposensibilität zu beobachten und ist zum Teil mit einer intensiven Impulssuche verbunden:

- Es findet ein intensives Riechen und Trinken an/von Salatsoße, Essig, obergärigen Getränken oder hochprozentigem Alkohol (bei Erwachsenen) statt.
- Auch an Bratensoße, Kohlvariationen, Zwiebeln oder Knoblauch wird intensiv gerochen und diese werden vermehrt gegessen.
- Verbrannte oder verdorbene Nahrung wird bevorzugt.
- An scharfen Putz-, Desinfektionsmitteln oder Klebstoffen wird intensiv gerochen und diese werden zum Teil sogar abgeleckt oder getrunken.
- Es wird häufig aufgestoßen bzw. Nahrung erbrochen.

> **Gut zu wissen: Wenn Erbrochenes oder auch Fäkalien als »reizvoll« eingeordnet werden**
> Einige Betroffene stoßen im Alltag immer wieder Luft oder Magensäure auf oder würgen bereits geschluckte und zum Teil vorverdaute Nahrung hoch. Andere erbrechen das aufgenommene Essen vollständig, selten wird auch an den eigenen Fäkalien gerochen oder diese werden »probiert«. Im Hinblick auf das vermehrte Aufstoßen oder Erbrechen gibt es oft zahlreiche Untersuchungen, ob ein zu viel an Magensäure das Aufstoßen auslöst oder ob der Ösophagus (Kehldeckel) nicht richtig schließt – zumeist ohne Befund. Besonders für Fachärztinnen der Gastroenterologie ist es kaum vorstellbar, dass dieses Verhalten auch Teil einer gezielten Impulssuche sein kann. Gerade in Zusammenhang mit besonders überfordernden Situationen und dem Gefühl extremer Not kann ein intensiver Geruch sowie ein besonders scharfer Geschmack als prägnanter und somit regulierender Impuls wahrgenommen werden. Bei solch exzessiven Verhaltensweisen bedarf es im Rahmen einer individuellen Begleitung ganz besonderer und in jedem Fall gut zu spürender, aber nicht verletzender Hilfen (▶ Kap. 5.5).

7 Die Wahrnehmungssysteme erkennen und unterstützen

Abb. 7.2: Es ist möglich, dass dieselbe Person einen Hundehaufen am Wegesrand als einen besonderen olfaktorischen Impuls wahrnimmt und im Gegenteil dazu vom Essensgeruch in der Küche überfordert ist.

Folgendes Verhalten ist bei vorwiegender Hypersensibilität zu beobachten und ist zum Teil mit einer Impulsvermeidung verbunden:

- Bereits gering dosierte Geruchsinformationen werden als unangenehm wahrgenommen.
- Hustenbonbons, Kaugummis, Knoblauch, Fleisch, Kohl und andere stark riechende Lebensmittel werden abgelehnt.
- Die Küche mit den verbundenen Gerüchen beim Kochen und Backen wird gemieden.
- Der Körpergeruch (Schweiß oder Mundgeruch) anderer Personen wird, obwohl für andere kaum wahrnehmbar, als unangenehm empfunden.
- Bei der Nahrungsaufnahme werden Ablenker eingefordert: der Fokus wird gezielt auf andere Wahrnehmungsimpulse (u. a. visuell) gelenkt.

»Manchmal fühle ich mich, als hätte meine Nase einen eigenen Verstand. Sie nimmt Gerüche auf, die andere gar nicht wahrnehmen, und kann mich damit überwältigen oder beruhigen.« (Kiene, 2024, S. 53)

7.6.2 Das olfaktorische Wahrnehmungssystem stärken

Da olfaktorische Informationen vielfältiger sind als die bereits variantenreichen gustatorischen Informationen, ist hier eine passende Zuordnung nochmals schwieriger. Oftmals sind es auch hier intensive und damit deutlich spürbare Riechimpulse, die favorisiert werden. Diffuse und vielfältigere Gerüche sind deutlich schwieriger zu verarbeiten und belasten mehr. Eine zusätzliche Möglichkeit, die Nahrungsaufnahme positiver zu gestalten, bietet hingegen die enge Verbindung des olfaktorischen mit dem vegetativen Nervensystem an. Gezielte olfaktorische Impulse können nicht nur die Aufnahme der Nahrung erleichtern und erweitern, sondern wirken unmittelbar auf das Entspannungssystem.

Beispiele für die spezifische olfaktorische Impulssuche und mögliche Hilfestellungen
Beim Kochen kann durch das Hinzufügen von Gewürzen wie Curry oder Pfeffer sowie von Zwiebeln oder Knoblauch eine »nicht ausreichende« Riechinformation passend abgeändert werden. Wenn bevorzugt an obergärigem Obst oder auch an Fäkalien gerochen wird, braucht es ebenfalls einen sehr intensiven und damit »brennenden« oder »beißenden« Geruch: Tiger-Balsam, Franzbranntwein oder andere ätherische Öle in einem mitgeführten Fläschchen können helfen. Es gibt auch Medaillons, ausgestattet mit einem Träger für Aromaöle oder man nutzt eine Stoffkugel, die mit Aromaöl beträufelter Watte gefüllt ist. Im Fachhandel gibt es Ammoniak-Ampullen und weitere besondere Riechangebote.

Einige autistische Kinder, aber auch Erwachsene treten zum Teil ganz nah an ihr Gegenüber heran, um dessen Geruch aufzunehmen. Beim intensiven Riechen an anderen Menschen könnte nicht nur der Geruch selbst, dieser ist je nach Situation eher sensitiv, sondern auch die Aktivität an sich wichtig sein. Vielleicht ist es auch der Körperkontakt an der Nase, verbunden mit einem mehrmaligen tiefen Einatmen? Auch wenn dieses Verhalten »eigentlich« ein positives Signal ist und Offenheit und Interesse ausdrückt, ist es für Außenstehende doch befremdlich. Gerade Jugendliche erfahren dadurch Ausgrenzung und Abwertung. Alternativ zu unterschiedlichen Riechangeboten könnte eine entsprechende Stimulation (Massage, Vibration oder Eis) an der Nase und den Nebenhöhlen angeboten werden.

Olfaktorische Impulse, welche die Nahrungsaufnahme erleichtern:
Bei vorwiegender Hyposensibilität:

- Besonders geruchsintensives Trinken und Essen wie Gewürz- oder Kräutertee, Fleisch oder Kohlgerichte auswählen.
- Beim gemeinsamen Kochen, Braten oder Backen erleben, wie sich die Gerüche durch die Verarbeitung verändern.
- Das Essen deutlich wärmer bzw. kälter servieren – eine veränderte Temperatur intensiviert oder vermindert den Geruch.
- Im Alltag und insbesondere beim Essen eine Salbe mit einem positiv empfundenen Geruch unter die Nase reiben.
- Frisch gewaschene Kleidung oder eine gut riechende Stoffserviette nutzen, um zwischen den einzelnen Bissen zu entspannen.
- Geruchsöle mit starkem wohltuendem Duft am Tisch anbieten, um eine tiefe Atmung anzustoßen und somit zu entspannen oder um vom Essensgeruch abzulenken.
- Das Essen in der Küche anbieten, wenn der intensive Geruch vom Kochen, Braten oder Backen gesucht wird.

Bei vorwiegender Hypersensibilität:

- Lebensmittel mit einem geringen Eigengeruch wie Wasser, Brei, Joghurt oder Nudeln auswählen.
- In der Küche oder am Essenstisch eine Schale mit getrocknetem Kaffeesatz aufstellen. Dieser kann den Geruch von stark riechenden Zutaten absorbieren und neutralisieren.
- Das Essen in einem anderen Raum ohne die Gerüche vom Kochen, Braten oder Backen anbieten.

Spiel- und Förderideen, um die olfaktorische Wahrnehmung zu verbessern:

- Geruchsraten: Zwei oder drei Gerüche oder Lieblingsessen anbieten und diese »blind« erraten.
- Duftöle auf einen Wattebausch geben und in Dosen füllen, zum Riechen und Entspannen anbieten.
- Kräuter zum Entdecken anbieten: zwischen den Händen zerreiben und/oder darauf kauen.
- Im Alltag spannende Gerüche in den Fokus bringen, wie frisch gemähtes Gras, ein blühender Obstbaum oder auch ein stinkender Lastwagen.

- Duftknete anbieten.
- Einen »Tränenstift« mit Campher und Menthol anbieten.
- Tiger-Balm zum Riechen anbieten.
- Bevorzugte Gerüche intensivieren bzw. abändern.
- Massagen direkt auf der Nasenwurzel und den Nasennebenhöhlen.
- Eisstimulationen an der Nase bis hin zu den Wangenknochen.
- Gezielte Atemübungen nutzen, u.a. »Cyclic Sighing« (zyklisches Seufzen) oder »physiologisches Seufzen«: zweimal hintereinander durch die Nase einatmen, einmal lang ausatmen.

7.7 Die auditive Wahrnehmung

Die auditive oder akustische Wahrnehmung bedeutet die Aufnahme von Schallinformationen. Schwingungen aus der Umgebung werden über das Ohr und auch über unseren Körper (Knochenschallleitung) an das Gehirn weitergeleitet und dort verarbeitet. Die meisten Menschen nehmen auditive Impulse im Zusammenhang mit dem Essen kaum oder nicht wahr.

Besonderheiten im Autismus-Spektrum
Die wahrnehmbaren Geräusche bei der Nahrungsaufnahme und der Verarbeitung können insbesondere autistische Menschen schwer belasten oder aber eine notwendige Information bieten. Dabei gilt: Je geringer die Körperwahrnehmung ausgebildet ist und je weniger der Fokus auf Spür-, Geruchs- oder Geschmacksinformationen liegt, umso bedeutender sind die auditiven Impulse. Zum Teil werden die Eigengeräusche beim Kauen und Schlucken als so unangenehm empfunden, dass entweder starke unterstützende Regulationen notwendig sind oder dass Lebensmittel danach ausgesucht werden, welche Geräusche sie beim Verzehr erzeugen. Ein Joghurt, ein Brei oder auch weiches Gemüse sind nahezu geräuschlos zu essen.

> »...Mehr Salat und grüne Sachen, die nicht schon ewig gekocht sind, wären besser. Mein Gehör ist aber so empfindsam, dass für mich sogar das Kauen von Paprika schmerzhaft sein kann.« (@monka_world, 01.07.2024).

Andererseits ist es möglich, dass ein auditiver Impuls gezielt gesucht wird, um eine wichtige Information zu der aufgenommenen Nahrung zu erhalten, oder dieser als eine angenehme Stimulation empfunden wird. Dann werden Lebensmittel wie Knäckebrot, Chips oder Zwieback ausgewählt, aber auch

Brause oder Kohlensäure erzeugen ein ganzes besonderes und interessantes Geräusch. Intensives Kauen und Zähneklappern bieten neben der propriozeptiven Stimulation ebenfalls auditive Stimuli.

> »Ich liebte es, knirschende Gegenstände zu zerkauen, auch wenn sie giftig waren. Als ich mein Aluminiumgeschirr fertig gebastelt hatte, kaute ich darauf herum, bis es zu einem kleinen festen Ball geworden war.« (Willey, 2003, S. 29).

Auch das Schmatzen oder Schluckgeräusche von anderen Essern sowie weitere Umgebungsgeräusche führen bei auditiver Hypersensibilität (Hyperakusis) dazu, dass bei den Mahlzeiten weitere Unterstützungen notwendig sind. Vielleicht auch mit Hilfe anderer auditiver Impulse, wie dem Hören der Lieblingsmusik oder einem Hörspiel.

7.7.1 Mögliche Beobachtungen in Bezug auf die auditive Wahrnehmung bei der Nahrungsaufnahme

Folgendes Verhalten ist bei vorwiegender Hyposensibilität zu beobachten und ist oft mit einer intensiven Impulssuche verbunden:

- Wasser wird mit viel Kohlensäure getrunken.
- Beim Trinken werden Schlürfgeräusche produziert.
- Eigene Essensgeräusche, wie ein starkes Schmatzen, Schnalzen, Saugen, ein Aufeinanderschlagen des Kiefers oder ein geräuschvolles Schlucken, werden gezielt intensiviert.
- Das Essen wird intensiv mit Geräuschen, Lauten und Worten begleitet.
- »Lautes« Essen wird bevorzugt, wie Knäckebrot, Chips oder wenig eingeweichte Cornflakes.
- Im Mund wird gerne mit Knallbrause gespielt.
- Das Kind schlägt sich (beim Essen) mit den Händen auf die Ohren.
- Das knisternde Papier oder weitere Geräusche der Verpackung finden mehr Beachtung als das Lebensmittel selbst.
- Beim Essen wird die Unterstützung von Musik, besonders über Kopfhörer, häufig gesucht.

Folgendes Verhalten ist bei vorwiegender Hypersensibilität zu beobachten und ist oft mit einer Impulsvermeidung verbunden:

- Es wird nur stilles Wasser getrunken.
- Der Essensvorgang geht »leise« und langsam vonstatten.

- Essen ist nur in einem separaten und ruhigen Raum möglich. Außengeräusche, wie auch Kau- und Schluckgeräusche anderer, belasten.
- Bei der Nahrungsaufnahme werden Ablenker eingefordert: Der Fokus wird gezielt auf andere Wahrnehmungsimpulse (u. a. visuell) gelenkt.

7.7.2 Das auditive Wahrnehmungssystem einbeziehen

Auditive Informationen beim Trinken und Essen können ablenken und verwirren oder sie bieten wichtige und spannende Informationen. Damit die Nahrung vielfältiger erfahren und erlebt werden kann, sollte die Aufmerksamkeit gezielt auf unterstützende auditive Impulse gelenkt werden und störende oder ablenkende Informationen sollten, wenn möglich, vermieden werden.

Auditive Impulse, welche die Nahrungsaufnahme erleichtern:
Bei vorwiegender Hyposensibilität:

- Getränke mit viel Kohlensäure anbieten.
- (Knall-)Brause anbieten.
- Geräuschvolles Essen, wie Knäckebrot, Zwieback, Cracker, Salzbrezel, Chips, knackiges Obst oder Gemüse, wie Äpfel oder Karotten, anbieten.
- Essen in Knisterpapier einpacken.
- Rohe Paprika, Apfel und ähnlich »laute« Lebensmittel vermeiden oder gekocht, bzw. als Smoothie anbieten.

Bei vorwiegender Hypersensibilität:

- »Leise« Lebensmittel wie gekochter Spinat, Erbsen, Bohnen anbieten.
- Trockene Lebensmittel werden eingeweicht oder im Lieblingsgetränk gedippt.

Weitere auditive Hilfen, welche die Nahrungsaufnahme erleichtern:
Bei vorwiegender Hyposensibilität:

- Die Hände flächig auf die Ohrmuschel halten, evtl. mit einem zusätzlichen festen Druck, eine Druckmassage mit den Handflächen auf den Ohren oder das Kneten der Ohrmuschel (hier als auditive Impulse).
- Kopfhörer verwenden, um Geräusche wie Kauen und Schmatzen und von den Lebensmitteln selbst besser hörbar zu machen.

- Essen mit offenem Mund erlauben, das laute Schmatzen als Verstärker einsetzen.
- Das Geräusch beim (Ab-)Beißen durch verstärktes Klappern der Zähne intensivieren.
- Mit dem Stethoskop dem Kauen zuhören, beim Gegenüber und bei sich selbst.

Bei vorwiegender Hypersensibilität:

- (Schallschutz-)Kopfhörer zur Vermeidung nutzen.
- Falls keine Kopfhörer vorhanden sind: eine Kapuze, Mütze oder ein Stirnband nutzen.
- Ablenkende auditive Umgebungsimpulse vermindern: das Essen in einer ruhigeren Zimmerecke oder einem angrenzenden Zimmer anbieten, nicht mittig im Raum und nicht mit mehreren Personen.

Weitere Spiele und Förderideen, um auditive Impulse zur Verbesserung der Nahrungsaufnahme zu nutzen

Auch das Hören und Nutzen von Musik kann den Trink- und Essensprozess erleichtern. Der Rhythmus ermöglicht einen fließenden Wechsel zwischen An- und Entspannung und somit ein besseres Gespür für den eigenen Körper. Bei der Essensaufnahme darf also vorgesungen und selbstständig gesungen werden. Die Muskulatur wird aktiviert, aber nicht bis hin zum Hypertonus. So können die erforderlichen Kau- und Schluckbewegungen leichter ausgeführt werden. Im Alltag darf das Klingen und Schwingen einer Stimmgabel auf der Stirn gespürt werden oder auch ganzkörperlich das Schwingen einer Trommel oder anderer Instrumente. Wenn möglich, dürfen diese Erfahrungen insbesondere das Gesicht betreffen.

7.8 Die visuelle Wahrnehmung

Mit Hilfe der visuellen Wahrnehmung werden Impulse über das Auge aufgenommen und im Gehirn weiterverarbeitet. Auch das visuelle Wahrnehmungssystem bietet Informationen, welche das Trink- und Essverhalten beeinflussen. So kann ein liebevoll angerichtetes Essen ein erster Genussmoment sein, das Auge isst eben mit.

Besonderheiten im Autismus-Spektrum

Für autistische Personen sind die visuellen Informationen nochmals bedeutender, für einige sind sie die einzig wahrnehmbaren. Lebensmittel werden dabei ausschließlich nach ihrer Farbe oder ihrer besonderen grafischen Information ausgewählt. Hier stellen die Grundkontraste Schwarz und Weiß sowie die Signalfarbe Rot häufig ein wichtiges Selektionsmerkmal dar, aber auch weitere starke Farben wie Gelb oder Blau können unterstützen.

Abb. 7.3: Die Signalfarbe Rot ist oft auch Lieblingsfarbe. Nicht nur die Kleidung, sondern auch das Besteck oder das Tischset werden danach ausgewählt und häufig auch die favorisierten Lebensmittel.

Bei den Getränken ermöglichen eventuell ein roter Fruchtsaft oder auch die weiße Milch die Fokussierung. Einige Eltern berichten, dass sie Lebensmittel in bestimmten Farbtönen einfärben, um die Auswahl zu vergrößern.

> »Ich kenne Familien, in denen jedes, aber wirklich jedes Essen, blau eingefärbt werden muss, von der Kartoffel, über Fisch bis zum Joghurt.« (Bauerfeind, 25.10.2016)

Ein Anordnen der Lebensmittel nach Mustern, das Legen von Formen auf dem Teller oder das Sortieren nach Größe weist ebenfalls auf eine starke visuelle Fokussierung hin. Wenn der Fokus beim Essen jedoch ausschließlich auf die visuellen Informationen gerichtet ist, werden andere Informationen eben nicht verarbeitet. So wird z.B. eine noch sehr feste Konsistenz nicht wahrgenommen und die Nahrung nicht zerkaut, einzelne Essensreste verbleiben unbemerkt im Mund. Besonders das Verarbeiten unterschiedlicher Konsistenzen ist nicht möglich und entsprechende Speisen werden vermieden.

Aber auch das Gegenteil ist möglich, nämlich dass eine (starke) Fokussierung auf das Lebensmittel bereits zu einer Überforderung führt und deshalb diese Informationen vermieden werden.

> »Ich befand mich in diesem Sommer in einer ausgeprägten Phase weißer Lebensmittel, und meine Frühstücksmahlzeit umfasste diverse Variationen: Toast, Haferflocken oder Crumpets. An Tagen, an denen meine Nahrung nicht trocken sein muss, gelten außerdem Rührei oder Omelett als weiß. Für mich bedeutet es eine kleine, aber tiefgehende Freude, dass ich als Erwachsene jeden Tag selbst entscheiden kann, ob ein Ei sich als weiß und damit essbar qualifiziert, ohne mich rechtfertigen zu müssen. Ohne, dass man mir sagt, ich mache mich lächerlich. Dass ich hysterisch bin, nach Aufmerksamkeit giere und ignoriert werden muss, bis ich etwas in mich hineinzwinge, das von brutaler Farbe ist.« (Lloyd-Barlow, 2024, S. 7)

Wenn es bereits als hilfreich empfunden wird, die visuelle Aufmerksamkeit auf die Nahrung zu lenken, ist dies im Gegensatz zu einer vorher notwendigen Ablenkung ein erster Schritt für eine positive Veränderung.

7.8.1 Mögliche Beobachtungen in Bezug auf die visuelle Wahrnehmung bei der Nahrungsaufnahme

Folgendes Verhalten ist bei vorwiegender Hyposensibilität zu beobachten und ist oft mit einer intensiven Impulssuche verbunden:

- Die Nahrung wird vor jedem Essen oder auch vor jedem Bissen sehr lange angeschaut, zum Teil auch bei der Bewegung vom Teller bis hin zum Mund.
- Lebensmittel mit starken Farben oder interessanten Formen werden bevorzugt, wie bspw. rote Früchte oder farblich sortiertes Weingummi.
- Jedes Essen wird z.B. mit Ketchup übergossen.
- Das Essen wird in Form von »Trennkost« auf dem Teller angeordnet, um sich besser auf die einzelnen Lebensmittel konzentrieren zu können.
- Das Geschirr und das Besteck werden nach einer bestimmten, zumeist kräftigen Farbe oder mit einem bestimmten Muster ausgewählt.

Folgendes Verhalten ist bei vorwiegender Hypersensibilität zu beobachten und ist oft mit einer Impulsvermeidung verbunden:

- Die Lebensmittel werden kaum angeschaut.
- Lebensmittel mit nur geringer Farbinformation, wie Joghurt oder Kartoffelbrei, werden favorisiert.
- Kleinste visuelle Veränderungen am Lebensmittel selbst oder auch an der Verpackung führen zu einer Verweigerung der Aufnahme.
- Obst und Gemüse aus dem Supermarkt sind einheitlicher als selbst oder biologisch angebautes und werden bevorzugt.
- Geschirr und Besteck dürfen nur wenige visuelle Informationen bieten.

»Gestern hatte ich ein Elterngespräch für ein Kind, das, wie viele Kinder im Spektrum, nur beigefarbene Sachen isst. Nudeln, Brot, Knäckebrot, Zwieback, Banane (vorab geschält! Das Gelbe soll nicht zu sehen sein). Die Mama ist super kreativ, sie versteckt Gemüse und Eier in Muffins. Sie experimentiert so lange, bis der Muffin optisch noch komplett beige ist, dafür aber Möhren, Fleisch oder Fisch, oder andere Sachen enthält.« (Rückmeldung einer Teilnehmerin eines Kurses per E-Mail, Oktober 2024).

Eltern haben oft nach unzähligen Kämpfen erkannt, dass Essen mit entsprechenden visuellen Hilfen leichter gelingt. Sie suchen hier teilweise sehr kreativ nach entsprechenden Unterstützungsmöglichkeiten. Dies betrifft nicht nur die Auswahl der Nahrung nach bevorzugten Farben, sondern besonders das Erlauben der Essensaufnahme mit visuellen Ablenkern. Auch viele erwachsene Menschen im Spektrum berichten, dass je nach Belastungssituation die Nahrungsaufnahme ausschließlich am Fernseher oder Tablet möglich ist. Kurzfristig, in besonderen Stresssituationen und begleitend sollten Hilfsmittel wie ein Handy oder ein Tablet beim Trinken und Essen erlaubt sein und dürfen gezielt Anwendung finden. Langfristig sollte jedoch nach anderen körperorientierten Lösungen gesucht werden, damit die Nahrung mit all ihren Facetten und Informationen die benötigte Aufmerksamkeit bekommt und sicher und genussvoll verarbeitet werden kann.

7.8.2 Das visuelle Wahrnehmungssystem einbeziehen

Damit Lebensmittel ggf. mehr Aufmerksamkeit bekommen und um somit langfristig das Spürerlebnis zu verbessern, sollten diese eindeutige oder besonders spannende visuelle Impulse bieten.

Visuelle Impulse, welche die Nahrungsaufnahme unterstützen:

• Lebensmittel, die eindeutig einem Farbsegment zugeordnet werden können.
• Lebensmittel bevorzugt in den Primärfarben (▶ Abb.11.3).
• Lebensmittel ggf. in der Lieblingsfarbe einfärben, z. B. mit »Spirulina blau« oder der entsprechenden Lebensmittelfarbe.
• Ein Menu in der Lieblingsfarbe gestalten, z. B. gelb/orange: Kürbissuppe, (Süß-)Kartoffeln, Karotten oder Linsen, Orangencreme, Orangensaft oder Limo.
• Das Essen darf visuell passend, in Form von »Trennkost«, angerichtet werden.
• Das Lebensmittel wird in bestimmte Formen geschnitten oder ausgestochen.
• Dem Essen wird ein Gesicht gegeben: Verschiedene Kochbücher bieten Anregungen, etwa *Fun Food – bunt, lustig und nicht nur für Kids*, *Das Nilpferd im Quark* oder auch Kochbücher mit Kochideen im Manga- oder Anime-Style (▶ Kap. 16 mit den Literaturempfehlungen).
• Mit dem Essen »Stapeltürme« bauen: Z. B. Brot mit verschiedenen Farbschichten gestalten, belegt mit Käse-, Wurstscheiben, Salat und farblich intensiven Saucen.

Tab. 7.1: Ideensammlung zur Erweiterung der visuellen Vorlieben

Farben/Muster	Trinken nach Farben	Essen nach Farben
weiß, sehr hell	Milch, Bananenmilch	Blumenkohl, Kohlrabi, Weißkohl, Wirsing, Reis, Banane, Joghurt, Zitroneneis
gelb	Apfelsaft, Ananassaft, Ingwer-Shot, Zitronensaft	Kartoffeln, Mais, Paprika, Ananas, Honigmelone, Mango
orange	Karottensaft, Orangensaft	Karotten, Süßkartoffel, Aprikose, Galia-Melone, Pfirsich, Orange
rot, pink	Rote-Bete-Saft, Tomatensaft, Kirschsaft, Erdbeersirup, Himbeersirup	Paprika, Radieschen, Tomaten, Erdbeeren, Himbeeren, Wassermelone
grün	Waldmeistersirup, grüner Tee, Gemüse-Smoothies, grüner Traubensaft	Gurke, Broccoli, Rosenkohl, Salat, Spinat, Zucchini, Paprika, Weintrauben, Apfel

Tab. 7.1: Ideensammlung zur Erweiterung der visuellen Vorlieben – Fortsetzung

Farben/Muster	Trinken nach Farben	Essen nach Farben
blau, lila	Brombeersaft, Mix mit Blue-Curacao-Sirup (alkoholfrei), Sport-Drinks	Aubergine, Blaukraut, Brombeeren, Feigen, Heidelbeeren, Pflaumen, Weintrauben, Schlumpf-Eis
braun, schwarz	Cola, Johannisbeersaft, Kaffee, Kakao, schwarzer Tee	Bohnen, Naturreis, Johannisbeeren, Schokolade, schwarzes Eis
Kontraste, wie z. B. Streifen	Eiswürfel im Getränk bunt einfärben, Nuß-Nougat-Creme auf den Glasboden streichen und Milch einfüllen	Marmorkuchen, gestreifte Kekse, Viennetta-Eis, Paula-Pudding, Brottürme

Weitere visuelle Hilfen, welche die Nahrungsaufnahme erleichtern:

- Die visuelle Aufmerksamkeit des Kindes »einfangen«: Den Löffel oder die Gabel vor dem Kind kreisen lassen oder auf und ab bewegen, den Teller bewegen oder diesen auf einen Drehteller stellen.
- Ein geringer räumlicher Abstand zum Essen: Der Teller wird auf eine Erhöhung gestellt.
- Ein Essensplatz an der Wand oder abgeschirmt in einer Zimmerecke vermindert ablenkende visuelle Umgebungsimpulse.
- Eventuell das Zimmer abdunkeln.
- Das Tragen einer Kapuze oder das Abschirmen mit Hilfe der eigenen Haare oder mit einer Hand an der Schläfe erlauben – vielleicht ist dann auch ein Sitzplatz mitten im Raum möglich.
- Eine besondere Platzbeleuchtung, wie eine blinkende Lichterkette, anbieten.
- Eine (bunte) Snack-Box oder einen Teller mit Einteilungen anbieten.
- Das Tischset, den Teller oder das Besteck in der Lieblingsfarbe oder mit einem Aufdruck des Lieblingshelden anbieten.
- Eine LED-Trinkflasche oder eine Trinkflasche mit Licht- und Soundfunktion anbieten.
- Besteck mit Leuchtfunktion nutzen.
- Trinken und Essen vor dem Spiegel.
- Mit Hilfe von METACOM-Symbolen[14] das Essen begleitend visualisieren.

---

14 METACOM ist ein professionelles und speziell für die Unterstützte Kommunikation gestaltetes Symbolsystem.

Visuelle Impulse, welche die Aufmerksamkeit von der Nahrungsaufnahme weglenken:

- Handy oder Fernseher
- Lavalampe oder andere blinkende und leuchtende Materialien

Die Hilfen in Bereich der visuellen Stimming-Toys (▶ Kap. 11.3) sollten möglichst selten oder nur begleitend angeboten werden! Aber je nach Situation und Belastung ist das Ermöglichen der Nahrungsaufnahme vorerst das wichtigste Ziel.

Fazit: Zusammenfassend für alle Wahrnehmungsbereiche bedeutet dies: Wenn das beobachtbare Vermeidungsverhalten und auch die intensiven Impulssuchen den entsprechenden Wahrnehmungsbereichen passend zugeordnet werden und darauf aufbauend die Hilfestellungen erfolgen, wird eine Veränderung der Wahrnehmung möglich. Unterschiedliche Informationen können langfristig besser differenziert werden und das bis dahin vorwiegende Erleben in Extremen wird weniger. Variationen individueller Vorlieben können bei einer gestärkten Sensitivität leichter angenommen und Abneigungen zum Teil sogar abgelegt werden. Gesundheitsbeeinträchtigende Besonderheiten können abgeändert werden und insbesondere die erhöhte Stressbelastung vermindert sich, verbunden mit einem Erleben von Genuss und Freude beim Trinken und Essen.

8 Von der Wahrnehmung zur Motorik

Mit einer grundlegend verbesserten Wahrnehmung können sich darauf aufbauend und in einem engen Zusammenspiel damit verbunden motorische Fähigkeiten weiterentwickeln bzw. nochmals festigen. Eine Verbesserung von Saugen, Trinken, Kauen und Schlucken ist auch noch Jahre oder Jahrzehnte verspätet möglich und die Abläufe können nochmals automatisierter und spezifischer absolviert werden. So wird der Trink- und Essensprozess weniger herausfordernd und kann situational besser angepasst werden. Einzelne motorische Abläufe können bei Bedarf nochmals gezielter angestoßen werden.

8.1 Saugen

Das zu Beginn der kindlichen Entwicklung stehende Saugen kann auch noch im Jugend- und Erwachsenenalter Bestandteil der Übungen sein. Eine zusätzliche mechanische Sensibilisierung der Lippen, des inneren Wangenbereichs und der Zungenmuskulatur ist empfehlenswert.

Wie auch bei anderen motorischen Abläufen kann eine gezielte Förderung sowohl der Zielfunktion (Saugen) als auch der gegenteiligen Aktivität (Pusten), unterstützend wirken.

- Einsaugen oder Aufblasen der Wangen.
- Einsaugen von Gummischnüren oder Nudeln.
- Pfeifen und wenn möglich auch Pfeifen bei der Einatmung, wobei die Luft eingesaugt wird.
- Kirschkern- oder Kichererbsen spucken.
- Trinken mit dem Strohhalm, anfangs mit einem kurzen und dickeren Strohhalm, später mit einem längeren sowie dünneren Strohhalm.

8.2 Abbeißen

Das Verarbeiten der sensorischen Informationen an den Lippen und die Informationsverarbeitung der Impulse für den Kiefer sind beim Abbeißen fester Nahrungsmittel grundlegend für den erforderlichen motorischen Ablauf.
Mögliche Übungen:

- Eisstäbchen abbeißen, diese können anschließend auch gleich wieder ausgespuckt werden.
- Rhythmisches Zähneklappern, ggf. nach Musik.
- Korkenübung: Einen Korken mit den Zähnen festhalten und für mehrere Sekunden halten, ggf. dazu lautieren oder sprechen.
- Einen Kauknochen, einen Schnuller oder einen anderen Gegenstand im Mund hin und herbewegen. Wenn das Kind darauf beißt, weitere zusätzliche Druck- oder Zugimpulse anbieten, als würde man einen »Knochen« festhalten wollen.
- Einen Spatel mit einem Schutz überzogen, längs zwischen die Zähne nehmen und auf das herausragende Spatelende sanft oder auch kräftig tippen.

8.3 Kauen

Ein ausreichend wirksamer Kauvorgang besteht nicht nur aus dem Öffnen und Schließen des Kiefers, sondern impliziert auch das Transportieren der Nahrung zwischen den Zahnflächen. Hier sind eine Sensibilisierung sowie eine Aktivierung des Wangenbereiches, des Gaumens, des Kiefers und insbesondere der Zunge empfehlenswert.
Mögliche Übungen:

- Die Zunge drückt von innen gegen die Wangentasche, als hätte man ein Bonbon im Mund, gerne in Form eines Kräftemessens mit dem Finger von außen als Gegenspieler.
- Kautraining mit einem Kauschlauch.
- Kieferdehnungen, wie Gähnen oder seitliche Kieferbewegungen durchführen.

- Hilfsmittel zur Kieferöffnung nutzen, wie Brick-Sticks oder Kiefertrainer, welche zeitweise zwischen die Zahnreihen geklemmt werden.
- Bewegungs- und Kraftübungen für die Zunge horizontal, vertikal, nach vorne und nach hinten, wie Ansaugübungen am Gaumen.

8.4 Schlucken

Auch der zumeist reflektorische Schluckvorgang kann mit Hilfe bestimmter Dehnungs- und Bewegungsübungen angeregt und gestärkt werden. Insbesondere von Fachkräften wie Logopädinnen und Sprachtherapeutinnen können hier Übungen und Hilfen aus der neurologischen Dysphagietherapie unterstützend angeboten werden. Eine Sensibilisierung insbesondere der Zunge bis hin zum Zungengrund, des Gaumens, des Kiefers, des Kehlkopfs sowie des angrenzenden Nackenbereiches für einen gesundheitsfördernden Schluckakt ist empfehlenswert.

Mögliche Übungen:

- Das Üben von gezieltem Schlucken in unterschiedlichen Körperpositionen.
- Es darf lautstark geschluckt werden.
- Um beim Schlucken einen spürbaren Widerstand zu bieten, umfasst eine Hand den Kehlkopf.
- Eine Hand bietet (beim Schlucken) einen Widerstand an der Stirn und hält diesen einige Sekunden.
- Mit den Fingern unter dem Kinn, in Ruhe oder während des Schluckvorganges, von vorne nach hinten streichen, um das Schlucken aktiv unterstützen.
- Die Zunge wird wiederholt vor- und zurückgezogen.
- Ein Vorwölben der Zunge oder im Gegensatz dazu das Antrainieren einer »Schüsselbildung« der Zunge
- Beim Gähnen die Zunge nochmals weiter zurückziehen.
- Gurgeln nach dem Zähneputzen oder auch im Tagesverlauf z.B. mit Eiswasser.
- Mit einem Eisstäbchen am hinteren Rachenraum entlangstreichen oder antippen.
- Kopfdrehungen und -kreiseln sowie Seitwärtsbewegungen anbahnen.

8.5 Artikulation und Mimik

Mit Hilfe der Artikulationsorgane kann ein Ton zu einem Geräusch, zu einem Laut oder zu einem Wort geformt werden. Dies vollzieht sich im hinteren Rachen oder im Mundraum bis hin zu den Lippen. Die gesprochene Sprache ermöglicht eine unmittelbare und direkte Kommunikation mit einem Gegenüber. Doch jede Bewegung, jede muskuläre Aktivität, erfordert auch eine gezielte Lenkung der Aufmerksamkeit auf die am Sprechen beteiligte Muskulatur, eine differenzierte Bewegungssteuerung und die komplexe Verarbeitung der unterschiedlichen Informationen sowie deren Koordination. Die veränderte Wahrnehmung im Mundbereich zeigt sich bei vielen Menschen im Autismus-Spektrum insofern, dass Stimmgebung und Artikulation nicht oder nur mit einer besonderen Anstrengung möglich sind. Häufig zeigen sich zu Beginn des Spracherwerbs Lautfehlbildungen, eine verwaschene oder im Gegensatz dazu eine besonders stark artikulierte Aussprache.

> »Wenn Kinder Nahrungsmittel verweigern, die ein gründliches Kauen erfordern (z. B. Fleisch oder rohes Gemüse), verzögert sich die Entwicklung der Mundmotorik, weil es ihnen an Erfahrung/Übungen mit dem Kauen fehlt, was auch die Sprachentwicklung beeinträchtigen kann.« (Chatoor, 2021, S. 200)

Als Hilfestellung bedarf es einer gezielten Stimmgebung und einer darauf aufbauenden spezifischen Artikulation. Es können Stimm-, Geräusch-, Laut- und Wortspiele angeboten werden, welche zugleich auch den Trink- und Essensprozess unterstützen.

Übungen für den hinteren Rachenbereich
Ein fauchender Löwe, ein grunzendes Schwein oder auch der krähende Hahn zeichnen sich durch spannende Klänge aus, welche zugleich kratzige, prickelnde und vibrierende Reize bieten.

Übungen für die Zungenkraft und die Zungenbeweglichkeit
Ein lautes Schnalzen mit der Zunge – entweder mit den hinteren Zungenrändern oder der Zungenspitze –, um das Klappern der Pferdehufe nachzuahmen, oder ein schnelles Hin- und Herbewegen der Zungenspitze zwischen den Lippen, verbunden mit einem spannenden Klang, fördert die Beweglichkeit der Zunge, ebenso ein Flattern der Lippen (»brrrrr«) oder ein Ploppen (der Zeigefinger wird seitlich in den Mund gesteckt und der Finger drückt nach vorne, Wange und Lippen sind gespannt). Auch unterschiedliche Lautmalereien eignen sich gut, um den gesamten Mundbereich zu sensibili-

sieren und zu stärken. Erlaubt ist alles, was Freude macht, was die Experimentierfreude weckt und die Aufmerksamkeit positiv stärkt.

Übungen für die Koartikulation
Sensorik und Muskulatur werden beim Sprechen von Zungenbrechern gestärkt sowie beim Aufsagen von Texten oder beim Singen mit einer bestimmten Mundstellung, wie vorgestülpte oder nach innen gezogenen Lippen.

Grimassier- und Mimik-Spiele
Im Handel gibt es unterschiedliche Mimik-Spiele oder Mimik-Memorys, zudem finden sich im Internet Vorlagen zum Ausdrucken. Die abgebildeten Bewegungen und Grimassen werden nachgeahmt. Auch der Gesichtsausdruck des Gegenübers kann abwechselnd imitiert werden.

9 Isolierte und multimodale Wahrnehmungsverarbeitung

Trinken und Essen bedeuten nicht nur etwas zu sehen oder zu riechen, etwas zu schmecken oder eine Oberfläche und einen Druck zu ertasten, sondern all diese Informationen müssen multimodal, das heißt zeitnah und zum Teil zeitgleich aufgenommen und verarbeitet werden, sie müssen miteinander verglichen, koordiniert und aufeinander abgestimmt werden.

Gerade die Vielfalt einer Mahlzeit, die unterschiedlichen Informationen und die Fokuswechsel bedeuten für die meisten Menschen eine besondere Freude. Wenn die Aufmerksamkeit zu Beginn durch eine schöne optische Präsentation einer Speise gefesselt wird, ist der nächste Impuls vielleicht das Geräusch beim Abbeißen. Besonders die abwechslungsreichen Informationen im Mund, wie das Erspüren der unterschiedlichen Konsistenzen, ein besonderer Schmelz oder ein ungewöhnlicher Geschmack, sind weitere besondere Genussmomente. Dabei sind das Gewohnte und Vertraute in Zusammenhang mit einigen Lebensmitteln ebenso erwünscht, wie ab und an etwas Abwechslung. So bieten Varianten des bekannten Lieblingsgetränks oder -essens neue spannende Informationen und intensivieren die Aufmerksamkeit. Aber auch mögliche Veränderungen beim Abbeißen, Kauen und Einspeicheln, wie ein fester Apfel, der zu einem weichen Brei wird, oder das Brot, welches einen süßlichen Geschmack annimmt, werden zumeist als Bereicherung empfunden.

Bei solch einer Vielfalt an Informationen ist es jedoch erforderlich, sich immer wieder neu auf das aktuelle Angebot und den jeweiligen Zustand zu fokussieren, um darauf zu reagieren. Um zu entscheiden, ob das Essen schon geschluckt werden kann oder ob ein weiteres Kauen und Einspeicheln notwendig ist. Um wahrzunehmen, ob der Mund bereits leer ist oder ob sich noch Speisereste in den Wangentaschen befinden? Beim Erlernen und Differenzieren der Trink- und Essfähigkeiten sollten die aktuellen Informationen zudem mit bereits Erlebtem und Gelerntem verknüpft werden. So ist es beim Essen von Fisch wichtig, achtsam zu kauen, da er eventuell Gräten enthalten kann. Beim Essen einer Weintraube zeigt die Erfahrung, dass sich im Inneren Kerne befinden können, welche mehr Aufmerksamkeit benötigen. Das Wissen um die Besonderheiten einiger Lebensmittel ermöglicht eine bessere Vorhersehbarkeit, verringert sensorische Überforderungen und erleichtert die Steuerung der motorischen Abläufe.

Neues kann jedoch auch mit unangenehmen Erfahrungen verbunden sein. Wenn dabei ein zu intensiver Geschmack erlebbar wird, eine unpassende Konsistenz oder Temperatur gespürt wird, hat dies ein Unwohlsein zur Folge – trotzdem wird das Lebensmittel zumeist geschluckt. In zukünftigen Situationen wird es vielleicht nicht mehr explizit ausgewählt, kann aber bis zu einem gewissen Maß toleriert werden. Auch wenn diese Information nicht mit einem Wohlgefühl verbunden ist, zeigt sich deshalb meistens keine massive Überforderung, weder in der erstmaligen Situation noch bei einem erneuten Anbieten dieser Speise.

Abweichende Geruchs- und Geschmacksinformationen in Zusammenhang mit einem Infekt sind weitere, zumeist unangenehme Erfahrungen im Bereich der Nahrungsaufnahme. Die olfaktorischen oder gustatorischen Veränderungen wirken sich auch auf andere Wahrnehmungsbereiche aus. Obwohl das Lebensmittel in Bezug auf Konsistenz und Struktur keine Veränderung erfahren hat, zeigt sich erst jetzt, dass es sich vielleicht schleimig oder unangenehm körnig anfühlt. Die bisher bedeutenden und nun fehlenden sensorischen Informationen führen dazu, dass das Essen abgelehnt wird. Erst mit abklingendem Infekt, wenn Geruchs- und Geschmackssinn wieder funktionsfähig sind, rückt die Textur erneut in den Hintergrund und das Lebensmittel wird wieder lustvoll gegessen.

9.1 Wahrnehmungsverarbeitung bei Autismus

Freude in Bezug auf Veränderungen und neue Erfahrungen, aber vor allem Akzeptanz von nicht Passendem oder gar Unangenehmen ist für die meisten autistischen Personen kaum denkbar.

> »Lange, sehr lange halte ich eine einzelne Erbse im Mund. Die Oberfläche und die Größe der kleinen Kugel fühlen sich wundervoll auf der Zunge an. Aber es gibt die Möglichkeit, dass die Erbse in meinem Mund zerplatzt und das ist einfach nur schrecklich. Deshalb versuche ich sie im Ganzen herunterzuschlucken. Manchmal zögere ich diesen für mich bedrohlichen Moment immer wieder hinaus. Da kann es schon mal fünf oder acht Minuten dauern, bis ich die eine Erbse endlich herunterschlucken kann.«
> (Rückmeldung einer Mutter, Zitat von ihrer Tochter)

Die Ursache für die zumeist vorhandene Angst vor Neuem oder Ungewohntem, aber auch das Vermeiden von Mischkonsistenzen oder von Nahrungsmittel, die sich im Mund stark verändern, liegt an der Schwierigkeit Informationen multimodal aufzunehmen und zu verarbeiten. Hier zeigt sich eine vorwiegend isolierte Wahrnehmungsverarbeitung, die Poly- oder Monowahrnehmung.

9.1.1 Polywahrnehmung

Bei der Polywahrnehmung werden zeitnah oder zeitgleich besonders viele Informationen wahrgenommen. Die Aufnahme der Impulse erfolgt dabei ungefiltert, es ist ein Überfluten von Einzelimpulsen, welche nicht miteinander in Bezug gesetzt oder miteinander verknüpft werden können, es ist keine multimodale Verarbeitung.

Oft gelingt bereits keine gezielte Fokussierung auf den Mundbereich und das Essen selbst – Gegenstände oder Abläufe, die nichts mit der Mahlzeit zu tun haben, wie ein Fleck auf der Tischdecke, der Geruch des Gegenübers oder eine Bewegung im Raum, lenken von der Nahrungsaufnahme ab. Auch die selbstständige Nahrungsaufnahme erfordert bereits ein gutes Zusammenspiel sensorischer und motorischer Abläufe. Bedingt durch die Vielzahl der sensorischen Informationen beim Trinken und Essen ist es hier nochmals wichtiger zu erkennen und zu entscheiden, welche Informationen aktuell bedeutungstragend, welche unbedeutend sind und welche Reaktionen im jeweiligen Moment erfolgen müssen. Ohne eine Selektion und ohne eine Wertung ist z. B. eine Aufnahme von Lebensmitteln mit unterschiedlichen Konsistenzen für viele autistische Menschen nicht möglich. Bei der Polywahrnehmung erleben Menschen aus dem Spektrum die gesamte Nahrungsaufnahme mit ihren vielfältigen Informationen (über-)fordernd und oft sogar als bedrohlich. Folgend kann Essen nicht aufgenommen werden bzw. bereits geschluckte Nahrung wird zum Teil wieder ausgespuckt und beim nächsten Mal verweigert.

9.1.2 Monowahrnehmung

Im Gegensatz zur Polywahrnehmung ist bei der Monowahrnehmung ein einziger Impuls im Fokus. Dieser wird besonders intensiv wahrgenommen, alle anderen Impulse werden nicht oder erst mit deutlicher Verzögerung verarbeitet. So wird vielleicht ein ganz besonderer »Knackton« beim Abbeißen gehört, das Aroma oder die Konsistenz des Lebensmittels hingegen erlangen keine Aufmerksamkeit.

Solch eine starke Fokussierung auf einen einzigen Impuls ist für alle Menschen in bestimmten Situationen erlebbar. Vor allem im Mundraum rücken, bedingt durch die erhöhte und hier vor allem lebensnotwendige Sensibilität, ungewohnte Impulse stärker in den Fokus als gewohnte. Beispielsweise ist ein Loch im Zahn oder auch eine nur leicht erhöhte neue Zahnfüllung kaum zu ignorieren. Auch mit dem Wissen, dass diese Situation nicht gefährdend ist, kehrt die Zunge (nach jedem Bissen oder auch wenn man nur ganz kurz abgelenkt ist,) immer wieder zu dieser besonderen Stelle zurück. Nahezu reflexartig reagiert das Gehirn immer wieder auf diese Auffälligkeit.

Für Personen aus dem Autismus-Spektrum zeigt sich im Alltag und bei den Mahlzeiten jedoch sehr häufig eine zum Teil nicht willentlich steuerbare, spezifische Fokussierung. Dabei ist die Auswahl, welche Information für die Betroffenen bedeutungstragend ist, nicht immer gleichbedeutend mit der Information, die zum Beispiel eine Gefahr darstellt. Eine »falsche« oder nicht aktuell angepasste Auswahl kann evtl. zum Verschlucken führen. So ist bei einem Speiseeis gerade für Menschen mit einer besonderen Wahrnehmung häufig die Temperatur der fokussierte und wohltuende Impuls. Weitere Informationen wie die Struktur, die Sämigkeit oder ob das Eis Nüsse, Fruchtstücke oder andere Zusätze enthält, werden eventuell nicht wahrgenommen. Wenn das Lebensmittel in den hinteren Rachenbereich transportiert wird oder wenn der Kältereiz nicht mehr so intensiv ist, verändert sich der Fokus. Jetzt erst werden enthaltene Stückchen gespürt und ein Räusperzwang, ein plötzlicher Würgereiz oder ein Ausspucken können die Folge sein. Auch eine intensive Farbgebung kann die gesamte Aufmerksamkeit bündeln – Geschmack, Oberfläche oder Konsistenz werden dann als unwichtig eingestuft. Eine Mutter berichtete, dass ihre Tochter gezielt nur rote Dinge isst: Paprika, Erdbeeren oder Kirschen (mit Stein), aber auch glänzende rote Glaskugeln, rote Blütenblätter und ähnliches werden in den Mund gesteckt und hintergeschluckt. Eine Überprüfung auf Verzehrbarkeit, ein Erspüren des Geschmacks oder der Form finden nicht/kaum statt.

>Ich aß gerne Eis, lehnte es aber sofort ab, wenn auf meinem Hörnchen mehr als nur eine Sorte war, auch wenn mir jede für sich schmeckte.« (Schuster, 2007, S. 34).

9.1.3 Wechsel zwischen Poly- oder Monowahrnehmung

In vielen Situationen bedeutet die Monowahrnehmung für autistische Menschen in erster Linie, sich vor Überforderung zu schützen. Die Fokussierung auf einen bekannten und wohltuenden Impuls hilft z. B. die ansonsten informationsreiche und somit belastende Nahrungsaufnahme zu überstehen. Somit wäre die Monowahrnehmung eine Möglichkeit, der Überforderung in Zusammenhang mit der Polywahrnehmung zu entgehen. Dabei ist es möglich, dass diese Verarbeitung innerhalb kürzester Zeit von einem in das andere Extrem wechselt: Erst wird dem Einzelimpuls keine Beachtung geschenkt (Polywahrnehmung) und es werden wahllos unterschiedliche Dinge in den Mund genommen, wie eine trockene Nudel, ein Stift oder die Person kaut auf den eigenen Fingern herum und blickt zeitgleich suchend umher. Dann plötzlich bündelt ein ganz besonderer Gegenstand die Aufmerksamkeit (Monowahrnehmung), vielleicht eine gut gewürzte Olive oder eine ungeschälte Mandarine. Dieses eine Objekt wird jetzt konzentriert und über einen längeren Zeitraum (im Mund) untersucht ohne weitere Anzeichen körperlicher Unruhe.

Ein Wechsel von Mono- zur Polywahrnehmung kann ebenso abrupt und überraschend vollzogen werden. Eben noch war die Information ausreichend spannend, im nächsten Moment lenkt ein Störreiz ab und eine gezielte Aufmerksamkeitslenkung auf die aufgenommene Nahrung gelingt nicht mehr. Gerade bei der Aufnahme und Verarbeitung von unterschiedlichen Konsistenzen ist ein gezielter Wechsel der Aufmerksamkeit und die Möglichkeit zeitweise einige Dinge stärker zu fokussieren bzw. andere eher im Gesamtzusammenhang zu erkennen unabdingbar. Eine Kirschtomate beispielsweise hat anfangs eine feste Konsistenz und sie gibt auf Druck ein wenig nach. Nach dem Zerplatzen der Haut zeigen sich jedoch auch Kerne, ein zähflüssiges und ein flüssigeres Fruchtfleisch. Die unterschiedlichen Festigkeiten und Fließgeschwindigkeiten erfordern ein differenziertes Spüren, stetige Fokuswechsel und eine gute Koordination der Abläufe im Mundbereich. Wenn Menschen mit vorwiegend isolierter Wahrnehmungsverarbeitung eine Kirschtomate oder auch eine Weintraube favorisieren, liegt der Fokus zumeist auf der kompletten unverletzten Frucht. Diese wird dann im Ganzen ertastet, erfasst und geschluckt. So ist keine (unangenehme) Veränderung im Mund erlebbar und kein gezielter Fokuswechsel notwendig.

9.2 Strategien bei der Nahrungsaufnahme

Bedingt durch die Schwierigkeiten, vielfältige Informationen zu verarbeiten, werden u. a. Speisen mit vielen unterschiedlichen Informationen innerhalb eines Gerichtes, wie Aufläufe, Eintöpfe, ein Trifle und weitere Mischspeisen vermieden. Es gibt jedoch noch andere Strategien.

Eine wichtige Bemerkung vorab: Wenn Betroffene mit einer isolierten Wahrnehmungsverarbeitung das Essen auf ihrem Teller besonders anordnen, ist dies eine wichtige Hilfestellung. Ein Bestehen auf eine bestimmte Marke ist kein »Drangsalieren« der Umgebung, sondern die Möglichkeit, Sicherheit zu erfahren. Auch das Ablehnen eines bestimmten Gerichtes ist keine »Anstellerei« oder ein »Sich-Wichtigmachen«, sondern es ist eine (lebenswichtige) Notwendigkeit.

9.2.1 Trennkost

Mit dem Begriff Trennkost in Zusammenhang mit Autismus ist nicht Trennung von Proteinen oder Kohlenhydraten gemeint, sondern die gezielte Anordnung der Lebensmittel auf dem Teller mit dem Ziel, dass die einzelnen Komponenten sich nicht berühren und dass sie sich visuell deutlich voneinander abgrenzen.

> »Heute gab es wieder einmal ein sehr überschaubares Mittagsmenu – sein Wunsch: ›Bitte keine Nudeln, keine Minipizza, keine Smileys oder Pommes‹ – und dann war es auch schon vorbei mit der Auswahl. Das war sein Mittag heute, wobei die Möhrchen und ein paar Weintrauben liegen geblieben sind – obwohl alles autikonform angerichtet war – nichts hat sich berührt, alles in separater Ecke – okay, angeblich waren die Weintrauben schmutzig (obwohl es sich nur um kleine typische dunklere Stellen handelte – also kein Dreck) ...« (@autismus.helden, 08.01.2023).

Bereits ein einziges Lebensmittel in einer Zubereitungsform aufgenommen, ist mit vielfältigen sensorischen Erlebnissen und Herausforderungen verbunden. Bei einer vorwiegenden Monowahrnehmung wird vielleicht die besondere Oberfläche ertastet, aber eine Aufnahme der Geschmacksinformation findet nicht statt. Jetzt zeitgleich ein weiteres Lebensmittel mit zusätzlichen Informationen aufzunehmen und dieses sicher zu verarbeiten, ist nicht möglich, auch wenn das Ausgewählte (eigentlich) gegessen werden kann und auch auf dem Teller richtig angeordnet ist. Deshalb erfolgt der Verzehr weiterer Lebensmittel nicht zeitnah, sondern oft zeitlich deutlich

9 Isolierte und multimodale Wahrnehmungsverarbeitung

Abb. 9.1: Trennung der einzelnen Lebensmittel, um eine gute Fokussierung zu ermöglichen und sich damit besser auf das dazugehörige Spürerlebnis sowie den notwendigen Kau- und Schluckvorgang vorzubereiten (Quelle: @autismus.helden, 08.01.2023. *Heute gab es wieder* [...]. Instagram. www.instagram.com/p/CnKI00Lqwvl/).

abgegrenzt, mit einer kleinen Pause dazwischen und keinen spontanen Wechseln. Das Sortieren hilft den Betroffenen, sich voll und ganz auf das nächste Stück Nahrung zu konzentrieren, vielfältige und somit verwirrende Informationen können so minimiert werden. Mit dem fokussierten Blick, z.B. auf die orangefarbenen Karotten, wird es ein wenig leichter, sich auf das damit verbundene gustatorische und das taktile Erlebnis vorzubereiten: auf den süßen Geschmack mit einer leichten Säure einerseits oder auf die feste Konsistenz, die sich bald in einen krümeligen Brei verändert, andererseits. Ähnlich verwirrend wäre die Aufnahme eines Lebensmittels mit einer kleinen Druckstelle oder einer sonstigen Veränderung. Es wird durch diese Besonderheit von dem gewohnten Impuls abweichen und diese veränderte Information wird die gesamte Aufmerksamkeit bündeln und zudem verwirren. Ein »beschädigtes« Lebensmittel kann deshalb nicht gegessen werden.

9.2.2 Safe-Food

Auf der Suche nach sicheren und beständigen Informationen beim Trinken und Essen ist ihr »Safe-Food« für viele Menschen im Autismus-Spektrum eine wichtige Strategie. Dabei erfolgt die Auswahl an Nahrungsmitteln in Bezug auf Farbe, Konsistenz, Oberfläche und Temperatur genau nach den persönlichen Bedürfnissen. Das Safe-Food ist dabei entweder informationsarm und die Nahrungsaufnahme erfolgt fast ohne ein Spürerlebnis im Mundbereich. Oder im Gegensatz dazu ist es auch möglich, dass das Getränk oder das Essen mit einem besonders intensiven Impuls verbunden ist. Das Safe-Food kann nahezu immer gegessen werden, auch in Situationen oder Zeiten mit höherer Belastung und wenn sensorische und motorische Fähigkeiten nicht optimal abrufbar sind.

> »Mir wurde es nie langweilig, immer wieder das gleiche zu essen, und selbst wenn es je ein wenig monoton werden sollte, war das gar nichts im Vergleich mit der Lebensgefahr, die damit verbunden war, sich unbekanntem Essen auszusetzen.« (Gerland, 1998, S. 15).

Abb. 9.2: Das Essen vieler Lebensmittel wird verweigert, mit Ausnahme des Lieblingsjoghurts.

Viele Menschen wünschen sich beim Trinken und Essen immer mal wieder etwas Abwechselung vom Gewohnten: eine interessante Oberfläche, eine besondere Cremigkeit oder auch ein überraschendes Prickeln.

Für Menschen im Spektrum sind gerade Neuerungen und Überraschungen hingegen oft belastend. Geringe Veränderungen bedeuten einen neuen diffizilen und somit kaum einzuordnenden Impuls oder es rücken Informationen, die vorher nicht wahrnehmbar waren, nun ungewollt und belastend in den Fokus. Eine leichte Veränderung des bevorzugten Lieblingsessens macht dieses unannehmbar. Aber auch starke Abweichungen, wenn die Information nun nicht mehr den spezifischen Bedürfnissen entspricht, verhindern die Aufnahme. Gleich, welche Möglichkeit zum Tragen kommt: Die damit verbundene ansteigende Erregung durch den unpassenden Stimulus führt zum Abbruch der Mahlzeit.

Ein frisch gekochtes Gericht schmeckt je nach Würze oder Zusammensetzung immer ein wenig anders oder fühlt sich im Mund anders an. Insbesondere weisen Obst und Gemüse neben geringen Geschmacksvariationen immer auch leicht unterschiedliche Konsistenzen auf: je nach Reifegrad, Lagerungsart, weiterer Behandlung oder Kochzeit. Es zeigen sich Unterschiede bei der Festigkeit und der Beschaffenheit des Lebensmittels. Diese kann sich zudem von außen nach innen nochmals unterscheiden und jede noch so geringe Abweichung wird gespürt und abgelehnt. Das Safe-Food soll dieser Gefahr entgegenwirken, da es sich (meistens) nicht verändert. Aus diesem Grund sind Tütensuppen und Fertiggerichte sowie auch das Essen verschiedener Fast-Food-Ketten oft so beliebt. Die Zusammensetzung und der Geschmack sind stets identisch. Die Markentreue schützt zumeist vor Überraschungen. Wenn jedoch im Urlaub das favorisierte Essen der geliebten Fast-Food-Kette doch etwas anders schmeckt, wenn ein neuer Zusatzstoff oder eine leicht veränderte Konsistenz die Aufmerksamkeit von dem wichtigen und beruhigenden Impuls weglenkt, sind Frust und Ärger oft hoch und führen zur Überforderung.

> »Besonders in stressigen Zeiten ist es ein Lebensretter und sorgt für Sicherheit, Freude und Geborgenheit«. Kommentare von zwei Followerinnen: »Mein Safe-Food war ein Eintopf aus der Dose. Jetzt haben die den Geschmack leicht verändert und der Geschmack, den ich so toll daran fand ist weg, und den neuen Geschmack mag ich überhaupt nicht.« »Das Schlimmste ist, wenn irgendwann auf jedem Safe-Food – jetzt mit verbesserter Rezeptur – steht.« (@fuchskindsbau, 12.01.2024).

9.2.3 Same-Food

Same-Food bezeichnet die Aufnahme von stetig gleichem Essen. Das Same-Food ist immer auch ein Safe-Food und kann nahezu jeden Tag und zum Teil auch bei jeder Mahlzeit ausgewählt werden. Zum Teil sind die Essensvorlieben monate- oder auch jahrelang gleich. Wenn immer das gleiche Trinken und Essen aufgenommen wird, muss auch vor einer Mahlzeit keine Entscheidung getroffen werden. Ein Abwägen, Vergleichen und somit das Verbinden von verschiedenen Informationen ist nicht notwendig. Es kann auch gleich mit der Essensaufnahme gestartet werden, wenn bereits vorher feststeht, was es gibt. Dies bedeutet auch, dass Trinken und Essen nicht noch länger im Fokus der Aufmerksamkeit stehen und der Wechsel zu weniger Belastendem schneller vollzogen werden kann.

> »Die besondere Beziehung von AutistInnen zu ihren »Lieblingsgetränken«. Als AutistIn habe ich eine ganz besondere Beziehung zu meinen »Lieblingsgetränken«. Es ist nicht einfach nur ein Getränk – es ist ein vertrauter Begleiter, auf den ich mich immer verlassen kann. Bis mal wieder die Rezeptur geändert wird und ich ganze Stiegen verschenken muss. Wenn ich einmal ein Getränk gefunden habe, das mir schmeckt und mir guttut, dann bleibe ich dabei. Es gibt etwas Beruhigendes daran, zu wissen, was einen erwartet, und nicht jedes Mal eine neue Geschmacksexplosion zu erleben. Häufig wechselnde Geschmacksrichtungen? Limited Editions? Nope! Wenn mir die schmecken, würde das bedeuten, dass ich sie nach kurzer Zeit nicht wieder bekomme. Und dann trinke ich wieder zu wenig und kriege Kopfschmerzen.
>
> Ein weiterer Aspekt ist die Vorliebe für immer das gleiche Essen. Es mag vielleicht seltsam erscheinen, aber für mich und viele andere AutistInnen bedeutet das, dass wir uns auf das Wesentliche konzentrieren können, ohne uns ständig mit neuen Geschmacksrichtungen auseinandersetzen zu müssen. Und ja, ich habe definitiv einen Vorrat an »Safe Food« – das sind die Speisen, die ich kenne und liebe, und die mich in stressigen Zeiten beruhigen und unterstützen. Baked Beans in Tomatensauce. Brühe. Oh, und Tomate-Mozzarella. Das geht immer, wenn alles andere nicht geht. Für manche mag es merkwürdig klingen, wie sehr autistische Menschen an ihren »Lieblingsgetränken« hängen. (Es ist ja nicht wirklich ein »Liebling«, eher so eine notwendige Routine.) Aber für uns sind sie viel mehr als nur Getränke – sie sind ein wichtiger Teil unserer Routinen, eine Quelle des Trostes und der Sicherheit.« (@minzgespinst, 08.08.2023).

Manchmal ändern jedoch auch die autistischen Personen selbst ihr Safe- bzw. Same-Food. Das Trinken und Essen, was vorher beruhigte und favorisiert wurde, löst nun Überforderung und Abwehr aus, oder dass, was vorher zu intensiv oder auch zu wenig war, ist nun genau passend. Der Grund dafür ist, dass die individuelle Wahrnehmung sich auch verändern kann. So wirken sich äußere Bedingungen, wie der Anstieg des Stresspegels, unter anderem auf das Körpergefühl aus. Wenn der eigene Körper nochmals diffuser oder empfindlicher gespürt wird, zeigt sich dies auch beim Trinken und Essen. Je nach Anspannung verändern sich somit Vorlieben und Abneigungen. Bedingt durch das Leben in Extremen zeigt sich hier erneut, dass es ein bisschen Veränderung, ein wenig Abneigung bei Menschen im Spektrum nicht oder nur selten gibt. Lebensmittel, welche vorher »sicher« waren, sind auf einmal nicht mehr genießbar und solche, die bisher strikt abgelehnt wurden, werden nun ausschließlich gegessen. Dieser Status hat so lange Bestand, bis sich die Wahrnehmung erneut verändert.

9.2.4 »Constant-Food« – Lebensmittel, deren Eigenschaften sich im Mund kaum verändern

Bedingt durch Abbeißen, Kauen, Einspeicheln, aber auch alleine durch den Verbleib im Mundraum erfahren die meisten Lebensmittel eine Vielzahl von Veränderungen. Eis wird flüssig und weniger kalt, heiße Getränke kühlen sich im Mundraum ab, feste Kost zerfällt in kleine Stücke oder wird zu einem weichen Brei, bei einigen Gemüsesorten werden faserige Anteile spürbar. Süßspeisen verändern zum Teil immens ihr Volumen im Mund und Brot schmeckt durch das Kauen süßlicher. Einige Gewürze nehmen von der Intensität nach kurzer Zeit ab, Schärfe entwickelt sich hingegen manchmal zu einem zunehmend intensiveren Impuls.

Bedingt durch die Schwierigkeiten, auf Veränderung passend und ohne deutliche Erregungssteigerung reagieren zu können, wählen viele autistische Menschen Lebensmittel aus, welche im Mundbereich eine hohe Konstanz aufweisen. Das Vermeiden der Kaubewegung und ein möglichst schnelles Herunterschlucken bis hin zum Schlingen der Nahrung sind weitere mögliche Strategien in diesem Zusammenhang. Finger-Food, aber auch ein lauwarmer Brei, ein weiches Toastbrot ohne Rand oder weich gekochtes Gemüse verändern sich im Mundraum kaum und werden deshalb favorisiert.

9.2.5 Synästhesie

Auch Synästhesie kann eine Strategie in Zusammenhang mit der Nahrungsaufnahme sein bzw. könnte als solche genutzt werden. Synästhesie besteht aus den beiden griechischen Wortteilen syn (= zusammen) und aisthesis (= Empfinden). 0,3 % aller Menschen haben synästhetische Fähigkeiten. Simon Baron-Cohen hat herausgefunden, dass Synästhesie bei Autismus deutlich häufiger vorkommt, hier verfügt jede 6. Person über synästhetische Fähigkeiten (Baron-Cohen et al., 2013).

Bei der Synästhesie werden Wahrnehmungsinformationen in besonderer Weise miteinander verknüpft. Bei einer synästhetischen Wahrnehmung zeigen sich zusätzliche neuronale Verbindungen zwischen zwei oder mehreren Gehirnarealen. Dabei lässt ein Sinnesreiz mehrere Wahrnehmungen zugleich entstehen und bedeutet somit eine Miterregung eines primär nicht beteiligten Gehirnareals.

Nicht-Synästhetikerinnen sehen, fühlen und schmecken zumeist eindimensional, weitere Wahrnehmungen werden im Bereich des limbischen Systems herausgefiltert. Zum Teil zeigen sich aber auch bei Nicht-Synästhetikerinnen zeitgleich verschiedene Sinneseindrücke. Hier entstehen die Verknüpfungen durch vergangene Erfahrungen. So kann der Anblick einer verbrannten Mahlzeit dazu führen, dass ein entsprechendes Brennen in der Nase wahrgenommen oder ein spezifischer Geruch mit einem bestimmten Erlebnis bzw. mit einer bestimmten Person verbunden wird. Mit Hilfe solcher Erinnerungen können ähnliche Situationen spezifischer bewältigt werden.

Bei Synästhetikerinnen gibt es verschiedene Kombinationen. In Bezug auf Trinken und Essen sind die lexikalisch-gustatorischen und die lexikalisch-olfaktorischen Synästhesien beachtenswert. Entsprechende Beispiele für die synästhetischen Wahrnehmungen sind Klänge oder Wörter, die mit einem bestimmten Geschmack oder Geruch verbunden sind. Ein einzelner Geruch kann jedoch auch eine Farbwahrnehmung hervorrufen oder ein bestimmtes Gericht führt zu einer spezifischen Körperwahrnehmung.

> »Als meine Mutter mir verbot, Seiten aus meinen Büchern oder Zeitungspapier zu essen, war das schlimm. Ich habe immer nur winzige Stücke davon gegessen, aber das war unglaublich wichtig für mich. Bücher – ob Romane oder Sachliteratur – wecken in mir starke Gefühle, und als Kind wollte ich herausfinden, ob das, was ich las, auch so schmeckt, wie es sich für mich anfühlte. Bis Anfang 20 habe ich deshalb noch regelmäßig Buchseiten abgeleckt.« (Kiene, R., per E-Mail)

Die Verknüpfungen bieten zumeist keine oder kaum bedeutungstragende Informationen darüber, ob ein Nahrungsmittel verträglich ist oder wie es sich im Mund anfühlt oder wie es verarbeitet werden muss. Für die Synästhetikerinnen selbst stellen diese Verknüpfungen zumeist keine Belastung dar. In manchen Situationen führt jedoch die Mehr-Information durch die Überflutung mit Impulsen zu einer Überforderung und verhindert ggf. eine positive Aufmerksamkeitslenkung.

9 Isolierte und multimodale Wahrnehmungsverarbeitung

Manchmal ist die Verschmelzung von Sinneseindrücken im Alltag aber auch eine Bereicherung oder Hilfe, da die zusätzliche Verknüpfung eine stärkende oder beruhigende Information bietet.

> »Es ist für mich schwer nachvollziehbar, warum bei mir nie eine Essstörung diagnostiziert wurde, obwohl ich mich oft sehr mangelhaft ernährt habe. Viele Lebensmittel mit unangenehm klingenden Namen oder solchen Namen, die sich im Mund einfach falsch anfühlen, kann ich nicht essen. Der Ekel vor dem Wort ›Graupen‹ ist so groß, dass ich sie nie anrühren könnte. Das betrifft auch andere Sprachen: Erbsen und Erbsensuppe mag ich, aber als ›pea‹ auf Englisch würde ich sie nicht essen. Ähnlich verhält es sich mit Reis – der Klang ist unangenehm und ich esse ihn überhaupt nicht gerne, aber ›Milchreis‹ esse ich gern, weil sich die Silben für mich so schön anfühlen.« (Kiene, R., Mailkontakt, 2024).

Vielleicht wäre es möglich, auch die Synästhesie gezielt zu nutzen und spannende sowie wohltuende Verknüpfungen gezielt einzusetzen?

9.3 Neuerungen und Veränderungen ermöglichen

Um die anfangs notwendige und deshalb häufig bevorzugte Monotonie beim Essen zu erweitern, muss die gezielte Aufmerksamkeitslenkung auf positive Momente beim Trinken und Essen vorerst konstant abrufbar sein. Durch die gezielte Förderung der einzelnen Wahrnehmungsbereiche und der bis dato erfolgten, erweiterten Auswahl sicherer Lebensmittel, wird es nun möglich wohltuende Impulse gezielt einzusetzen. Diese Hilfestellung schützt vor Überforderung und bietet Sicherheit bei den anstehenden Veränderungen.

Bevor jedoch neue Lebensmittel hinzukommen oder diese neu kombiniert werden, ist unbedingt eine entspannte Ausgangssituation notwendig. Neues Lernen, (neue) neuronale Verknüpfungen und somit das Ermöglichen einer vielfältigen Nahrungsaufnahme sind in Erregungsmomenten nicht möglich. Wenn der Mensch sich in einer Notsituation befindet und das parasympathische Nervensystem aktiv ist, ist es lebensnotwendig, schnell und sicher zu reagieren. Jetzt wird auf Bewährtes und früh Erlerntes zugegriffen, besonders spezifische Flucht- oder Kampfmechanismen und somit eine Aktivierung der Muskulatur in den Extremitäten kommen jetzt zum Einsatz. Neue sowie experimentelle Aktivitäten sind in diesen Augenblicken nicht möglich, da sie eine weitere Gefährdung bedeuten. Dies gilt insbesondere im Hinblick auf aufgenommene Nahrung und deren Verarbeitung. Auch ein differenziertes Spüren im Mundraum und dementsprechend spezifische, gut angepasste

Reaktionen sind bei Erregung nicht/ kaum ausführbar. Auch ein multimodales Verknüpfen der unterschiedlichen Informationen findet in einer besonders angespannten Grundsituation nicht oder nur sehr unzureichend statt. Es werden lediglich einige wenige, für die Situation sehr bedeutende Impulse, wahrgenommen, diese werden bevorzugt bearbeitet und daraufhin erfolgt eine entsprechende Reaktion.

Für eine vielfältige Nahrungsaufnahme ist jedoch ein differenziertes Reagieren und stetiges Anpassen an die aktuelle Situation unbedingt notwendig, da sich die Lebensmittel einerseits stark voneinander unterscheiden und sich die Informationen im Mundbereich andererseits stetig verändern. Um diese Prozesse bewältigen zu können, bedarf es unbedingt eines entspannten Nervensystems.

9.3.1 Abwechselndes Essen verschiedener Lebensmittel

Um die Variationsbereitschaft zu stärken, sollte anfangs das abwechselnde Essen von zwei oder bald auch drei verschiedener Lieblingsgerichte ausprobiert werden. Dabei entscheidet das Kind selbst, ob es nur einen Bissen oder auch zwei bis drei Bissen von den jeweiligen Lebensmitteln essen möchte, bevor der Wechsel erfolgt. Um diesen einzuleiten, ist ein Zwischen-Impuls oder auch eine aktive Entspannung hilfreich, wie das Trinken eines Schlucks Eiswasser oder das Anbieten einer kurzen Bewegungsübung. Dann folgt das andere Lebensmittel. Jetzt werden weitere Geruchs- und Geschmacksimpulse, vor allem aber andere Druck- und Oberflächeninformationen erlebbar und es muss entsprechend darauf reagiert werden. Um den Übergang zu erleichtern und damit die vielfältigen Impulse nicht verwirren, könnte es anfangs helfen, die Lebensmittel in getrennten Schälchen oder auf verschiedenen Tellern anzubieten.

9.3.2 Aufnahme von Lebensmitteln mit sich (stark) verändernden oder unterschiedlichen Konsistenzen

Lebensmittel wie Tomaten, aber auch Brot, Kartoffeln und verschiedene Obstsorten verändern ihre Konsistenz beim Kauen und durch den Kontakt mit dem Speichel besonders stark. Dies bedeutet nicht nur zusätzliche Informationen, sondern erfordert oft auch eine angepasste motorische Aktivität. Durch die Zuhilfenahme von gefestigten, wohltuenden Impulsen können auch solche Veränderungen wahrgenommen, besser verarbeitet und es kann entsprechend darauf regiert werden. So könnte z. B. eine Traube (ohne Kerne) direkt aus dem Kühlschrank besser gespürt werden und somit sicher essbar sein. Gerade bei den ersten Versuchen darf die Traube auch wieder ausgespuckt oder nur in Einzelteilen gegessen werden. Es geht erst einmal darum, zu erleben, dass die neuen Impulse im Mund keine Bedrohung darstellen und dass Veränderungen nicht unbedingt zu einer Überforderung führen. Ein spannender Weg, um solche »Explosionen« im Mund positiv anzubahnen, könnten gefüllte Cracker sein. Im Inneren findet sich dann eine gut schmeckende oder intensiv spürbare Füllung. Auch das »Verstecken« von Knall-Brause oder Knusper-Stückchen in einem Essen wird zumeist eher toleriert als Tortellini mit einer nur gering gewürzten Füllung.

Jedes neue Erleben, jede neue Herausforderung, sollte anfangs nur eine kurze Zeitspanne einnehmen. Wenn Unsicherheit oder Anspannung ansteigen, sollte sofort zum Safe-Food zurückgekehrt werden, darf die Essenssituation unterbrochen oder beendet werden.

9.3.3   Kombinationen verschiedener Lebensmittel

Bald können auch Lebensmittel angeboten werden, bei denen die unterschiedlichen Informationen miteinander vermischt werden. Eventuell bietet ein sicheres Lebensmittel, wie z. B. Pommes frites die Grundlage und dieses wird mit einem gekochten und pürierten Gemüse oder auch einem pürierten Obst kombiniert. In jedem Fall sind auch experimentellere Kombinationen möglich, wie ein Schokokuchen mit püriertem Gemüse, Pfannkuchen mit Ananasmarmelade, Kartoffeln mit Erdnussbutter. Auch in diesem Bereich lohnt sich der Blick darauf, ob es nicht bereits bestimmte Zusammenstellungen gibt. Wenn bevorzugt an Kleber gerochen wird und dieser in unbeobachteten Augenblicken sogar abgeleckt wird, könnten die besondere Konsistenz und der Geruch von warmem Käse eine ähnlich spannende Kombination sein. Wenn Maggi in der Suppe sehr intensiv genutzt wird, darf dieses ggf. auch in unterschiedlichen Getränken ausprobiert werden.

> »Und Zimt. Viel Zimt. Zimt ist Feenstaub« (@fuchskindsbau, 07.10. 2024)

Wenn eine Snack-Box mit Einteilung mit verschiedenen Snacks und verschiedenen Soßen gefüllt wird, können die Kinder, je nach Tagesform und der Bereitschaft Neues zu probieren, verschiedene Dinge entweder hintereinander essen oder auch miteinander kombinieren. Die Salzstange kann in das Mango-Mus getaucht werden oder das pikante Snack-Känguru in die Schokocreme.

Wichtig: Ein unangekündigtes Untermischen oder Verstecken von Lebensmitteln in einem akzeptierten Essen kann u. U. dazu führen, dass auch dieses nicht mehr sicher ist und dann abgelehnt wird. Auch wenn es im Einzelfall bereits funktioniert hat, kann dies ein anderes Mal stark verunsichern und die erarbeitete Offenheit erneut blockieren.

Je sicherer die gezielte Lenkung der Aufmerksamkeit ist und je besser die notwendigen Reaktionen abrufbar sind, umso geringer wird die Belastung beim Trinken und Essen. Dann wird eine abwechslungsreiche, flexibler gestaltbare und auch eine besser zu verarbeitende Nahrungsaufnahme möglich und empfehlenswert. Das Erleben von Vielfalt kann dann bestenfalls besonderen Genuss und somit mehr Lebensfreude bedeuten.

9.3.4 »Mit dem Essen spielt man nicht« Beim Trinken und Essen darf entdeckt, ausprobiert und gespielt werden

Bis das Ziel, ohne Ängste und ohne Momente der Überforderung zu trinken und zu essen, erreicht wird, ist es ein langer Weg. Um neue wohltuende Impulse zu entdecken, darf mit der Nahrung vielfältig experimentiert werden. Dabei ist auch das Spielen mit dem Essen wie z. B. mit den Händen ausdrücklich erwünscht.

In einigen Zentren, in denen Kinder von der Sonde entwöhnt werden sollen, ist es bereits üblich, dass die Kinder Nahrungsmittel mit den Händen sowie mit dem gesamten Körper intensiv erkunden dürfen. So erfolgt das Anbieten der Nahrung sitzend oder krabbelnd auf dem Boden, zum Teil nur mit einer Unterhose und einem Hemdchen bekleidet, auf einer geeigneten Unterlage. Es werden unterschiedliche Lebensmittel bereitgestellt, welche angefasst und wieder weggelegt werden dürfen, sie dürfen mit den Händen zermatscht, auf der Haut und auch im Gesicht verschmiert und erspürt werden. Erlaubt ist, was gefällt und was Berührungsängste mindert. Eine enge Begleitung in solch einem Setting ist wichtig, damit die Kinder bei sehr starker Erregung, ausgelöst durch einen für sie unerwarteten oder unangenehmen Impuls, zeitnah unterstützt werden können. Der »falsche« Reiz sollte dann schnellstmöglich wieder entfernt und der Fokus auf ein angenehmes Spürerlebnis umgelenkt werden. Bei einem als unangenehm empfundenen Hautkontakt ist dies mit Hilfe eines nassen Handtuchs oder durch ein festes Abreiben möglich. Es wird zudem Nahrung mit unterschiedlichen Riechinformationen angeboten. Im Hinblick auf die olfaktorischen Impulse ist eine Hemmung oder ein Umlenken bei Überforderung etwas schwieriger. Hier

9 Isolierte und multimodale Wahrnehmungsverarbeitung

Abb. 9.3: Mit den Händen im Essen zu matschen entspannt und ermöglicht es, Konsistenz und Strukturen »ungefährlich« entdecken zu können.

könnte eventuell auch eine Massage, ein Abstreichen oder ein thermischer Impuls im Bereich der Nase und der Nasennebenhöhlen gesetzt werden. Ebenfalls kann ein als angenehm empfundener Duftimpuls, wie eine Creme mit Minze und Menthol oder ein Zitronenduft angeboten werden.

Doch auch wenn das Essen eines Tages gerne mit den Händen angefasst wird, es händisch exploriert und zusätzlich interessiert daran gerochen wird, bedeutet dies noch nicht, dass es damit folgend auch im Mund als angenehm wahrgenommen wird. Das Spürerlebnis an den Händen ist nur wenig vergleichbar mit dem Erleben im Mund, denn hier fehlt die visuelle Kontrolle! Viele Menschen im Spektrum berichten, dass sie bei unterschiedlichen motorischen Aktivitäten, wie dem Treppensteigen oder auch dem Aufstehen aus dem Bett, jede ihrer Bewegungen mit den Augen verfolgen müssen, um diese sicher ausführen zu können. Beim Trinken und Essen fehlt die visuelle Kontrolle, sobald das Lebensmittel mit dem Mund aufgenommen wird. Die weitere Verarbeitung muss alleine über das Spüren vollzogen werden. Sobald das Essen aufgenommen wird, sind die Informationen nicht mehr nur taktil, sondern es kommen weitere Impulse hinzu, die sich zusätzlich innerhalb kürzester Zeit verändern können: So bietet der Geschmack eine weitere Information, welche sich im Kontakt mit dem Speichel nochmals verändert. Auch die Konsistenz bleibt nicht gleich, sondern sie verändert sich bedingt durch den Druck der Zunge, durch das Aufbeißen mit den Zähnen und auch durch den Speichel. Die Festigkeit und die Oberfläche der Nahrung verändern sich ebenfalls. Die Temperatur, besonders bei sehr heißem oder sehr kaltem Essen, gleicht sich nach kurzer Zeit an die Körpertemperatur an.

Wenn die unterschiedlichen Informationen im Mund jedoch überfordern, kann das Essen nicht, wie an den Händen möglich, einfach abgestreift werden. Es sollte in jedem Fall erlaubt sein, die Nahrung bei Bedarf wieder auszuspucken oder diese zur Not aktiv mit einem Löffel oder den Fingern aus dem Mund zu holen. Zur Beruhigung könnte ein kaltes Wasser oder ein anderer angenehmer Impuls bereitstehen oder das Kind darf vom Tisch aufspringen und sich schütteln, um die Anspannung zu mindern. Um den Körper und insbesondere den Mund besser wahrzunehmen, um die Abläufe vollziehen zu können sowie um eigene Bedürfnisse kennen zu lernen, ist ein spielerisches Erforschen unbedingt erwünscht. Mit möglichst wenig starren Vorstellungen von außen, in Form eines unkonventionellen Ausprobierens.

Spielidee: Die »Knusperkette«
Mit einer »Knusperkette« kann Essen spielerisch bspw. bei einem Ausflug angeboten werden. Dazu werden verschiedene Leckereien mit einem Loch an einem Band befestigt. Zusammengeknotet darf die Kette dann bei einem entspannenden Spaziergang um den Hals getragen werden. So werden eventuell auch neue Knabbereien möglich. Geeignete Lebensmittel sind Apfelringe, Mini-Brezeln, Mini-Bagel, Fruchtgummi-Schnuller, stern- oder ringförmige Kekse, Cornflakes oder Chips, die es bereits fertig zu kaufen gibt oder auch selbst gebackene Plätzchen.

Spielidee: Essen vor dem Spiegel
Die Essensaufnahme nah vor dem Spiegel kann die fehlende visuelle Kontrolle im Mund teilweise aufheben und somit mehr Sicherheit bieten. Besonders bei fester Kost bleibt die Nahrung auch beim Kauen gut im Blick. Eine deutlich übertriebene Mundöffnung, intensive Kaubewegungen, aber auch ein kurzes Einfrieren der Bewegung sind erwünscht und können helfen, das Kauen selbst interessant zu machen. Es sollten Speisen ausgewählt werden, die im Mund gut zu sehen sind. Ein guter Kontrast zur roten Zunge wäre z. B. ein Apfel mit weißem Fruchtfleisch, ein heller Joghurt (Banane oder Vanille), helles Brot oder Nudeln, welche auch blau oder grün eingefärbt werden

können. Die Seitenumkehr könnte einige Kinder jedoch verwirren, besonders wenn sie versuchen, den Ablauf mit den Händen zu manipulieren. Da oben und unten jedoch passend abgebildet werden, ist es einen Versuch wert. »Vom Sehen zum Spüren« ermöglicht dann eine Verbesserung der Mundwahrnehmung

Spielidee: »Der Essenszug«
Eine spielerische Gestaltung der Essenssituation kann auch ein »Essenszug« auf dem Küchentisch sein. Dazu wird ein Rundkurs mit Schienen aufgebaut. Ein batteriebetriebener Zug zieht dann mit zwei oder drei Anhängern dort seine Kreise. Er ist beladen mit Lebensmitteln, die zum Teil akzeptiert werden, aber manchmal noch eine besondere Aufmerksamkeit und eine stabile Tagesform benötigen. Wenn das Essen dann auf dem Tisch seine Runden dreht, ist dies ein spannender visueller Stimulus und erleichtert die Fokussierung. Auch das Aufnehmen der Nahrung vom fahrenden Zug kann eine motivierende Aktivität und somit eine verstärkende Rahmenbedingung sein, die das Essen freudvoll einleitet.

Spielidee: »Wettrülpsen«
Eltern berichten häufig, dass ihre Kinder es lieben, laut zu rülpsen. Einerseits ist das gezielte Aufstoßen ein ganz besonderer (Spür-)Moment mit einem einzigartigen Geräusch, andererseits reagiert das Umfeld häufig sehr eindeutig auf diese Aktivität. Viele Kinder lieben es laut zu rülpsen und motivieren sich gegenseitig. Diese Übung hilft die Sensibilität im Rachenraum zu verbessern.

Alltagstipp: »Einen Garten anlegen«
Auch durch das Nutzen von einem Kräuter-, Gemüse oder einem Obstgarten können Lebensmittel nochmal ganz anders entdeckt werden. Das Hegen von einem kleinen Kräutergarten auf der Fensterbank oder das Bestellen eines Obst- und Gemüsegartens kann Berührungsängste mindern. Das wochenlange Vorbereiten und Pflegen, das Beobachten beim Wachsen und Reifen stärkt dann die Bereitschaft, das eigens angebaute Lebensmittel zu essen.

10 Selbstbestimmte und selbstständige Nahrungsaufnahme ermöglichen

Eine möglichst selbstständige Nahrungsaufnahme ist ein wichtiger Entwicklungsschritt in Bezug auf Eigenständigkeit. Für einige Kinder ist jedoch bereits das Saugen an der Flasche oder das Füttern durch die Bezugsperson der Entwicklungsschritt, der zuvor noch erarbeitet werden muss.

10.1 Sondenentwöhnung

Wenn Kinder, Jugendliche oder auch Erwachsene (vorwiegend) Flüssigkeit und Nahrung ausschließlich über die Sonde zugeführt bekommen, ist das Anbahnen einer selbstbestimmten und positiven Trink- und Essensaufnahme nochmals schwieriger. Aber gerade hier ist das vorrangige und wichtigste Ziel ein positives Erleben und ein wohltuendes Spüren des Mund- und Rachenraumes – dies gilt für alle Menschen gleichermaßen. Die Betroffenen verweigern im Schulter- und Kopfbereich häufig jedes Angebot und jede Berührung, die vorwiegend unangenehmen und bedrohlichen Erfahrungen waren prägend. Deshalb ist hier ein besonders achtsamer Einstieg wichtig. Ob die ersten Impulse besonders großflächig und druckintensiv oder im Gegensatz dazu, vor allem bei sehr jungen Kindern, besonders sanft angeboten werden, ist individuell, und bedarf nochmals mehr einer guten Beobachtungsgabe und einer stetigen Anpassung. Eventuell kann der Einstieg in positives Wahrnehmen auch mit einem Wechsel zwischen den beiden Extremen gelingen. Das Wohlgefühl des Kindes bestimmt dabei das Angebot, damit der Mund als Entspannungsraum erlebt werden kann. Die Angebote erfolgen immer mal wieder als kurze Impulse und zu Beginn als rein mechanische Stimulationen, noch nicht in Verbindung mit der Nahrungsaufnahme. Wenn eine Sonde die Nahrungsaufnahme sichert, sollten Durst- und Hungergefühle nicht als Druckmittel die Sondenentwöhnung unterstützen. Es ist eher von Vorteil, wenn der Druck einer nicht ausreichenden Versorgung durch die Sonde genommen wird. Mit der Zeit wird sich dann eine Bereitschaft für die Nahrungsaufnahme entwickeln. Erst dann sollte in kleinen Schritten die eigentliche Sondenentwöhnung beginnen. Es empfiehlt sich in jedem Fall, diesen Schritt mit Hilfe eines multiprofessionellen Teams zu begleiten bzw. in einer stationären Einrichtung fachkundig zu unterstützen.

10.2 Füttern oder selbstständige Nahrungsaufnahme

Wenn die Nahrungsaufnahme über das Füttern absolviert wird, müssen Eltern und Begleitende die Bedürfnisse im Hinblick auf die Nahrung selbst, auf die Art und Weise der Aufnahme, den zeitlichen Ablauf und mit Blick auf die Umgebung aufmerksam wahrnehmen. Sie müssen beachten, dass die Menge auf dem Löffel passend ist, nicht zu viel oder auch zu wenig, um die Nahrung im Mund gut spüren zu können. Vielleicht spürt das Kind gerade noch dem vorherigen Geschmack nach, betrachtet gerade das verbleibende Essen auf dem Teller oder es ist von einem Geräusch im Nebenzimmer abgelenkt, wenn bereits der nächste Löffel seine Lippen berührt?

Das selbstständige Essen und die damit verbundene vermehrte Selbstbestimmtheit schützt vor solchen Irritationen und ist für viele stark selektive Esserinnen und insbesondere für Kinder im Autismus-Spektrum deshalb (»eigentlich«) hilfreich.

Jedoch ist auch die eigenständige Aufnahme eine große Herausforderung und kostet weitere wichtige Ressourcen. Die Nahrungsaufnahme an sich kann schon eine sehr große motorische und vestibuläre Anstrengung bedeuten, dabei ist es unerheblich, ob diese mit den Fingern oder mit Besteck erfolgt. Für das ebenso herausfordernde Kauen und Schlucken stehen dann keine ausreichenden Ressourcen mehr zur Verfügung. Ein »angepasstes« Füttern kann somit auch eine geringere Belastung bedeuten und die Essenssituation entzerren.

Deshalb muss immer wieder geprüft werden, ob aktuell eher die Kalorienzufuhr, eine Erweiterung der Nahrungsmittel oder das eigenständige Aufnehmen der Nahrung im Vordergrund steht. Falls notwendig, sollte dem »angepassten« Füttern mit einer spezifischen Nahrungsauswahl der Vorzug gegeben werden – auch deutlich länger, als es in der regulären Kindesentwicklung empfohlen wird. Ein besseres Erspüren und eine gezieltere Verarbeitung der Nahrung im Mund sind die zu priorisierenden Ziele, nur durch sie kann ein größeres Sicherheitsgefühl erreicht und Genuss ermöglicht werden.

Hilfen zur Nahrungsaufnahme – Fütterungssituation gestalten

- Die Sitzposition anpassen: Füttern in einem Sitzsack, auf einer Schaukel oder wippend auf dem Schoß.
- Zeitgleich eine Rücken- oder Bauchmassage anbieten.
- Zeitgleich Massagen an Wangen und Kinn anbieten.
- Mit dem Löffel einen kräftigen Druck auf die Zunge ausüben.
- Eine vibrierende Massage, u.a. mit einem Löffel, auf der Zunge oder der Zahnleiste anbieten.
- Den Löffel im hohen Bogen oder mit Auf- und Abbewegungen durch den Raum bewegen und zum Mund führen.
- Parallel spannende Klänge und Töne anbieten.
- Eine Handpuppe parallel oder sich gegenseitig füttern.

10.3 Flasche, Becher oder Strohhalm? Finger oder Besteck nutzen?

Zu Beginn der eigenständigen Essensaufnahme wird Kleinkindern oft ein Keks oder ein kleines Stück Obst in die Hand gegeben. Nach einigen Versuchen gelingt es ihnen bald, das Essen alleine in den Mund zu stecken. Ein ausgeprägtes Herummatschen im Brei, ein genussvolles Ablecken der Finger oder das Herumkauen auf der eigenen Hand zusammen mit dem Essen gehören ebenfalls zum Lernprozess für die selbstständige Nahrungsaufnahme dazu. Wenn die Kinder sicherer werden und die Abläufe gezielter ablaufen, geben Eltern ihrem Kind bald einen gefüllten Löffel in die Hand. Sie führen die Bewegung zum Mund anfangs aktiv und ermuntern das Kind bald, es alleine auszuprobieren. Bei den ersten Versuchen ist die Koordination längst nicht ausreichend, der Brei rutscht vom Löffel, der Mund wird nicht getroffen oder dieser war noch nicht geöffnet. Manchmal trifft der Löffel zwar den Mund, aber die Nahrung wird nicht heruntergenommen. Am gesamten Essensplatz verteilen sich bald Brei oder Krümel und auch im Gesicht findet sich Nahrung. Auch bei den ersten selbstständigen Trinkversuchen wird zu Beginn einiges verschüttet, landet auf der Kleidung, auf dem Tisch oder auf dem Boden. Deshalb erscheint es Eltern zum Teil einfacher eine Flasche oder den Trinklernbecher länger zu nutzen, damit es »sauberer« und geordneter abläuft. Doch Verschüttetes, Verschmiertes und ein wenig »Unordnung«, wie ein verschmierter Mund, Krümel an der Hand oder ein nasses oder verklebtes Shirt, gehören zum Lernprozess der eigenständigen Essensaufnahme dazu. Diese mit dem Lernvorgang verbundenen Hürden sind jedoch mit unterschiedlichen taktilen Informationen verbunden und stellen so für Menschen aus dem Spektrum eine weitere Herausforderung dar mit der Folge, dass die selbstbestimmte Nahrungsaufnahme abgelehnt wird.

Später, wenn das eigenständige Essen bereits erlernt wurde und das Essen auch den Bedürfnissen des Kindes entspricht, ist es möglich, dass die Wahl des Trinkgefäßes oder des Besteckes die Situation für Menschen mit einer anderen Wahrnehmung negativ beeinflusst. Nicht ausreichende Spürinformationen, wie ein leichter und kaum zu spürender Kunststoffbecher oder -löffel, können zu einer Überforderung führen. Zusätzlich bedarf auch die Handhabung von Becher oder Besteck besonderer Aufmerksamkeit: Wie stark muss das Behältnis gekippt werden, wann muss es wieder abgesetzt werden? Wie viel Druck wird benötigt, um Gabel oder Löffel festzuhalten? Weitere Begleittätigkeiten, wie das vorherige Einschenken des Getränkes, das Schneiden und das Aufnehmen der Nahrung auf Gabel oder Löffel, insbesondere auf einem rutschigen Porzellanteller bedeuten zum Teil bis ins Erwachsenenalter schwer zu bewältigende Herausforderungen.

»Sie kämpft damit, ihren Pausenbrotbehälter zu öffnen, wobei sie den Saft aus ihrem Trinkpäckchen vergießt, weil sie zu stark drückt. Während sie sich darüber beklagt, dass der Lärm im Raum zu laut sei, isst sie von ihrem Mittagessen nicht viel. Nach dem Essen verbringt sie die Zeit damit, den Saft von ihrer Hemdbluse abzuwischen, wobei sie schreit, dass die Nässe unangenehm sei. Sie begibt sich zurück ins Klassenzimmer und ist nicht in der Lage, sich zu beruhigen und sich der Lesestunde zu widmen.« (Ernsperger & Stegen-Hanson, 2015, S. 82)

10.3 Flasche, Becher oder Strohhalm? Finger oder Besteck nutzen?

Abb. 10.1: Löffel und Gabel bieten eigenständige Informationen und können somit eine zusätzliche Herausforderung darstellen.

»Die motorische Handhabung mit Messer und Gabel sind so gut wie gar nicht möglich. Das Ablecken der Gabel oder des Löffels passiert nur mit den Zähnen. Die Lippen berühren nie das Besteck selbst, das führt zu Läppern, und Suppen können gar nicht gegessen werden. Ich glaube er empfindet es als ekelig, das Material mit den Lippen zu berühren.« (Rückmeldung aus dem Fragebogen zum Thema Trinken und Essen bei Autismus, 2024)

Für die selbstständige Aufnahme von Getränken und Lebensmitteln bedarf es also vielfacher sensorischer und motorischer Fähigkeiten sowie deren Koordination und einer guten Selektion. Mit diesem Wissen kann dann entschieden werden, welche dieser Aufgaben vorerst zurückgestellt und erst (deutlich) später hinzugenommen werden und welche ggf. langfristig begleitet werden müssen. Dabei sind das selbstständige Trinken und Essen und viel mehr noch ein »guter« Umgang mit Becher, Löffel, Gabel oder Messer zu Beginn unwichtig. Vorrangige Ziele sind eine reichhaltige und möglichst vielfältige Versorgung, ein ausreichendes Kauen der Nahrung und das Ermöglichen eines sicheren Schluckvorganges. Erst wenn diese Ziele ausrei-

10 Selbstbestimmte und selbstständige Nahrungsaufnahme ermöglichen

chend stabilisiert sind und/oder wenn der Wunsch nach einer eigenständigen Aufnahme sichtbar wird, sollte diese vermehrt begleitet werden.

Hilfen zur Nahrungsaufnahme – Finger, Geschirr und Besteck:

- Die Finger und Handflächen vor dem Greifen von Geschirr oder Besteck durchkneten oder kühlen.
- Flexibler Wechsel zwischen Füttern und selbstständiger Aufnahme.

Ideen für Fingerfood:

- Das Essen mit den Händen ist erlaubt!
- Salz- oder Maisstangen anbieten.
- Obstmus in einen Eiswürfelbehälter (mit geringer Füllmenge) füllen und gefrieren lassen.
- Lebensmittel, wie Brot, Obst oder Gemüse, in mundgerechte Stücke schneiden.
- Mundgerechte Stücke auf kleine Spieße stecken.
- Lebensmittel, wie z.B. Karotten, in Streifen schneiden oder längliche Lebensmittel, wie Fruchtgummischnüre, anbieten, auf denen seitlich gekaut werden kann.

Ideen für Becher oder Tasse:

- Falls notwendig, weiterhin die Flasche oder einen Trinklernbecher ggf. mit einem festen Strohhalm anbieten.
- Ein schweres und eher dickwandiges Trinkgefäß oder ein Trinkgefäß mit einer beschwerten Basis auswählen.
- Schnabeltrinkbecher oder einen CamoCup® nutzen.
- Ein Massagegerät an den Becherboden halten.
- Das Trinkglas am Rand mit Bitterstoffen, Senf oder einer Würzpaste bestreichen.
- Bunte Becher mit Glitzereffekt oder mit sich bewegenden Glitzerteilchen.
- Leuchtende LED-Untersetzer verwenden.

Ideen für Besteck:

- Spielen und Explorieren ist ausdrücklich erwünscht!
- Einen schweren, leicht kühlen Löffel aus Metall, Porzellan oder Glas auswählen.

- Einen Esslöffel anstatt eines Kaffeelöffels auswählen – die größere Auflagefläche bietet einen deutlicheren Impuls.
- Einen kleinen Löffel auswählen, wenn ein punktueller Druck angenehm ist.
- Gewichtete Bestecke aus Edelstahl oder mit rutschfestem Griff verwenden.
- Einen biegsamen oder gebogenen Löffel nutzen, um die selbstständig durchgeführte Bewegung zum Mund zu erleichtern.
- Das Besteck mit einem Massagegerät oder einem Vibrationsstift verbinden.
- Über den Griff Schaumstoff oder einen Gummi- bzw. Rohrisolierschlauch ziehen, gerne in einer besonderen Farbe.
- Den Teller auf eine Antirutschfolie stellen, damit er nicht verrutscht.
- Einen Teller mit einem hohen Rand wählen.

Ein ständiges Beobachten und Anpassen der Hilfen sind auch hier wichtige Voraussetzungen. So können auf lange Sicht eine gute und nicht zusätzlich belastende Selbstständigkeit sowie das Nutzen von Trinkgefäßen und bei Bedarf des Besteckes möglich werden.

10.4 Selbstbestimmtheit bei der Nahrungsauswahl und -aufnahme

Immer wieder machen Betroffene die Erfahrung, dass ihnen ihr Gegenüber die »falschen« Dinge anbietet. Die Auswahl der Lebensmittel entspricht oft nicht ihren Wahrnehmungsbesonderheiten. Für viele entscheidet eine mögliche Selbstbestimmtheit bei der Nahrungsauswahl sowie bei der Nahrungsaufnahme über Gelingen oder Verweigerung. Auch wenn in manchen Situationen Absprachen, ein Abwägen auf beiden Seiten sowie ein erneutes Anbieten nicht ausgeschlossen werden sollten, liegt die Entscheidung, was und wie gegessen wird, am Ende immer beim Kind.

> **Gut zu wissen: Somatische Intelligenz**
> Häufig wird empfohlen, darauf zu vertrauen, dass der Körper selbst weiß, was er benötigt und wie viel er aufnehmen muss. Dieses Wissen wird als somatische Intelligenz bezeichnet. Bestimmte Erkennungszeichen, wie Durst oder Hunger, Ekel oder Übelkeit bzw. vermehrter Speichel bei

10 Selbstbestimmte und selbstständige Nahrungsaufnahme ermöglichen

Wohlgenuss, signalisieren, welche Kost für das körperliche Wohlbefinden aktuell notwendig ist. Bei steigender Erregung wird ggf. der Geschmack einer scharfen Peperoni gesucht, um den eigenen Körper wieder spüren zu können. Nach einem Meltdown zeigt sich oft ein Heißhunger auf Süßes, um den erhöhten Energiebedarf zu decken, gleichzeitig wird schwer verdauliche Vollwertkost abgelehnt, da der Körper diese jetzt nicht verarbeiten kann. Zugleich sollten die Nahrungsauswahl und mögliche Reaktionen auf das Aufgenommene im Hinblick auf Verträglichkeit und spezifische Bedürfnisse unbedingt Beachtung finden: So können Bauchschmerzen, Blähungen, Sodbrennen, allergische Reaktionen und langfristig Veränderungen an Haut und Haaren z. B. auf Unverträglichkeiten hinweisen.

Erwachsene haben es heute oft verlernt, auf sich und ihren Körper zu hören und zu erspüren, welche Nahrungsmittel die Gesundheit stärken. Zudem sind viele Nahrungsmittel auch stark industriell verändert, was ein entsprechendes Spüren erschwert. Bei Menschen im Spektrum ist das Wahrnehmen der körperlichen Bedürfnisse nochmals schwieriger. Bedingt durch die spezifische Druck- und Tastwahrnehmung, ein besonderes Schmeck- und Riechempfinden sowie ein anderes Hunger- oder Durstgefühl ist ein Vertrauen auf die somatische Intelligenz nur bedingt möglich. Eine aufmerksame und stetig aktualisierte Beobachtung ermöglicht es aber vielleicht, die somatische Intelligenz unterstützend nutzen zu können.

Bei einer vermehrten Selbstbestimmtheit entspricht das Getränk oder das Essen zumeist den persönlichen Bedürfnissen der Kinder. Diese kann evtl. bereits beim Einkaufen im Supermarkt durch ein eigenständiges Aussuchen der Lebensmittel beginnen. Trotzdem ist es möglich, dass das Ausgewählte später nicht getrunken oder gegessen wird. Vielleicht, weil es doch anders schmeckt, als das Kind es sich vorgestellt hat, der Einkauf bereits etwas länger her ist oder da sich das aktuelle Bedürfnis verändert hat. Vielleicht bedarf es weiterer Unterstützungen oder die Aufnahme ist zu einem späteren Zeitpunkt und dann sogar mit Genuss möglich?

Um den Fokus auf das Essen zu stärken, können die Kinder, Jugendlichen und Erwachsenen auch in die Vorbereitungen in der Küche eingebunden werden. Je nach Fähigkeiten und Interessen kann es hilfreich sein, wenn das Essen alleine zubereitet wird. Beim Trinken können die Getränke frei zugänglich hingestellt werden. Wenn Größe, das Gewicht und die Handhabbarkeit auf die Fähigkeiten des Kindes abgestimmt sind, wäre ein eigenständiges Eingießen möglich. Beim Essen kann das Brot, das Obst oder das Gemüse zusammen oder selbstständig geschnitten werden, der Salat darf

10.4 Selbstbestimmtheit bei der Nahrungsauswahl und -aufnahme

vom Kind vermengt oder das Besteck und die Teller auf den Tisch gelegt werden… Aber nicht jede Mitbestimmung oder -gestaltung stärkt die Nahrungsaufnahme. Vielleicht fordert die Vorbereitung so viel Kraft und Aufmerksamkeit, dass sie die Essensaufnahme verhindert. Bei nonverbalen Personen kann der Einbezug einer Kommunikationshilfe die Selbstbestimmtheit stärken. Auf einem Taster oder Talker können die bevorzugten Lebensmittel anderen mitgeteilt werden. Aber auch diese Aktivität kann die Aufmerksamkeit bereits so stark bündeln, dass eine Fokussierung auf das Trinken und Essen kaum mehr möglich ist. So gilt es auch bei dem Ermöglichen der Selbstbestimmtheit immer wieder abzuwägen, welche Rahmenbedingungen unterstützend und welche zusätzlich belastend sind.

> »Das Beste wird zum Schluss gegessen, damit ein guter Abschluss beim Essen bleibt. Brot beschmiert mit Nutella, eins mit Marmelade, beiße bei beiden ab und esse dann erst das nicht so leckere« (Rückmeldung aus dem Fragebogen zum Thema Trinken und Essen bei Autismus, 2024)

Gerade in Bezug auf Familientreffen oder weitere Essenssituationen im öffentlichen Raum ist es ratsam, das vertraute Umfeld über einige Besonderheiten besonders in Bezug auf die Selbstbestimmtheit aufzuklären, damit es nicht bei jedem Besuch bei den Großeltern oder in der Nachbarschaft zu unangenehmen und weiteren negativen Erlebnissen kommt.

11 Rahmenbedingungen

Die aktuellen Rahmenbedingungen haben oft einen erheblichen Anteil am Gelingen bzw. am Scheitern der Flüssigkeits- oder Essensaufnahme. Zum Teil können bereits einige wenige, aber für die Person bedeutende Störimpulse die Aufnahme der Nahrung verhindern. Eine unterstützend gestaltete Umgebung und das ausreichende Nutzen von passenden Hilfsmitteln können hingegen die positive Aufmerksamkeit stärken und die Erregung (ver-)mindern. Weitere Aktivitäten aus dem Tagesverlauf, wie Spielsituationen oder die Mundhygiene, dürfen ebenfalls in die Hilfestellungen einbezogen werden.

11.1 Safe-Rooms und Safe-Places

Das Gestalten und Anbieten eines »Safe-Rooms« oder von »Safe-Places« ist für viele autistische Menschen eine wichtige Unterstützung. Der »sichere Platz« ist ein individueller Rückzugsort, welcher exakt den sensorischen Bedürfnissen der jeweiligen Person entspricht: Der Untergrund, die Begrenzungen an den Seiten und über dem Kopf, die tastbaren Oberflächen, die ausgewählten Materialien, Strukturen und Farben bieten Sicherheit, oft in Form von Stimming-Toys. Die bevorzugten Materialien weisen oft zugleich klare, aber auch besondere Impulse auf, so können Glitzersteine genauso zum Einsatz kommen wie ein Kissen mit dem Lieblingsduft. Eventuell ist es möglich, Musik zu hören. Manchmal ist der Safe-Place auch ausgestattet mit einem Massagegerät, einem Wackelkissen, einer Gewichts- oder Kühldecke. Bei einigen ist das eigene Bett, die Schaukel oder Opas großer Schaukelstuhl ein sicherer Ort. Der Safe-Place ist ein Ort, der einem ein gutes Gefühl gibt.

Wenn Trinken und Essen eine große Belastung bedeuten, kann es hilfreich sein, dass die Nahrung mit an den sicheren Ort genommen wird. Die wohltuende Umgebung und das damit entspanntere Nervensystem erleichtern die Nahrungsaufnahme und -verarbeitung. So könnte das Essen auf dem Sofa gegessen werden. Dabei eignet sich die Verwendung einer gut händelbaren Box mit verschiedenen Unterteilungen, in der einfach zu essendes Fingerfood liegt. Auch eine Stoffhöhle oder Zelte bieten einen sicheren und unterstützenden Rahmen und lenken zudem von umgebenden Impulsen ab. Ein

11.1 Safe-Rooms und Safe-Places

Abb. 11.1: Die Schaukel bietet vestibuläre und propriozeptive Impulse. Die intensiven körperlichen Stimuli entspannen und bieten einen Anreiz zur Aufrichtung und Stabilität. In den Pausen kann dann das Essen angeboten werden.

schwarzes Zelt erleichtert die visuelle Fokussierung auf die Nahrung, da bei einem dunklen Hintergrund die Lebensmittel besser erkennbar sind. Manchmal ist ein Essen auch an bestimmte Personen oder (Urlaubs-)Orte gekoppelt. Das empfundene Wohlgefühl wirkt sich direkt auf die Essensaufnahme auf und ermöglicht das Ausprobieren neuer Lebensmittel. Zurück im Alltag sind die Herausforderungen und die Rahmenbedingungen dann wieder anders und die kurzzeitig als angenehm empfundenen Impulse verwirren nun erneut und werden abgelehnt.

Doch nicht immer ist der Einbezug des Safe-Places empfehlenswert. Eventuell übertragen sich die Belastung und die Anspannung, welche mit der Nahrungsaufnahme verbunden sind, auf den sicheren Bereich und der Ort verliert so seine Funktion. Hier ist erneut eine aufmerksame Beobachtung wichtig: Sucht das Kind von sich aus als Unterstützung seinen Safe-Place auf und überwiegt dort das Wohlgefühl? Dann kann dieser Raum gerne genutzt werden. Oder steigt die Unruhe und es zeigt sich unverändert ein negativer Fokus auf das Lebensmittel? Dann wäre eine strikte Teilung von Safe-Place und Nahrungsaufnahme besser, um den Rückzugsort nicht zu »vergiften«.

Auch bevorzugte Körperpositionen dürfen in die Gestaltung und Auswahl der Umgebung miteinbezogen werden. Auch hier gilt, jede noch so verrückt erscheinende Idee darf gedacht und ggf. umgesetzt werden. Es gilt zu überlegen, welche Rahmenbedingungen oder auch welche Körperpositionen hilfreich oder gar notwendig sind, damit Trinken und Essen leichter werden. Wenn der Kopf nicht der höchste Punkt des Körpers ist, sondern der tiefste, ist hier nach kurzer Zeit ein erhöhter (Blut-)Druck zu spüren. Auch der Druck auf die (Hals-)Wirbelsäule verändert sich, der Kopf- und Halsbereich sind besser wahrnehmbar und es gibt einen zusätzlichen vestibulären Stimulus. Wenn Kinder häufig bäuchlings auf der Schaukel liegen, wenn sie Spiele oder die Hausaufgaben auf dem Boden oder auf dem Bett machen und ihr Kopf sich entweder auf der gleichen Höhe oder etwas tiefer als der gesamte Körper befindet, könnte diese bevorzugte Haltung auch für das Essen ausprobiert werden.

Fallbeispiel: Amalie, 5 Jahre, im Autismus-Spektrum, keine ausreichende Aufnahme von Flüssigkeit
Amalie trank im Alltag nur selten und brach oft nach wenigen Schlucken das Trinken wieder ab. Auf Spaziergängen trank sie in unbeobachteten Augenblicken immer wieder aus Pfützen.

Ein Erklärungsversuch: Immer wieder berichten Eltern, dass ihre Kinder aus Pfützen oder sogar aus dem Napf des Familienhundes trinken. Auch hier ist es unbedingt notwendig, genauestens zu beobachten und die Gründe für dieses Verhalten herauszufinden. Ist es das Pfützenwasser selbst, das vielleicht etwas kälter oder auch schlammiger ist? Liegt es daran, dass das Kind eben nicht am Tisch sitzt, sondern sich gerade frei bewegen kann und somit entspannter ist und dies das Trinken ermöglicht? Ist das eigenständige Schlürfen vielleicht einfacher als das Trinken aus dem Becher oder ein Saugen an einer Trinkflasche? Oder liegt es daran, dass sich der Kopf tiefer als der Rumpf befindet, verbunden mit einem vestibulären und propriozeptiven Stimulus?

Hilfestellungen: Die Familie begann nach dem Elterngespräch im Hinblick auf das Verhalten ihres Kindes gezielt zu reagieren: In der Folgewoche variierten die Eltern die Temperatur für das Getränk in der Trinkflasche. Die junge Dame bemerkte dies zwar, aber an der aufgenommenen Menge veränderte sich nichts. Sie versuchten dann ihrer Tochter die Trinkflasche auf dem Weg zum Kindergarten beim Gehen anzureichen. Sie nahm wie auch sonst ein, zwei Schlucke, ließ dann die Flasche fallen und lief in ihrem bevorzugten Schlender- und Slalomgang weiter. Daheim stellte der Vater eine Schale mit Wasser auf den Boden, kniete sich davor und schlürfte lautstark die Flüssigkeit. Seine Tochter fand das Schauspiel spannend und schaute interessiert zu. Bald kniete sie sich daneben und trank ebenfalls. In den nächsten Tagen und Wochen stand zuhause in der Küche immer eine Wasser- oder auch eine Saftschale auf dem Boden. Einige Wochen später wurde das Trinkgefäß auf einen Hocker gestellt und nochmals später trank Amalie dann, noch immer schlürfend, von einem niedrigen Tisch.

11.2   Nahrungsaufnahme im öffentlichen Raum

Die Nahrungsaufnahme im öffentlichen Raum ist im Gegensatz zum Trinken und Essen zuhause, im sicheren Umfeld, eine weitere große Herausforderung. In einigen Fällen, wie in Verbindung mit einem Krankenhausaufenthalt, kann die Nahrungsaufnahme auch für Menschen außerhalb des Autismus-Spektrums eine Belastung bedeuten. Bedingt durch die Erkrankung selbst oder durch das aktuelle Stressempfinden wird oft weniger Nahrung aufgenommen als gewohnt. Doch auch die veränderte Zubereitung, ein anderes Würzen, eine unangenehme Konsistenz, da das Essen länger in der Warmhaltebox steht, und besonders die geringe Selbstbestimmtheit (essen zu müssen, was serviert wird) führt dazu, dass das Essen dort oft nicht begeistert. Doch trotz aller Widrigkeiten findet die Nahrungsaufnahme aber statt.

Für autistische Menschen ist ein Essen in solch einer Situation nicht etwas, was irgendwie aushaltbar wäre, sondern es stellt eine unüberwindbare Hürde dar. Das veränderte Körpergefühl im Zusammenhang mit der Erkrankung, die unbekannte Zusammensetzung der Nahrung, die Abweichung vom Gewohnten sowie die stark eingeschränkte Wahlmöglichkeit führen dazu, dass nur ganz geringe Mengen oder gar nichts aufgenommen werden kann. Ähnliches gilt z.T. für ein Essen in einem Restaurant, bei Familienfeiern oder das gemeinsame Frühstück im Kindergarten, die Essenszeit in der Schule, in der Tageseinrichtung oder in der Mensa... Das Lieblingsessen schmeckt doch ein wenig anders oder das Anrichten der Speisen entspricht nicht dem Gewohnten, und so wird sogar das Safe-Food in einer unsicheren Umgebung aussortiert – obwohl für Außenstehende scheinbar alles »perfekt« war.

»Zum Essen sei außerdem noch zu sagen, dass es zumindest bei mir die Selbstwahrnehmung enorm hochfährt. Es hat lange gedauert, bis ich in der Gemeinschaft essen konnte. Besonders mit Menschen, die ich nicht oder noch nicht gut kenne, fällt mir das auch heute noch schwer. Ich nehme dann jede meiner Bewegungen, auch das Kauen und Schlucken bewusst wahr. Nach einer Weile ist es mir dann einfach unmöglich weiter zu essen.« (Vero, 2014, S. 137)

Im öffentlichen Raum sind die auditiven und visuellen Impulse, aber auch die olfaktorischen Informationen sehr vielfältig, oft unberechenbar und zumeist kaum beeinflussbar. Unterschiedliche Geräusche aus verschiedenen Richtungen, Gespräche, Lachen, Husten oder Stühlerücken, aber auch die Bewegungen anderer Personen, die Gerüche der verschiedenen Speisen führen dazu, dass Trinken und Essen außerhalb der eigenen Wohnung nicht möglich sind. Der Druck, sich anzupassen und im öffentlichen Raum nicht aufzufallen, kann die beschriebenen Schwierigkeiten nochmals verstärken.

Aber auch hier gibt es die scheinbar gegensätzliche Beobachtung: Einige Kinder scheinen im Kindergarten oder auch in der Schule alles essen zu können – nur daheim zeigen sich Probleme. Eltern wird deshalb oft vorgeworfen, dass es an der Erziehung liegen müsse und sie deshalb einfach nur strenger sein sollen. Wenn die Kinder gerne in den Kindergarten gehen, wenn sie sich auf den täglichen Schulbesuch freuen und dort gut inkludiert sind, kann es sein, dass das gemeinsame Essen dort leichter gelingt und zum Teil auch ein Anreiz ist, (neue) Lebensmittel auszuprobieren. Begleitende sollten jedoch sehr wachsam sein, dass sich die Kinder dabei nicht überfordern und dass die Aufnahme der Nahrung nicht zu stark belastet. Denn bei genauerer Betrachtung zeigt sich teilweise, dass das Essen in der Einrichtung gar nicht unauffällig ist! Die Mahlzeit in der Gruppe erfordert zumeist eine hohe Konzentrationsleistung und infolgedessen steigt die gesamtkörperliche Spannung deutlich an. Tics, verstärkte Bewegungsimpulse, ein vermehrtes Lautieren oder auch ein Versteinern zeigen eine mögliche Anstrengung an. Einige Kinder, Jugendliche und Erwachsene wünschen sich so sehr dazuzugehören und wollen nicht negativ auffallen, dass sie mit aller Kraft versuchen, zu »funktionieren«. Anderen wurde genau dieses Funktionieren antrainiert: Aufessen, was auf dem Teller liegt, nicht zappeln und »brav« kauen und schlucken. Dieses selbstbestimmte oder erlernte Annehmen einer geforderten Aktivität, einer Haltung oder auch einer Emotion wird als Maskieren bezeichnet. Manchmal gelingt dieses Maskieren bei der jeweiligen Mahlzeit oder auch über den gesamten Tag in der Einrichtung. Danach zeigt sich die Überforderung jedoch deutlich: Vielfältige intensive Stimulationen sind beobachtbar, auch in Form von selbst- oder fremdverletzendem Verhalten, Schreien, Weinen oder ein Versteinern. Bis hin zum Meltdown, einem völligen Zusammenbruch, ist alles möglich. An Trinken und Essen ist nicht mehr zu denken! Um solch einer Überforderung entgegenzuwirken, bieten sich, gerne gemeinsam mit anderen Kindern, verschiedene Bewegungsimpulse an. So können ein kräftiges Durchschütteln des Körpers oder ein anschließendes Auf- und Abhüpfen helfen, das Essen besser zu »verarbeiten«.

Eine gute Aufklärung dieser Zusammenhänge ist für Eltern und auch für Einrichtungen unbedingt notwendig. Nur so können gezielte Unterstützungen angeboten und einer dauerhaften Überforderung der Betroffenen, besonders im Hinblick auf mögliche psychische (Folge-)Erkrankungen (▶ Kap. 4.3), kann entgegengewirkt werden.

Abb. 11.2: Verbunden mit ganzkörperlichen Bewegungen gelingen Essen und auch Kauen leichter. Die wedelnden Hände verringern z. B. die Anspannung im Schulter- und Nackenbereich.

Im öffentlichen Raum, vor allem bei besonders reizintensiven Situationen, wie dem Essen im Kindergarten oder in der Mensa, sollten erregungsverstärkende Stimuli so weit wie möglich vermieden werden. Unterstützende Rahmenbedingungen sind unbedingt zu empfehlen:

- Körperliche Stimulationen vor, während und nach dem Essen anbieten.
- Die Lebensmittelauswahl nochmals stärker an die individuellen sensorischen Bedürfnisse anpassen.

- Das zusätzliche Bereitstellen von einem Glas Eiswasser, Eiswürfeln, bestimmten Gewürzen, einem Ingwer-Shot oder anderen bevorzugten Stimuli, um das Spüren im Mundraum zu erleichtern (können auch von daheim in einem Thermobecher oder einer Kühlbox mitgebracht werden).
- Druckimpulse beim Essen anbieten: den Stuhl fest an den Tisch schieben, sich an eine Wand lehnen oder ein Gewichtstier auf den Schoß legen.
- Ein Gummiband um die Stuhlbeine binden, um dieses mit den Waden oder den Fußgelenken bewegen zu können.
- Einen Ball oder eine Rolle unter die Fußsohlen legen.
- Stimming-Toys oder weitere Hilfsmittel nutzen.
- Das Tragen einer Kapuze oder von Kopfhörern erlauben.
- Pausen einbauen, um herumzulaufen, entweder im Raum oder im Freien.
- Pausen zum Hände- und Gesichtswaschen nutzen.
- Einen Platz in einer ruhigeren Ecke wählen, um die Konzentration auf das Essen zu ermöglichen.
- Einen Fensterplatz suchen, um positiv ablenkende Stimuli zu nutzen.
- Im Kindergarten oder in der Schule ein Mini-Restaurant oder ein Bistro anbieten – ein separater Raum für einige, wenige Kinder.
- Die Situation darf beendet werden, wenn es zu viel wird! Das Essen ausschließlich der Vor- oder Nachspeise ist ein erster guter Schritt und kein misslungener Versuch.

Auch bei der Urlaubsplanung sind einige weitere Überlegungen notwendig. Eltern berichten, dass sie das Lieblingsessen ihres Kindes einfrieren und mit in die Ferienwohnung nehmen. So ist die erste Mahlzeit am neuen Ort etwas Vertrautes. Aber auch der Besuch der geliebten Fast-Food-Kette ermöglicht es, auf etwas Bekanntes zurückgreifen zu können.

11.3 Stimming-Toys und weitere Hilfsmittel bei der Nahrungsaufnahme

Im Handel gibt es so genannte Fidget-Toys zu kaufen, welche ebenfalls als Ressource genutzt werden sollten. Diese Anti-Stress-Spielzeuge helfen, erhöhte Erregung abzubauen. Dies kann auch durch die Zuhilfenahme eines Spielzeuges mit Blink- oder Geräuschfunktion oder mit einem Tablet oder Handy gelingen. Die Aufmerksamkeit wird durch ein spannendes Angebot umgelenkt, auf eine bestimmte Oberfläche, zu einer Farbe, einer Bewegung oder einem Geräusch. Auch das Absolvieren einer sich wiederholenden Tätigkeit, wie das Drücken von Knöpfen oder Schaltern sowie das Bewegen von Kugeln, kann ein beruhigender Ablenker sein. In einigen Familien sind Trinken und Essen so belastet, dass ohne solche Hilfsmittel, eine Essensaufnahme gar nicht mehr möglich ist. Bei anderen sind solche unterstützenden Hilfen nur an einzelnen, besonders schwierigen Tagen unverzichtbar, dann, wenn andere Hilfen und Unterstützungen nicht mehr ausreichen.

Um Veränderungen zu ermöglichen, sollte der Einsatz von Ablenkern mit Beginn des Förderprogramms so bald wie möglich minimiert werden. Nicht das gezielte Weglenken der Aufmerksamkeit von der aufzunehmenden Nahrung, sondern das Ermöglichen einer besseren Fokussierung auf diese verbunden mit einer gut unterstützenden Co-Regulation soll die Notwendigkeit der Stimming-Toys aufheben. Mit weiteren entspannenden sowie wahrnehmungsfördernden Angeboten, wie z.B. das Nutzen der Lieblingsmusik im Hintergrund, kann die Nahrungsaufnahme erleichtert werden. Die Musik wirkt durch den Wechsel zwischen Anspannung und Entspannung regulierend und lenkt die Aufmerksamkeit auf den eigenen Körper. Ein zusätzliches, vielleicht auch gemeinsames Bewegen zur Musik stärkt nochmals das positive Körperempfinden und könnte vor oder auch während der Mahlzeit unterstützen, so dass diese Situation weniger bedrohlich wahrgenommen wird.

11.4 Imitationsverhalten und Rollenspiele nutzen

Wenn Kinder sich häufig durch das Anschauen von Videos regulieren und diese auch beim Essen als Unterstützung benötigen, könnte dieses Medium nicht nur als Ablenker, sondern als aktive Unterstützung genutzt werden. So könnten Videos, die essende und schmatzende Tiere zeigen, ausgesucht werden, um diese als zusätzliche Aufmerksamkeitslenkung auf eben diesen zu Prozess nutzen: Videos von schmatzenden Schweinen oder Wasser schlabbernden Hunden, zum Teil auch in Zeitlupe, lassen die Nahrungsaufnahme zu einem besonderen visuellen und auditiven Erlebnis werden.

Auch reale Tiere, wie ein Therapiebegleithund, können besonders wirksame Motivationsträger sein. Wenn ein Kind den Hund der Therapeutin mit Leckerlis füttern darf, passiert es immer mal wieder, dass das Kind diese probiert. Der Kontakt mit dem Hund beruhigt das Nervensystem, ist zugleich positiv anregend und fördert ein lebendiges Miteinander. Der Austausch mit dem Tier stärkt das Selbstbewusstsein und die Neugier. Zudem bietet das Verschwinden der Nahrung in dem großen, gut sichtbaren Maul visuell und auch auditiv ein bedeutsames Schauspiel und fordert so zur Imitation auf. Hundenahrung hat eine feste Konsistenz, riecht intensiv und ist ein perfektes Fingerfood. Da Hundekekse für Menschen, besonders in geringen Mengen, nicht gesundheitsgefährdend sind, sollte tolerant reagiert werden. Wenn ein Kind immer wieder genau diese Situation sucht und in diesem Zusammenhang einzig eine entspannte Nahrungsaufnahme möglich ist, könnten die Hundekekse mit entsprechenden verträglichen Zutaten auch selbst hergestellt werden und über einen gewissen Zeitraum gezielt das Nahrungsangebot erweitern.

Das Füttern einer Puppe oder des Lieblingskuscheltiers können weitere Motivationshilfen sein, um das Trinken und Essen spielerisch zu gestalten. So werden evtl. einige Bissen mehr aufgenommen oder sogar neue Lebensmittel ausprobiert. Ähnlich kann sich dies im Hinblick auf ein gemeinsames Essen mit Geschwistern oder Freundinnen zeigen.

11.5 Die Stimulationen der Mundhygiene nutzen

Auch der Einbezug der Zahnhygiene kann das Trink- und Essverhalten positiv beeinflussen. Zusätzlich beugt eine verbesserte Zahnpflege langfristig Zahnschäden oder Entzündungen im Mundbereich vor. Eltern wählen bei scheinbarer Überempfindlichkeit im Mundbereich häufig eine weiche Bürste, mit der sie sanft und gleichzeitig so schnell wie möglich die Putzbewegung ausführen. Auch wenn sie damit ihre Kinder möglichst wenig belasten möchten, führen die unspezifischen Impulse eher zu einer Abwehrhaltung. Eine elektrische Zahnbürste wird zumeist besser toleriert als eine Handzahnbürste, da die Vibration spezifischer wahrnehmbar ist, insbesondere auf der stärksten Stufe. **Achtung:** Einige (neuere) Modelle weisen nur (noch) sehr schwache Vibrationen auf. Es ist hilfreich in einem Fachgeschäft die unterschiedlichen Intensitäten an der Handinnenfläche auszuprobieren. Es gibt elektrische Zahnbürsten (im Bereich der Kinderhilfsmittel), welche während des Gebrauchs in unterschiedlichen Farben blinken. Diese zusätzliche Funktion erleichtert den Einstieg, wenn das Geräusch selbst eine Abwehr auslöst. Es gibt außerdem vibrierende und leuchtende 360-Grad-Zahnbürsten, ähnlich einer Zahnschiene und mit einem gleichmäßigen Druck. Bei der manuellen Reinigung kann es hilfreich sein, weitere spezifische Impulse anzubieten: Die Festigkeit der Borsten kann über Abwehr oder Annahme entscheiden. Werden diese zu weich gewählt oder weisen nach längerem Gebrauch nicht mehr die anfängliche Stabilität auf, fehlt ein eindeutiger Stimulus. Eine festere Bürste, gekoppelt mit langsamen, kräftigen und gleichmäßigen Bewegungen, kann hingegen eine wohltuende Stimulation sein.

Die Wahl der »richtigen« Zahncreme ist der gustatorischen Wahrnehmung zuzuordnen. Bei der Verwendung einer geschmacksneutralen oder auch süßlichen Kinderzahncreme fehlt häufig ein ausreichendes Spürerlebnis. Eine Sole-Zahncreme oder eine Zahncreme mit viel Minze und Menthol stellt hingegen über den Geschmack und den zusätzlichen Kälteimpuls ein besser wahrnehmbares Spürerlebnis dar und wird somit besser toleriert. Zusätzlich kann die Zahncreme auch im Kühlschrank gelagert werden, dann ist der thermische Impuls nochmals besser zu spüren. Eltern berichten, dass ihre Kinder die Lieblings-Zahncreme derart positiv wahrnehmen, dass sie sogar ihr Brot damit bestrichen haben möchten.

Fallbeispiel: Elternberatung
In einem Elterngespräch erläutere ich einer Mutter die vielfältigen Zusammenhänge der Nahrungsaufnahme. Bei der Zahnpflege berichtet sie, dass ihr zehnjähriger Sohn noch immer Hilfe beim Zähneputzen benötigt. Die Durchführung erfolgt aktuell mit einer Handzahnbürste und einer »normalen« Zahncreme. Martin toleriert das Putzen, aber ein Genuss ist es in jedem Fall nicht. Am Ende spuckt er den Speichel, der sich mit der Zahncreme vermischt hat, nicht aus, sondern schluckt ihn hinunter.

Auch hier ist es wichtig, nochmals zu klären, warum sich dieses Verhalten zeigt: Schluckt der Junge die Speichel-Zahncreme-Mischung hinunter, weil er sie als essbar einordnet oder weil es ihm motorisch nicht anders möglich ist? Auch wenn er festere Lebensmittel bei Bedarf wieder ausspucken kann, ist das bei so einer diffusen Substanz deutlich schwieriger. Auch der beim Ausspucken spürbare taktile Impuls an den Lippen kann negativ wahrgenommen werden und zu einer entsprechenden Vermeidungshandlung führen. Vielleicht schmeckt das Zahncreme-Speichel-Gemisch auch so gut, dass das Herunterschlucken gezielt erfolgt?

Egal, ob Impulssuche oder Impulsvermeidung – eine verbesserte Wahrnehmung ermöglicht eine gesundheitsfördernde Zahnpflege. Ich ermuntere die Mutter eine etwas kräftigere Zahncreme zu nutzen, damit der angenehme Geschmack für Martin nochmals bewusster wahrgenommen werden kann. Auch die Verwendung einer elektrischen Zahnbürste, welche vor zwei Jahren noch abgelehnt wurde, könnte ihm helfen seinen

Mundraum besser zu spüren. Manchmal ist es auch leichter, Änderungen mit einer außenstehenden Person zu erarbeiten, deshalb bekommt Martin seit einigen Monaten wieder logopädische Unterstützung. In der Therapie werden bereits zahlreiche Körperstimulationen angeboten, in den nächsten Wochen sollen Stimulationen des Kopfes hinzukommen. Ich ermuntere die Kollegin zudem, in der Therapie ein Massagegerät in Kombination mit einer Zahnbürste anzubieten. Das Verwenden von Duftknete und einem Hydrolat mit Menthol nimmt Martin bereits gut an und weitere Düfte sollen folgen.

Der Gebrauch einer Munddusche bietet eine weitere Möglichkeit zur spezifischen Wahrnehmungsförderung. Der eher feste und bevorzugt kalte Wasserstrahl lenkt die Aufmerksamkeit auf das Zahnfleisch, den Kiefer und den gesamten Mundinnenraum. Besonders bei Kindern, die sich auf ihre Wangeninnentaschen, die Lippen oder auch auf ihre Zunge beißen, bietet der feine und doch gut spürbare Wasserstrahl eine mögliche Alternative. Ein spielerisches Einführen der Munddusche, z.B. durch eine Stimulation mit dem Wasserstrahl an Händen oder Füßen kann helfen, eine anfängliche Skepsis zu verringern. Es ist aber auch möglich, dass der Impuls, bedingt durch die geringere Sensibilität an den Extremitäten eher ein Unwohlsein verstärkt.

Bei der Zahnpflege können z.B. verwirrende Düfte im Bad, wie ein vorher verwendeter Reiniger oder ein Raumspray, die Erregung verstärken. Andere Düfte, wie ein Zitronenaroma oder Pfefferminze, können dagegen entspannend wirken oder als positiv anregender Stimulus genutzt werden. Propriozeptive und thermische Impulse, wie das Stehen auf einem Wackelbrett, das Spüren der kalten Fliesen oder eines Eiswürfels in der Hand, bieten weitere hilfreiche Unterstützungen. Kurze Pausen, verbunden mit einer festen Gesichtsmassage oder der Aufforderung einmal tief durchzuatmen, wirken ebenfalls entspannend. Wenn das Zähneputzen oder auch die Munddusche nicht nur toleriert, sondern mit einem angenehmen Gefühl verbunden werden, dürfen diese Hilfsmittel gerne mehrmals am Tag angeboten werden, ggf. vor dem Essen oder auch im Laufe des Tages, wenn der Stresspegel steigt und ein zusätzliches Stimming notwendig ist.

11.6 Nahrungsmittelunverträglichkeiten

Einige Nahrungsmittel können hingegen auf eine ganz andere Weise und zusätzlich belasten und sind somit den negativ wirkenden Rahmenbedingungen zuzuordnen. Wenn der Körper nicht in der Lage ist, bestimmte Lebensmittel beziehungsweise deren Bestandteile ausreichend zu verdauen oder allergisch darauf reagiert wird, liegt eine Nahrungsmittelallergie oder eine Nahrungsmittelintoleranz vor, welche mit weiteren Schwierigkeiten verbunden ist.

Bei einer Lebensmittel- oder Nahrungsmittelallergie reagiert das Immunsystem auf einen eigentlich verträglichen Inhaltsstoff. Es werden Antikörper gebildet, die zu unterschiedlichen allergischen Symptomen wie ein Jucken auf der Haut oder Schleimhaut (auch der Lippen), zu Kreislaufirritationen bis hin zu Kreislaufversagen führen können.

Bei einer Lebensmittelintoleranz reagiert der Körper zum Teil ähnlich, hier ist das Immunsystem jedoch nicht beteiligt, das heißt, es finden keine immunologischen Prozesse mit Bildung von Antikörpern statt. Häufige Symptome sind u. a. ein Ziehen im Bauch bis hin zu ausgeprägten Bauchschmerzen, Übelkeit oder Durchfall. Es gibt unterschiedliche Intoleranzen. Bei einer Laktoseintoleranz spaltet der Körper den Milchzucker im Darm nicht oder nicht ausreichend auf und kann diesen deshalb nicht verwerten. Infolgedessen kommt es zu Blähungen, Bauchgrummeln oder Durchfall. Bei der Fruktoseintoleranz nimmt der Dünndarm nicht ausreichend Fruktose auf und der Fruchtzucker verursacht die Beschwerden. Bei einer Histaminintoleranz reagiert der Körper auf eine zum Teil körpereigene Substanz, die als Botenstoff an allergischen Reaktionen beteiligt ist, mit Symptomen wie Rötungen, Schwellungen, Atemnot oder Migräne. Bei einer Glutenunverträglichkeit oder auch Zöliakie bezieht sich die Unverträglichkeit auf das Klebereiweiß Gluten, bei der Weizensensitivität besteht eine Empfindlichkeit gegenüber Weizenbestandteilen. Eine eindeutige Zuordnung der Beschwerden ist oft schwierig, da sich viele Symptome erst zwei oder drei Stunden nach der Mahlzeit zeigen können und da bei einer geringeren Belastung nahezu keine Symptome zu beobachten sind. Im Zusammenhang mit Autismus ist die Diagnosestellung nochmals schwieriger, da die einzelnen Auffälligkeiten von den Personen zum Teil nicht wahrgenommen oder nicht mitgeteilt werden können.

Je nach körperlichen Reaktionen und Belastung sollte bei einem Verdacht ein Facharzt aufgesucht werden. Dieser führt eine ausführliche Anamnese und ggf. eine allergische Testung in Form eines Haut- oder Bluttestes durch.

Betroffenen wird zudem zu einer Eliminationsdiät, zusammen mit einem Symptomtagebuch geraten, um weitere mögliche Zusammenhänge zu erkennen und um daraufhin passend unterstützen zu können.

Wichtig: Nahrungsmittelallergien und auch ausgeprägte Nahrungsmittelintoleranzen sind weitere ungünstige Rahmenbedingungen im Zusammenhang mit der Nahrungsaufnahme. Eine Heilung von Autismus begründet durch eine Nahrungsmittelumstellung und/oder einer speziellen Diät ist aber nicht möglich! Es ist jedoch vorstellbar, dass bei einer ausgeprägten Intoleranz oder Allergie mit Hilfe einer passenden Behandlung das Immunsystem, die (Magen-Darm-)Gesundheit und ggf. auch damit verbundene neurologische Prozesse eine positive Veränderung erfahren. Eine Ernährungsumstellung kann das Immunsystem stärken und sich positiv auf eine starke körperliche Unruhe sowie eine eingeschränkte Konzentrationsspanne auswirken. Diese und vergleichbare Beobachtungen und Rückmeldungen zeigen sich zum Teil auch bei der Aufnahme von Nahrungsergänzungsmitteln (▶ Kap. 13.1). Eine Behandlung diesbezüglich könnte im Einzelfall unterstützend wirken. Hier sind jedoch ebenfalls noch weitere Untersuchungen und Studien notwendig!

Eine Umstellung der Nahrung und das Einhalten einer strikten Diät bedeutet für viele Betroffene und ihre Familien jedoch auch eine zusätzliche Belastung. Die bereits eingeschränkte Nahrungsmittelaufnahme mit all ihren Besonderheiten erfährt eine weitere Selektion und es ist weniger Selbstbestimmung möglich. Zudem kommt es bei den gemeinsamen Essenssituationen im Kindergarten, in der Schule, bei Feiern und Einladungen abermals zu einer »Sonderstellung«, welche zusätzlich ausgrenzt und damit belasten kann.

11.7 Auswirkungen von Bewertungen, Täuschungen, Druck oder Zwang

Weitere negative Rahmenbedingungen sind das Anwenden von Druck und Zwang, um einen gewünschten Prozess von außen anzustoßen.

> »Zum Beispiel hat eine Therapeutin ein Programm mit dem Therapieziel entwickelt, dem fünfjährigen Chandler das Kauen beizubringen. Sie arbeitete sorgfältig mit Empfehlungen und Techniken, um eine Lateralisierung der Zunge (eine Zungenbewegung von einer Seite zur anderen) zu erreichen. Sie positionierte die Nahrung zwischen die

11.7 Auswirkungen von Bewertungen, Täuschungen, Druck oder Zwang

seitlichen Beißoberflächen der Zähne, während sich Chandlers Zunge aus seinem Mund hinein und hinaus bewegte. Er allerdingt beklagte sich und verzog das Gesicht. Eine andere Therapeutin zeigte der behandelnden Therapeutin, wie sie die Ränder der Zunge mit einer Nuk-Masssagebürste stimulieren konnte, und Chandler begann zu weinen. Sie entwickelte ein Programm, um seine positiven Versuche, die Zunge zu bewegen zu verstärken und sein Klagen und Weinen zu bestrafen. Chandler hasste es, zu ihr in Therapie zu kommen, doch die Therapeutin beharrte nach wie vor auf ihren Zielen, um ihm bei der Ausbildung von Kaufähigkeiten zu helfen. Die Therapeutin ging korrekt vor, als sie bei Chandler einen Mangel an Kaufähigkeiten diagnostizierte. Allerdings brachte sie sein starkes Saugmuster der Zunge und seine Abwehrhaltung gegenüber Sinneseindrücken in der Mundhöhle nicht mit seinem mangelhaften Kauen in Verbindung. Chandler hasste jegliche Reize in seinem Mund. Er hatte nie die Finger in seinen Mund gesteckt und hatte nie Spielsachen in den Mund genommen oder erforscht. Er akzeptierte gerade noch das Gefühl von gestampfter Nahrung auf dem Löffel. Wenn die Therapeutin ihre gemeinsame Zeit damit verbracht hätte, ihm dabei zu helfen, ein angenehmes Verhältnis zu einem nährmittelfreien Sinneseindruck im Mund aufzubauen, dann hätte er viele der gesonderten Fähigkeiten entwickelt, die von dieser grundlegenden Fähigkeit abhängen. So hätte sie es auch vermeiden können, die anstrengende feindliche Beziehung aufzubauen, die sich entwickelt hat. Das Wichtigste, was Chandler gelernt hat, war es, Therapien zu hassen und äußerst vorsichtig und argwöhnisch gegenüber jedem zu sein, der sich seinem Mund näherte.« (Moris, 2001, S. 187).

Fallbeispiel: Tom, 10 Jahre, im Autismus-Spektrum
Rückmeldung einer Kursteilnehmerin: »Ich betreue einen zehnjährigen autistischen Jungen. Tom isst nur Püriertes, trinkt wenig und die Zahnpflege ist auch kaum möglich. Außerdem beißt er sich blutig und saugt das Blut dann sogar auf. Die Eltern sind verzweifelt und machen sich große Sorgen.« Ich riet der Kollegin, Tom unter anderem Eis anzubieten und zusätzlich Bitterstoffe darauf zu träufeln. In der folgenden Stunde träufelte die Logopädin ein paar Tropfen Bitterstoffe auf das Eis und Tom probierte – er war sofort begeistert! Die Mutter konnte es gar nicht fassen, weil er doch aktuell gar nichts mehr im Mund akzeptiere.

Die Kollegin fragte verwundert nach und die Mutter berichtete Folgendes: Sie war mittlerweile nochmals beim Kinderarzt gewesen, um sich Rat bezüglich der eingeschränkten und pürierten Kost zu holen. Der Arzt warf der Mutter daraufhin vor, dass sie selbst schuld sei. Sie solle ihn einfach hungern lassen, wenn er sich beim Familienessen immer verweigere. »Dann wird das schon!« Daraufhin haben die Eltern diesen Rat zehn Tage befolgt. Der Junge hat sich daraufhin komplett verweigert und nichts mehr zu sich genommen. Der Vater habe am Ende aus Verzweiflung sogar Gewalt ausgeübt. Die so aufgenommene Nahrung hat der Junge gleich wieder erbrochen. Dann hat er nur noch laut geschrien. (Die Überforderung, das fehlende Verständnis sowie die ausbleibenden Hilfen haben hier mit Sicherheit zu einem Meltdown geführt.)

Als die Kollegin dies erfuhr, richtete sie klare und aufklärende Worte an die Eltern. Sie einigten sich darauf, das Kind nun vor allem mit wahrnehmungsfördernden und besonders sicherheitsvermittelnden Impulsen zu begleiten. Die Kollegin wird zudem versuchen, den Kinderarzt aufzuklären, damit nicht noch weitere Eltern solche »falschen« Ratschläge vermittelt bekommen.

Auch »gut gemeinte« Hilfestellungen mit Äußerungen wie »Das bildest du dir doch nur ein« oder »Du stellst dich immer so an« stellen die spezifische Wahrnehmung der Betroffenen in Frage. Vorhandene Schwierigkeiten werden nochmals betont und die jeweilige Person, ihr Empfinden sowie ihr Verhalten werden abgewertet. »Du musst doch längst satt sein« oder »Iss doch mal was« sind weitere Äußerungen, die indirekt die aufgenommene Menge und die Entscheidung des Essenden von außen bewerten. Das Sättigungsgefühl ist jedoch sehr individuell und sollte nicht (ausschließlich) durch Pläne oder aufgrund der Wahrnehmung anderer bestimmt werden. Außenstehende spüren nicht, ob und wann das Kind satt oder hungrig ist. Es gibt zwar ungefähre Mengenangaben, berechnet am Alter, am Körperbau und der gezeigten Bewegungsintensitäten, aber diese entsprechen nicht immer dem gefühlten Bedarf. Druck von außen hilft hier, wenn überhaupt, nur kurzfristig.

Einige Eltern, bei denen die Not besonders groß ist, bieten das Essen zum Teil gezielt kurz vor dem Einschlafen an, wenn dem Kind bereits die Augen zufallen. Das Nutzen der Müdigkeit und die damit verbundene Erschlaffung der Körpermuskulatur ist ein gezieltes Weglenken von der negativ empfundenen Essensaufnahme und oft ein letzter verzweifelter Versuch, diese überhaupt noch zu ermöglichen. Auch wenn sich die Abwehr hier zum Teil geringer zeigt, ist dieses Vorgehen nicht zu empfehlen. Ein mögliches Verschlucken oder Steckenbleiben der Nahrung wird eventuell nicht oder erst sehr spät bemerkt und kann zu akuter Luftnot bis hin zum Ersticken führen und belastet auch das Verdauungssystem. Vor allem aber verknüpft das Kind das Zubettgehen mit einem negativen Erleben. Bald ist nicht nur die Nahrungsaufnahme besonders problematisch, sondern auch das Einschlafen ist zunehmend belastend.

Ähnlich verhält es sich mit dem »Unterschummeln« z.B. von Medikamenten. Damit eine bestimmte Substanz überhaupt aufgenommen werden kann, wird diese im Joghurt oder im Brei versteckt. Je nach Konsistenz oder

Geschmack nimmt das Kind den Zusatz dann aber doch wahr und reagiert verständlicherweise mit Abwehr. Eine Hilfestellung wird eher gelingen, wenn die Substanz sich entweder nicht oder kaum von der Nahrung unterscheidet oder wenn zusätzlich andere spannende Impulse erlebbar werden. Je nach spezifischer Wahrnehmung könnte das Hinunterschlucken einer aufgelösten Tablette besser gelingen, wenn diese eventuell in einem Ingwer-Shot angeboten wird oder vor dem Trinken des Hustensaftes einige Brausekügelchen die Zunge »aufwecken«.

Trotz aller Schwierigkeiten lernen viele autistische Kinder irgendwie und irgendwann einigermaßen ausreichend zu trinken und zu essen – wenn auch zum Teil durch Zwang. »Es wird erst aufgestanden, wenn der Teller leer gegessen ist« und »Zappele nicht so herum« sind gut gemeinte Ratschläge. »Du darfst nicht deine Lieblingsfernsehserie schauen« oder »Du musst doch was essen, sonst sind Mama oder Papa traurig« sollen schwierige Esserinnen auffordern, sich zusammenzureißen, sich anzupassen und das Essen und damit das Unwohlsein einfach hinunterzuschlucken. Einige Betroffene passen sich auch selbstgewählt an und essen je nach Situation, um irgendwie dazuzugehören. Sie spucken auch das Essen nicht wieder aus, wenn sie es nicht schmecken oder sie damit überfordert sind. Dieses »Zusammenreißen«, der Zwang aufzuessen, es »zu schaffen«, ist jedoch verbunden mit einem vermehrten Kraftaufwand, insbesondere einem weiteren Anstieg der muskulären Spannung, welcher die Möglichkeit, die Nahrung und den eigenen Körper zu spüren sowie Genuss zu erleben nochmals vermindert.

Ein Ablegen allgemeiner Vorstellungen und Vorgaben (wie z. B. bestimmter Tischsitten) ist hingegen für eine Stärkung der Esssituation unbedingt notwendig. So wäre es für Kinder wichtig, dass Nahrung, die sich im Mund nicht gut anfühlt oder die nicht gut schmeckt, wieder ausgespuckt werden darf. Oder dass ein zwischenzeitliches Aufstehen, verbunden mit gezielten Bewegungsübungen, erlaubt ist und dass so eine Fortsetzung der Mahlzeit einen Augenblick später, möglich wird. Sätze wie, »Es gibt nur Nachtisch, wenn du die Hauptspeise gegessen hast« wird bei den meisten selektiven Esserinnen nicht dazu führen, dass sie die Hauptspeise (genussvoll) essen. Vielleicht ist es sogar hilfreich, die Reihenfolge der Komponenten zu tauschen: Der kühle und süßliche Nachtisch zu Beginn könnte beruhigend wirken. Eventuell werden dann einige Bissen der Hauptmahlzeit, welche unterschiedliche Konsistenzen aufweist, leichter aufgenommen.

Eine Einteilung in gute und schlechte Lebensmittel, wie z. B. das Abwerten zuckerhaltiger oder besonders fettiger Lebensmittel sollte ebenso vermieden werden. Eine negative Bewertung führt dazu, dass vermehrt etwas entgegen der persönlichen Fähigkeiten und Präferenzen aufgenommen wird, oder dass sich die zumeist eingeschränkte Auswahl nochmals verringert. In jedem Fall erhöht sich durch die zusätzliche Vorgabe die Anspannung bei den Betroffenen.

Für Eltern ist es oft nicht leicht, den Druck von außen, verbunden mit der naheliegenden Sorge um die Gesundheit ihres Kindes, auszuhalten. Die meisten Eltern sind sehr bemüht und bieten liebevoll immer wieder unterschiedliche Hilfen an. Doch wenn diese nicht angenommen oder zu noch mehr Unruhe führen, fällt es zunehmend schwerer, die eigene Enttäuschung nicht gegen das Kind zu richten. Äußerungen wie »Jetzt habe ich extra für dich gekocht« oder »Ich habe doch alles nach deinen Wünschen auf den Teller gelegt« spiegeln diesen Druck. Die Weitergabe der Ängste, ein Durchboxen der Ziele verschlimmern jedoch die Situation. Eltern und Begleitende sollten immer wieder versuchen, Gelassenheit und Ruhe auszustrahlen. Das Ziel ist einen Weg zu finden, der die unterschiedlichen Herausforderungen und Schwierigkeiten mit einbezieht, stets im Hinblick auf spezifische Unterstützungen, wobei das Zulassen ungewohnter Lösungswege durchaus erwünscht ist. Je nach aktueller Situation und je nach Sprachverständnis des Kindes können Eltern und Begleitende zudem erklären, dass sie gerade traurig oder besorgt sind über die jeweilige Situation. Jedoch nicht mit dem Ziel, das Essen zu erzwingen, sondern um emotional mit dem Kind in Verbindung zu bleiben.

Inwieweit all diese Angebote, Ideen und Rahmenbedingungen umgesetzt werden, ist individuell. Bedingt durch die Unterschiedlichkeit der Schwierigkeiten und Ziele, aber auch durch die verschiedenen Ausgangssituationen ist es nicht möglich, beim Trinken und Essen alle Wünsche und somit alle Ebenen gleichzeitig zu bedienen bzw. diese zu fördern. Wenn das Kind länger am Tisch verbleiben soll, muss es ihm ermöglicht werden, die körperliche Anspannung mit Bewegungen wie Wedeln oder einem Hin-und-her-Wippen auszugleichen. Wenn Eltern die Nahrungsauswahl erweitern möchten, braucht es mehr Toleranz bezüglich eines Explorierens und Spielens mit Essen. Wenn die selbstständige Nahrungsaufnahme im Vordergrund steht, wird es weniger Variationen bei den Lebensmitteln geben.

Vor allem wird mehr Toleranz in Bezug auf körperliche Bewegungsimpulse benötigt. Die beschriebenen Bewegungsangebote, Massagen und Druckimpulse, wie ein wiederholtes Durchatmen – auch gemeinsam mit dem Kind – helfen, Spannungen abzubauen. Nur so können die Herausforderungen und Anstrengungen bewältigt werden und Veränderungen sowie Lernen werden möglich.

12 Strukturierung und Planung der Hilfen

Um die in diesem Buch vorgestellten Erkenntnisse anzuwenden, ist eine fachliche Unterstützung empfehlenswert. Logopädinnen, Ergotherapeutinnen oder Physiotherapeutinnen, aber auch Frühförderkräfte und Sonderpädagoginnen mit entsprechenden Zusatzqualifikationen können die Entwicklung begleiten und spezifische Hilfen geben. Leider ist es oft nicht leicht, einen geeigneten Therapieplatz zu finden, zudem erschweren lange Wartelisten die (zeitnahe) Versorgung.

12.1 Anamnese, Zielsetzungen und Dokumentationen

Fachkräfte sollten zu Beginn mit einer ausführlichen Anamnese beginnen, die ersten Wochen und Monate der Kindesentwicklung eingeschlossen. Wie war die Schwangerschaft? Gab es Auffälligkeiten bei der Geburt? Wurde direkt nach der Geburt weitere medizinische Unterstützung oder Begleitung benötigt? Gab oder gibt es gesundheitliche Einschränkungen und insbesondere: Wie waren die ersten Schritte in der Trink- und Essentwicklung und wann zeigten sich die ersten Auffälligkeiten? Ein passender Anamnesebogen kann über den Link am Ende des Buches abgerufen werden.

Auf dem im Zusatzmaterial abrufbaren Fragebogen sollten zudem die Besonderheiten der einzelnen Wahrnehmungsbereiche festgehalten und folgendes geklärt werden: Welche Hilfen wurden bereits in Anspruch genommen und sind Verbesserungen beobachtbar? Mit Hilfe einer detaillierten Aufstellung wird deutlich, welche Sinne beteiligt sind, welche Impulse priorisiert verarbeitet werden und welche besonders belasten. Die Ausführungen sollte im weiteren Verlauf immer wieder aktualisiert werden, um Ziele ggf. anzupassen oder neu zu formulieren.

Hilfreich ist eine differenzierte Planung der wichtigen Entwicklungsschritte und ein Aufführen der Prioritäten: Welche Ziele können kurzfristig erreicht werden, innerhalb eines Tages, einer Woche, eines Monats? Welche langfristigen Ziele gibt es? Ist das Erreichen einer stabilen Grundversorgung oder die freudvolle Nahrungsaufnahme das Ziel? Welche Übungen und Hilfen sollten direkt bei der Nahrungsaufnahme angeboten werden und welche Unterstützungen erfolgen außerhalb der Mahlzeit? Wenn es sprachlich und kognitiv möglich ist, sollten bei der Befundung und Begleitung Jugendlicher und Erwachsener die erlebten Besonderheiten, die empfundenen Belastungen und auch die wichtigsten Ziele gemeinsam und im Austausch besprochen und festgelegt werden.

> »Wenn ich zu Hause bin, läuft Essen automatisiert ab. Ich weiß genau, um welche Uhrzeit was gegessen wird, denn auf ein Hungergefühl, das ich fast nie empfinde, kann ich mich nicht verlassen. Wenn ich auswärts bin, muss ich darauf achten, überhaupt etwas zu mir zu nehmen.« (Schuster, 2007, S. 34).

Um den Verlauf festzuhalten und um diesen auch über einen längeren Zeitraum sichtbar zu machen, sind weitere Protokollbögen am Ende des Buches abrufbar. Manche Veränderungen erscheinen auf den ersten Blick wie eine Verschlechterung, sind aber wichtige Bestandteile einer positiven Gesamtentwicklung: So kommt es zeitweise zu einer Veränderung der Sensibilität, verbunden mit der Ablehnung bisher sicherer Lebensmittel oder einem intensiveren Speicheln. Besonders eine verzögert eintretende orale Exploration kann Betroffene und Eltern verunsichern.

12.2 Dauer der Unterstützungsleistungen

Auch wenn der Druck für die betroffenen Familien, für die Kinder, Jugendlichen und Erwachsenen hoch ist, möchte ich nochmals darauf hinweisen, dass die möglichen Veränderungen viel Zeit und Geduld benötigen. Es ist nicht hilfreich, einzelne Entwicklungsstufen oder Besonderheiten zu ignorieren, Hilfestellungen auszulassen oder ein Verhalten anzutrainieren, um möglichst schnell das »Problem« beheben zu können. Es ist grundlegend, die jeweiligen Bedürfnisse, besonders im Hinblick auf eine entspannte Ausgangssituation, wahrzunehmen und im größtmöglichen Umfang zu stärken, um neue positive Erfahrungen sammeln zu können. Die bisherigen und zum Teil vielfältigen negativen Erlebnisse führen immer wieder dazu, dass Angst und Abwehr dominieren. Üben Sie nicht zusätzlich Druck aus! Zur Ermutigung: Wenn der Säugling zu Beginn nur Milch an der Brust der Mutter trinkt, benötigt es bis zu einem selbstständigen, abwechslungsreichen und nährenden Essverhalten nicht einige Monate, sondern ein bis zwei Jahre! Zudem sind hier die ersten Wochen zumeist mit einem lustvollen und zugleich entspannenden Grundgefühl beim Trinken verbunden. Planen Sie mindestens so viel Zeit, wie ein Säugling braucht, um diese spezifischen und komplexen Prozesse zu erlernen und um erstmalig ein lustvolles Erleben bei der Nahrungsaufnahme zu erfahren.

Nochmals zur Wiederholung: Die wichtigste Grundlage im Hilfeprozess ist die Regulation. Mit Hilfe ausreichend individueller Entspannungsangebote wird es möglich, die Stressbelastung im Vorfeld sowie auch während der folgenden Angebote und Übungen zu senken, um die Basis für ein positives und entspanntes Lernen zu schaffen. Der zweite Baustein ist die Auswahl und das Angebot individuell gut ausgesuchter sensorischer Impulse. Dieser spezifische Input ermöglicht es, die Besonderheiten in den unterschiedlichen Wahrnehmungsbereichen so weit zu verändern, dass einerseits eine lustvolle Nahrungsaufnahme möglich wird und andererseits die notwendigen motorischen Abläufe gestärkt werden können. Im weiteren Verlauf sollen auch komplexere Informationen verarbeitbar werden. Eine gezielte Kopplung der Regulation einerseits und der Impulssetzungen andererseits sollen eine mögliche ansteigende Erregung während der Übungen, aber auch im Tagesverlauf immer wieder verringern und auch weitere stressauslösende Impulse reduzieren.

12.3 Übungen im Tagesverlauf

Wenn die beschriebenen Hilfen von einer Fachperson begleitet werden, sollten diese vorher in der Praxis angebahnt und erst im Folgenden in den Alltag mitgegeben werden. Eine regelmäßige Absprache ist dabei hilfreich, um aufkommenden Fragen und Unsicherheiten begegnen zu können. Für eine bessere Wirksamkeit ist es jedoch wichtig, dass die Stimulationen und insbesondere die spezifische Auswahl der Nahrungsmittel regelmäßig beim Frühstück, Mittag- oder Abendessen angeboten werden. Die Unterstützungen außerhalb der Essenssituation benötigen ebenfalls ausreichende Wiederholungen und situativ angepasste Variationen. Zudem müssen die möglichen Ressourcen der Familien Beachtung finden. Ein möglicher Tagesablauf:

12 Strukturierung und Planung der Hilfen

- Morgens beim Aufstehen darf der Mund-, Kiefer- und Halsbereich eine erste Massage erfahren, mit einer durchblutungsfördernden Creme oder in Kombination mit einem Cool-Pack.
- Bei der Körperpflege und besonders bei der Zahnpflege können vibrierende Impulse mit der elektrischen Zahnbürste oder einem Rasierapparat erfolgen. Das Gesicht wird mit besonders kaltem oder auch mit einem mit Kohlensäure angereicherten Wasser gewaschen.
- (Schul- oder Arbeits-)Pausen können genutzt werden, um Stimulationen anzubieten, wie ein festes Ausstreichen des Kiefergelenkes oder ein ausgiebiges Gähnen. Bewegungspausen können initiiert werden.
- Vor dem Essen und währenddessen wird der Rücken- und Nackenbereich fest abgeklopft, im Gesicht und im Mund erfolgen weitere Stimulation.
- Während des Essens kann mit Hilfe eines Wackelkissens ganzkörperlich reguliert werden, auf dem Stuhl darf vor und zurück gependelt werden.
- Nach dem Essen wird die beteiligte Muskulatur ausgestrichen oder abgeklopft. Danach darf lautiert und getönt werden, das Ausschütteln der Arme und Beine oder ein gemeinsames durch die Wohnung Laufen/Springen sind erwünscht.
- Einmal am Tag können Übungen und Spielvorschläge aus den einzelnen Wahrnehmungsbereichen (▶ Kap. 7) die sensomotorische Entwicklung fördern.
- Vor dem Einschlafen dürfen allgemeine Entspannungsübungen (wie die Muskelrelaxation nach Jacobson[15]) für das Gesicht, den Hals-, Kiefer- und Nackenbereich durchgeführt werden. Zusätzlich können Druck- und Massageangebote sowie ein gezieltes Ausstreichen oder Vibrationen folgen.

Die Unterstützungen können je nach Wochentagen oder im Urlaub nochmals angepasst werden. So bietet auch ein Tag am Meer mit dem Sand, dem Wasser, den Steinen und Muscheln viele unterschiedliche Impulse, um den eigenen Körper, insbesondere aber das Gesicht und die angrenzenden Bereiche, zu spüren.

Eine weitere Schwierigkeit zeigt sich oft in den Übergängen. Der Weg zum Essenstisch und der damit verbundene Abbruch der aktuellen Aktivität ist häufig mit steigender Erregung und zum Teil einer starken Abwehr verbunden. Aber auch am Ende der Mahlzeit kann der Wechsel belasten und

---

15 Die progressive Muskelentspannung nach Jacobson ist ein Entspannungsprogramm mit Wechseln zwischen starker Anspannung (7 Sekunden) und dem anschließenden Lösen (30 Sekunden) dieser, anwendbar für unterschiedliche Körperbereiche.

einige Kinder wollen die Mahlzeit nicht beenden. Um die Übergänge leichter zu gestalten und um den damit verbundenen Fokuswechsel zu ermöglichen, können u.a. spannende visuelle Impulse helfen. Ein farblich spannendes Tischset oder ein Löffel mit Glitzergriff kann die Aufmerksamkeit lenken. Vielleicht kann das Kind aber auch zum Tisch gerollt werden oder, bei jüngeren Kindern, in einem hohen Bogen mit Hilfe der Eltern auf seinen Platz »fliegen«. Vielleicht wartet dort ein Wackelkissen oder auch ein »Pups-Kissen«?

Aber auch unterschiedliche Trink- und Essensrituale können hier genutzt werden. Beim Trinken motiviert ein vorheriges und sich wiederholendes Anstoßen mit dem Gegenüber, einen Schluck zu trinken. Die Aktivität darf gerne mit einem Trinkspruch, einem Wort wie »Prost« oder auch einem passenden Geräusch wie »pling« oder »doing« gekoppelt werden. Eine weitere Idee ist, das Besteck vor dem Essen mit dem Griff fest und laut auf den Tisch zu klopfen. Dies ist einerseits ein starkes Startsignal und verbessert die Fokussierung auf den aktuellen Moment, andererseits bedeutet es einen guten und deutlichen Impuls für die Hände bis hin zu den Schultern. Vergleichbar kann das Ende der Mahlzeit gestaltet werden. Die bereits beschriebenen regulierenden Angebote bieten hier einen eigenständigen Impuls und ermöglichen den Wechsel zum nächsten Tagespunkt. Auch das Ende der Mahlzeit kann durch ein bestimmtes Ritual, einen Vers oder ein bestimmtes Bewegungsangebot deutlich werden.

Auch wenn regelmäßige Wiederholungen empfehlenswert sind, muss das Angebot immer auch in Abhängigkeit von der aktuellen Tagesform gestaltet werden. An schlechten Tagen, wenn das Nervensystem bereits angespannt ist, werden nochmals mehr Regulationen benötigt und bei der Nahrungsaufnahme selbst sollten mehr Hilfsmittel hinzugenommen werden. So darf an diesen Tagen ausschließlich mit dem Lieblingslöffel gegessen werden, die Mahlzeit nochmals häufiger (zum Spannungsabbau) unterbrochen oder auch komplett im Stehen oder in Bewegung eingenommen werden. An guten Tagen hingegen könnte der noch unsichere Gebrauch der Gabel ausprobiert werden, neue Lebensmittel könnten hinzugenommen oder auch das Sitzenbleiben am Tisch könnte geübt werden.

12 Strukturierung und Planung der Hilfen

Tab. 12.1: Beispiel für ein ausgefülltes Wochenprotokoll

	Lebensmittel: Neues, Besonderes	Menge/ Dauer	Regulationen, Hilfen	Sonstiges	Übungen im Tagesverlauf	Fazit + − =
Montag	–	Wenig/ kurz	Schreit viel		Kopfmassage	–
Dienstag	Pom-Bären	3 Tüten!	Tönen (auch mit Mama)		Grimassen schneiden	+
Mittwoch	–	Wenig/ kurz	Schreit viel	Unruhige Nacht	Ohrenmassage (kurz)	–
Donnerstag	Pom-Bären	Eine Tüte	Läuft viel herum			=
Freitag	Pom-Bären	Vier Tüten/ lässt sich Zeit		Zieht uns zur Snack-Schublade	Kopfmassage, Spatelkampf	+
Samstag	–		Tönen und Singen	Setzt sich am Mittag kurz an den Tisch	Kopfmassage, gemeinsames Singen	+
Sonntag	Probiert Pommes-Frites	Wenig, aber Neues!			Kopfmassage	+

Ein Tages- oder Wochenprotokoll kann einzelne Entwicklungs- und Lernschritte aufzeigen. Wichtige Bestandteile sind die ausgewählten Lebensmittel, die Essensmenge und die benötigte Zeit. Aber auch die individuelle Verarbeitung der Nahrung, die beobachtbaren Besonderheiten und hier vor allem die angewandten Regulationen können festgehalten werden. Das persönliche Befinden und die erlebten Emotionen beim Trinken und Essen dürfen ebenfalls visualisiert werden.

Tab. 12.2: Beispiel für ein ausgefülltes Tagesprotokoll

	Vorher	Im Verlauf	Nachher
Frühstück		😊	😄
Mittagessen	☹	☹	☹

Tab. 12.2: Beispiel für ein ausgefülltes Tagesprotokoll – Fortsetzung

	Vorher	Im Verlauf	Nachher
Abendessen			😀
Snack-Time		😀	😐
Trinkpausen		😀	😀

»Im Gegensatz zu meinem extremen Durstempfinden spüre ich fast nie Hunger. Ich muss mich mit dem Essen nach der Uhr richten, da ich es sonst vergessen würde. Wenn ich zu wenig gegessen habe, merke ich, dass ich zittrig werde, weil mein labiler Blutzuckerspiegel zu tief abgesackt ist. Wenn ich zu Hause bin, verfolge ich einen bis auf die Minute organisierten Essensplan, um genügend Nährstoffe zu mir zu nehmen. Ich esse jeden Tag genau das Gleiche.« (Schuster, 2007, S. 50).

12.4 Essensplanung, Zeiten, Häufigkeit und Menge der aufgenommenen Nahrung

Ein Koch- und Essensplan bietet Struktur und Sicherheit und kann individuell gestaltet werden. Ähnlich einem Stundenplan, zeigt er auf, wann es eine bestimmte Mahlzeit gibt, welche Lebensmittel saisonal bedingt angeboten werden und welche weiteren Besonderheiten es in der nächsten Woche oder am Wochenende gibt. Wenn möglich sollte die Auswahl der Nahrung und die Einteilungen gemeinsam erfolgen. Der zeitliche Ablauf sollte, wenn möglich, an die jeweiligen Bedürfnisse angepasst werden. Der Plan muss zuhause wie auch in der Einrichtung gut sichtbar aufgehängt werden.

Tab. 12.3: Beispiel für einen ausgefüllten Essensplan

	Frühstück 07:30 Uhr	Mittagessen	Abendessen 18:30 Uhr	Besonderheiten (wie Geburtstage)	Snack-Time
Montag	Cornflakes ohne Milch		Nudeln mit Tomatensoße		Erdbeeren
Dienstag	Cornflakes ohne Milch	Mensa – Schule	Nudeln mit Tomatensoße		Gemüse-Snack-Box

12 Strukturierung und Planung der Hilfen

Tab. 12.3: Beispiel für einen ausgefüllten Essensplan – Fortsetzung

	Frühstück 07:30 Uhr	Mittagessen	Abendessen 18:30 Uhr	Besonderheiten (wie Geburtstage)	Snack-Time
Mittwoch	Knäckebrot		Nudeln mit Tomatensoße	Arzttermin Mittagessen??	Erdbeeren
Donnerstag	Cornflakes ohne Milch	Mensa – Schule (noch aussuchen!)	Nudeln mit Tomatensoße		Gemüse-Snack-Box
Freitag	Cornflakes ohne Milch		Nudeln mit Tomatensoße		Erdbeeren
Samstag	Knäckebrot		Nudeln mit Tomatensoße		Gemüse-Snack-Box
Sonntag	Beim Bäcker aussuchen		Pizza	Papa Geburtstag	Erdbeeren, Kuchen

Aber auch ein Plan darf und muss sich unbedingt an dem aktuellen Befinden orientieren: Vielleicht ist die letzte Mahlzeit deutlich umfangreicher ausgefallen oder wurde im Gegensatz bereits nach wenigen Bissen abgebrochen, so dass die folgende Mahlzeit verschoben werden muss? Vielleicht ist das Kind aktuell müde und überfordert und einzig das Safe-Food wird jetzt toleriert? Andererseits kann ein besonders guter Tag auch für neue Herausforderungen genutzt werden: So könnte das Mittagessen eventuell in ein Picknick umgewandelt werden. Für entsprechende Variationen im Plan sollten eine gewisse Flexibilität und ggf. notwendige Veränderungen abbildbar sein. Auch weitere Hilfen, die genutzt wurden, um solche Änderungen zuzulassen, wie eine Portion Lieblingseis oder eine zusätzliche Bewegungseinheit, können hier festgehalten werden.

Für einige Familien ist das »Dauer-Snacken« immer wieder ein kontrovers diskutiertes Thema. Einerseits sind alle Beteiligten oft froh, dass ausreichend Essen aufgenommen wird, andererseits führt ein anhaltendes Essen dazu, dass die gemeinsamen Mahlzeiten verweigert werden oder auch Übergewicht droht. Beim Dauer-Essen sollte erst einmal die Ursache gesucht werden. Erfolgt die Essensaufnahme über den ganzen Tag verteilt, da das Essen beim Laufen oder in Bewegung leichter fällt? Wird deshalb stets gegessen, da kein Sättigungsgefühl oder auch ein anhaltendes Hungergefühl vorhanden ist? Hat das Kind nicht ausreichend andere regulierende Stimuli zur Verfügung?

Ist das Essen am Tisch zu belastend und der Snack kann in einer ruhigen Ecke gegessen werden? Auch eine aufmerksame Betrachtung der favorisierten Snacks in Bezug auf die Konsistenz, den Geschmack oder ein eventuell damit verbundenes Geräusch beim Kauen sind wichtige Informationen, um die Ursache dieses Verhaltens zu klären und um passende Lösungen zu finden. Ergänzend kann ein Plan dann helfen die Essensaufnahme besser (zeitlich) zu strukturieren.

Doch nicht nur zwischenzeitliches Essen sorgt für Diskussionen und Unsicherheiten, auch die »richtige« Trink- und Essensmenge gilt es festzulegen. Sollte die Nahrung in 3–4 Mahlzeiten über den Tag verteilt erfolgen oder doch lieber in mehreren kleineren Portionen? Welche Nährstoffe sind gesundheitsförderlich, wie viel Zucker ist gesundheitsschädlich? Bei der Flüssigkeits- sowie auch der Kalorienzufuhr gibt es entsprechende Faustregeln und Berechnungstabellen. Die Fragen zur Zusammenstellung der Nahrung werden hier nicht geklärt, dazu gibt es ausreichend weitere Literatur. Im Hinblick auf eine lustvolle Nahrungsaufnahme ist eine bestimmte Vorgabe der Nahrungsmenge und der Zusammensetzung wenig ratsam. Es gilt, individuelle Wege zu finden. Aber je spezifischer wahrnehmbar und je besser die einzelnen Wahrnehmungssysteme vernetzt sind, umso unauffälliger wird die Nahrungsaufnahme, dies sowohl im Hinblick auf die Häufigkeit als auch auf die Menge des Aufgenommenen.

12.5 Schwierigkeiten in Bezug auf die Umsetzung der Hilfen

Wenn deutlich wird, welche Hilfen den Betroffenen nützen, was der nächste Schritt sein sollte und wie eine gute Begleitung aussehen kann, ist die Umsetzung der Hilfen dennoch oft nicht leicht. Einerseits ist es in den Einrichtungen sowie im schulischen und beruflichen Umfeld nicht immer möglich, die jeweils notwendige Unterstützung anzubieten. Zum Teil gibt es keine Begleitkräfte oder diese sind in diesem Bereich nicht ausreichend geschult. Zum Teil sind auch körperbezogene Unterstützungen vom Träger nicht erwünscht. Zusätzlich benötigen die Fachkräfte sowie die pflegenden Eltern auch Zeit und Ressourcen für die Beobachtungen und Angebote, insbesondere da diese über einen langen Zeitrahmen durchzuführen sind.

Ein weiteres Problem ist, dass einige Angebote eben doch für Außenstehende zum Teil sehr sonderbar erscheinen. Sei es das Kauen an einem Hunde-Kauspielzeug oder die Verwendung einer bunten und blinkenden Trinkflasche in einem Restaurant – besonders bei älteren Jugendlichen oder jungen Erwachsenen. Mittlerweile gehören zwar einige Hilfsmittel, wie das Tragen von Kopfhörern vermehrt zum Alltag, aber bei anderen folgt dann doch ein abschätzender Seitenblick oder die Kinder werden für ihre ungewöhnlichen oder unerwünschten Bewegungen ausgelacht und sogar ausgegrenzt. Das notwendige und wohltuende Stimming, das Nutzen unterschiedlicher Hilfsmittel, welche Teilhabe ermöglichen sollen, behindert diese gleichzeitig. Eltern sind oft sehr aufmerksam für solche Situationen und versuchen, diese verständlicherweise zu begrenzen, um ihre Kinder zu schützen. Wünschenswert wären eine offenere Gesellschaft und mehr Toleranz, damit notwendige Hilfen ohne Benachteiligung genutzt werden können.

13 Weitere mögliche Unterstützungen

Ergänzend zu den bisher genannten Hilfestellungen können auch Nahrungsergänzungsmittel, Medikamente sowie kognitive Strategien genutzt werden. Besonders das komplexe Zusammenspiel der Hormone und deren Auswirkungen auf das Körpererleben und auf neurologische Prozesse erfährt dabei zunehmend mehr Aufmerksamkeit. In Zukunft könnten sich hier weitere unterstützenswerte Ansätze zeigen. Eine ausführliche Aufarbeitung dieses Themas würde den Rahmen dieses Buches jedoch sprengen.

13.1 Supplementation – ergänzende Aufnahme von Nährstoffen

Das langanhaltende Defizit an Nährstoffen, wie Vitaminen und Mineralstoffen, kann sich auf Wachstum, Konzentrations- und Regulationsfähigkeiten sowie das Schlafverhalten auswirken (Eggersdorfer & Schettler, 2021). Wenn ein negativer Effekt in jungen Jahren, z. B. in einem Bluttest, (noch) nicht nachweisbar ist, wirkt sich eine langjährige Mangel- oder Fehlernährung eben doch belastend für die Gesundheit aus (Alberda, Graf & McCargar 2006). Mit Hilfe der Zuführung einzelner Nährstoffe ist es möglich, diesen Defiziten und den jeweiligen Auswirkungen entgegenzuwirken. Es gibt unterschiedliche Veröffentlichungen, u. a. in Bezug auf die Zugabe von Eisen, Vitamin B12 (Herrmann & Obeid, 2008) und auch Omega-3 Fettsäuren, deren Ergebnisse jedoch nicht eindeutig und teils widersprüchlich sind. Es steht Familien und Betroffenen jedoch frei, sich zu informieren und ggf. durch Supplementation die Entwicklung oder auch die Gesundung zusätzlich anzustoßen.

Die in diesem Buch vorgestellten Hilfen sollten in jedem Fall langfristig einer Unterversorgung mit Nährstoffen, Mineralien und Vitaminen entgegenwirken: Die Aufnahme neuer Lebensmittel und somit wichtiger Nährstoffe wird möglich, die Lebensmittel werden im Mundraum ausreichend eingespeichelt und somit gut für die weitere Verdauung vorbereitet. Die

Regulationshilfen unterstützen die Aktivität des Magen-Darm-Traktes und damit die Verwertung der Nahrung. Ein seltener angestoßenes Notfall-System wirkt sich zusätzlich positiv auf den Hormonspiegel aus.

13.2 Medikation

Je nach Belastungssituation und nach Form der Ausprägung der Kernsymptome im Bereich Autismus werden Medikamente eingesetzt. Die medikamentöse Behandlung zielt dabei auf eine Regulation des neuronalen Systems ab. Die Wirkstoffe nehmen Einfluss auf die Ausschüttung und Verteilung der Neurotransmitter und sollen somit insbesondere Aufmerksamkeitslenkung und Konzentration positiv beeinflussen sowie (ausgeprägte) selbst- oder fremdverletzende Verhaltensweisen verhindern oder verringern. Je nach Medikation zeigen sich jedoch unterschiedliche Nebenwirkungen, wie z. B. Appetitminderung oder es ist sogar eine Verstärkung einzelner spezifischer Symptome möglich. Die vorwiegende Hemmung der neuronalen Weitergabe von Informationen führt häufig zu einer nochmals geringeren Körperwahrnehmung. Das bedeutet, dass bisher unterstützende körperliche Stimulationen nun ebenfalls nicht mehr in dem Maß wahrgenommen werden und nochmals intensiviert werden müssen. Zudem werden auch Hunger- oder Sättigungsgefühl sowie die an der Aufnahme und Verarbeitung beteiligten Wahrnehmungssysteme im Mundbereich weniger gespürt. So ist es möglich, dass sich die Gabe von Medikamenten auf die Fähigkeiten beim Trinken und Essen als zusätzlicher negativer Verstärker auswirkt.

13.3 Kognitive Strategien, Nahrungspyramiden und Fachliteratur

Mit Hilfe von Nahrungspyramiden oder Diagrammen wird visuell verdeutlicht, wie die Anteile der jeweiligen Nahrungsmittelgruppen sein sollten, um sich gesundheitsfördernd zu ernähren. Besonders im Kinder- und Jugendbereich gibt es zahlreiche Bücher, in denen das Wissen um eine gesunde und ausgewogene Ernährung ansprechend und für unterschiedliche Bedürfnisse vermittelt wird. Gerade bei visuell orientierten Jugendlichen und Erwachsenen ohne eine kognitive Einschränkung ist eine zusätzliche Wissensvermittlung durch optische Darstellungen hilfreich. In Kapitel 16 finden sich in den Literaturempfehlungen entsprechende Beispiele.

Vielleicht ist es auch möglich, nach einem gemeinsamen Anschauen von Kinderkochsendungen die gezeigten Rezepte zusammen nachzukochen?

13.4   Psychotherapie und Körpertherapie

Besonders für erwachsene Menschen im Spektrum wäre bei einer tiefgreifenden Trink- und Essproblematik eine zusätzliche Unterstützung durch Psychotherapie hilfreich. Eine ausschließlich als Gesprächstherapie durchgeführte Begleitung wird die Schwierigkeiten und Belastungen im Zusammenhang mit der anderen Wahrnehmung jedoch nur bedingt auffangen können. Eine Kombination einer wahrnehmungsorientierten und einer psychoanalytischen Therapie wäre empfehlenswert, wenn sich Ängste und Vermeidungsverhalten im Laufe vieler Jahre gefestigt haben. Aber auch wenn das gezeigte Verhalten bei der Nahrungsaufnahme von der Anpassung an äußere Bedingungen geprägt ist, bedarf es einer zusätzlichen Unterstützung beim Erarbeiten und Anwenden neuer Verhaltensweisen sowie bei der Stärkung des Selbstbewusstseins.

In der Verhaltenstherapie erfolgt das Einführen von neuen Lebensmitteln oder das Umlenken von Gewohnheiten mit Verstärkerplänen. Es werden gemeinsam Ziele zur Veränderung gesteckt, welche dann durch Ausprobieren und vor allem durch »Aushalten« erreicht werden sollen. Die neu angebotenen Lebensmittel unterscheiden sich dabei oft kaum vom bisherigen Safe-Food und sollen langsam und fast unmerklich die Essensauswahl erweitern. Im Bereich der Körpertherapie finden sich Hilfestellungen im Hinblick auf eine Verbindung von Psyche und Körper – bisher jedoch kaum für autistische Menschen, vor allem auch (noch) nicht für den Mund- und Gesichtsbereich und somit auch nicht für das Trink- und Essverhalten.

13.5 Weitere trink- und essspezifische Therapien

Diese Therapieangebote oder Angebote können unterstützend eingesetzt werden:

NF!T® nach E. Rogge: Die Neurofunktions!Therapie für Babys, Kinder, Jugendliche und Erwachsene beruht auf der strukturierten Wiederholung der motorischen Entwicklung des Kindes. Mit speziellen »Bahnungsübungen« werden u. a. die Primärfunktionen des Mundes gestärkt und/oder physiologisch erarbeitet.

PNF: Die Propriozeptive Neuromuskuläre Fazilitation regt Rezeptoren in den Gelenken, Muskeln und Sehnen durch gezielte Stimulationen (Dehnung, Zug, Widerstand und Drehung) an und aktiviert sie. PNF fördert das Zusammenspiel zwischen Rezeptoren, Nerven und Muskeln.

Castillo-Morales: Dieses Konzept ist ein ganzheitliches, neurophysiologisch orientiertes Konzept für Menschen mit muskulärer Hypotonie, orofazialen Funktionsstörungen, neuromuskulären Erkrankungen oder Paresen. Dabei wird insbesondere die Wechselwirkung von Haltung, Position und Bewegung auf den orofazialen Bereich betrachtet und unterstützt.

14 Anmerkungen für Betroffene

Die Erkenntnisse in diesem Buch können mit Hilfe von entsprechend geschulten Therapeutinnen, Begleitenden oder Eltern umgesetzt werden. Es ist aber auch möglich, sich das Wissen um Ursachen und Zusammenhänge selbst zu erarbeiten und die Ziele eigenverantwortlich umzusetzen. Diese Vorgehensweise, ohne eine Unterstützung von außen, ist ungleich schwerer. Ohne Rückmeldungen und ohne einen Austausch mit einem Gegenüber können das Erlebte sowie die zu erwartenden Änderungen zeitweise nochmals belastender werden. Es scheint dann leichter, diese zusätzlichen Herausforderungen zu vermeiden und wieder zu dem »Altbekannten« und vermeintlich Sicherem zurückzukehren.

Eine grundlegende Veränderung bedarf ausreichender Ressourcen! Um diese zu stärken oder zu erhalten sind passende Regulationen nochmals wichtiger, sie sind aber im Selbstversuch nur bedingt umsetzbar. Die selbstständig durchgeführten Massagen und Druckimpulse werden zumeist mit weniger Variationen durchgeführt, egal, ob sie händisch oder auch mechanisch erfolgen. Veränderungen der Intensität, der Art der Ausführung oder auch der zu stimulierenden Körperstellen erfordern mehr Energie und sind deshalb weniger effektiv. Bei gleichbleibenden Stimulationen zeigt sich, bedingt durch den Gewöhnungseffekt, oft nicht die gewünschte und unbedingt notwendige Entspannung. Bei der eigenständigen Erarbeitung sind Pläne hilfreich, um besonders die wahrnehmungslenkenden Impulse zu erkennen und diese vielfältig miteinzubeziehen. Das erste Ziel ist nicht die Erweiterung der Lebensmittel oder ein besseres Kau- und Schluckverhalten, sondern das wichtigste Ziel ist stets das positive Hinlenken der Wahrnehmung im Mund- und Rachenbereich. Es empfiehlt sich jeden Tag aufzuschreiben, welche Momente und welche Impulse sich angenehm anfühlen. Vielleicht kann ein Wecker daran erinnern, dass regelmäßig entspannende und die Körperwahrnehmung stärkende Einheiten durchgeführt werden, wie das Nutzen mitgeführter Massagebälle oder Massagegeräte oder ein wiederholtes und festes Einkrallen der Zehen mit anschließendem Lösen, ein Strecken der Arme oder weitere Dehnübungen für den Körper. Besonders bei der Nahrungsaufnahme selbst werden Erinnerungshilfen benötigt, damit diese unbedingt notwendigen Unterstützungen nicht vergessen werden.

Mit Hilfe der Befund- und Verlaufsbögen werden die Veränderungen sichtbar und motivieren weiterzumachen. Die Beobachtungen beziehen sich einerseits auf das Trinken und Essen, aber auch auf die Besonderheiten bei der Körperpflege (Waschen, Abtrocknen, Rasieren oder Schminken u. ä.), beim Sprechen oder bei weiteren Aktivitäten, die den Mund- und Brustbereich betreffen. Vielleicht werden im Gesicht Wind und Wetter auf einmal anders wahrgenommen, Berührungen beim An- oder Ausziehen der Kleidung rücken vermehrt in den Fokus oder Tics, wie ein zuckender Mundwinkel, zeigen sich häufiger. Dabei ist jede Veränderung wertvoll! Oft zeigen sich diese in einem unmittelbaren Wechsel des Erlebens von einem in das gegenteilige Extrem – was zusätzlich verwirrt und belastet. Mit der Zeit zeigen sich die Veränderungen nicht mehr vorwiegend in gegensätzlichen und somit besonders intensiven Wechseln, sondern in Form geringerer Abstufungen oder auch nur minimaler Variationen und werden damit leichter annehmbar. Gerade bei neuen Spürerlebnissen und besonders in damit verbundenen überfordernden Situationen ist der Fokus auf ein aktuell gut regulierendes Stimming äußerst wichtig. Dieses sollte in den belastenden Situationen genutzt werden, aber auch präventiv angewandt werden, um der Anspannung frühzeitig entgegenzuwirken. Und vielleicht ist es gerade in besonders belastenden Momenten doch möglich, eine Hilfe von außen zu erfahren.

15 Spielesammlung

Im Buch finden sich bereits eine Vielzahl an Förder- und Spielideen. Die folgende Sammlung ergänzt diese und möchte vor allem die Experimentierfreude und das gemeinsame Erleben in den Mittelpunkt stellen. Die Ideen sind für Kinder, Jugendliche und Erwachsene gleichermaßen geeignet. Viele davon habe ich in Gesprächen mit Familien und Betroffenen kennen lernen dürfen. Die Ideen dürfen in jedem Fall selbstständig und kreativ ergänzt werden. Im Handel gibt es zudem zahlreiche Übungskarten oder Spiele zur Verbesserung der Mund- und Zungenmotorik, welche zusätzlich genutzt werden dürfen.

Atemübungen: Zur aktiven Entspannung eignen sich (kindgerechte) Atemübungen, z. B. die »Löwenatmung«. Setze dich auf den Boden, atme tief ein und brülle und fauche wie ein Löwe. Sei eine Biene, eine Hummel oder eine Mücke und summe laut und langanhaltend aus.

Regen-Spiel auf dem Kopf: Es tröpfelt ganz sacht, dann regnet es mehr, es schüttet, es blitzt, es hagelt und donnert und dann scheint wieder die Sonne: Jedes Wetterereignis wird auf dem Kopf und mit passenden Finger- und Handimpulsen nachgespielt. Zu Beginn gibt es ein leichtes Klopfen auf der Kopfhaut und dann wird die Intensität stetig mehr bis zu einem ganz starken Klopf- oder Druckimpuls. Am Ende streckt sich der gesamte Oberkörper und die Arme zeigen die große Sonne an.

Eier-Challenge: Bei diesem Spiel wird angedeutet, dass ein Ei mittig auf dem Kopf aufgeschlagen wird. Erst klopft die Faust 2-3-mal an (»tok-tok«), beim letzten Mal darf dann ein Knirsch-Geräusch die Handlung begleiten (»krrk«). Jetzt streichen die Hände fest rechts und links am Kopf und den Wangen entlang (»ihhh«). Der Druck und die Auflagefläche richten sich nach den Bedürfnissen des Kindes.

Knopf-Gewichtheben: An einem Knopf wird ein Faden mit einer Länge von ca. 50 cm befestigt. Dieser Faden wird über einer Türklinke, einem Haken oder ähnlichem positioniert. Am anderen Ende des Fadens wird ein Säckchen mit ein paar Murmeln oder einem anderen Gewicht gehängt. Jetzt wird der Knopf in den Mund genommen, hinter die Lippen und vor die Zähne und es wird langsam ein paar Zentimeter zurückgegangen. Das Gewicht wird dabei hochgehoben, einige Sekunden gehalten und dann wieder gelöst. Die Fortschritte können auf einer Liste festgehalten werden. Eine »Lippenwaage« zeigt nochmals genauere Werte.

Knopf-Wettziehen: Hier wird jeweils ein Knopf an jedem Ende eines Fadens befestigt. Zwei Spielerinnen nehmen je einen Knopf in den Mund und versuchen nun mittels Lippenkraft sich gegenseitig den Knopf wieder herauszuziehen. Als Hilfsmittel kann dazu auch ein spezielles Gerät für das Lippenschluss- und Lippenstärketraining genutzt werden.

Spatel-Balance-Akt: Ein Spatel wird quer mit den Lippen gehalten. Auf dessen Enden werden Spielsteine oder Münzen gelegt, die im Gehen balanciert werden müssen.

Stimmenimitator: Die Stimme in verschiedenen Stimmlagen tönen lassen, wie die eines geliebten Superhelden, einer bestimmten Figur aus einem Film oder eines vertrauten Menschen aus der Umgebung. Tierstimmen nachahmen, wie das Piepsen einer Maus oder ein Brummen wie ein Bär. Ein Stakkato-Sprechen (intermittierende Impulsgebung) wie bei einem Roboter oder ein gezieltes Flüstern kann ausprobiert werden.

Strohhalm-Staubsauger: Auf einem Tisch werden kleine Wattebällchen oder auch Papierfetzen verteilt. Diese werden mit einem Strohhalm angesaugt und dann in einer Schale abgelegt. Je nach Größe und Durchmesser des Strohhalmes können auch Karten oder Gegenstände angesaugt werden.

Kuss-Bild: Ölhaltige Lippencreme oder einen Lippenstift auftragen und Kussmünder auf ein Papier, die Fensterscheibe oder einen Spiegel drücken.

Smarties schießen: Ein großer Teller ist das Fußballfeld, eine Untertasse, die hochkant an den großen Teller geklemmt wird, das Tor. Mit der Zungenspitze müssen die Smarties über den großen Teller in das Tor geschossen werden.

Gummibärchen-Vereinigung: Ein Gummibärchen wird in der Mitte durchgeschnitten. Der Kopf kommt oben auf den Teller, der Bauch mit den Beinen unten. Jetzt muss die Zungenspitze die beiden Teile zusammenschieben. Anschließend darf das Gummibärchen, wenn möglich ohne Zuhilfenahme der Hände, gegessen werden.

Maggi-Quark-Bild: Auf einem großen festen Papier werden auf dem Boden sitzend z.B. mit einer Maggi-Flasche Punkte und Linien gemalt. Mit den Fingern dürfen diese weiter gestaltet oder mit einem zweiten Lebensmittel, das eine andere Konsistenz aufweist, vermischt werden. So könnte gekühlter Quark mit den Fingern oder mit den gesamten Händen auf der Malunterlage kunstvoll verteilt werden. Ein zwischenzeitliches Abschlecken der Finger ist in jedem Fall erlaubt! Je nach Vorlieben eignen sich auch Saucen, Dips oder Sirup, zum weiteren Mischen können auch Joghurt oder ein Obstbrei genutzt werden.

Rollenspiel »Ich bin ein Tier«: Mit Hilfe verschiedener Tierkarten können die Eigenarten der Tiere sowie die passenden Tierlaute nachgespielt werden. Die Eigenschaften werden isoliert geübt und dann auch beim Trinken und Essen oder kurz davor oder danach angewendet. So kann die Anspannung verringert und die beteiligte Muskulatur aktiviert und gedehnt werden.

- Ein Hase – besonders die Vorderzähne werden aktiv
- Ein Fisch – die Lippen spitz nach vorne stülpen
- Ein Piranha (Raubfisch) – mit den Zähnen klappern
- Eine Schlange – die Zunge schiebt nach vorne
- Ein Bär oder ein Löwe – Fauchen und Brummen sind hörbar
- Ein Rabe oder ein Papagei reißt seinen Schnabel (hier der Mund) weit auf
- Ein Brüllaffe – der Mund ist weit geöffnet und nach vorne gestülpt
- Eine Schildkröte – jede Bewegung wird ganz langsam ausgeführt

16 Literaturempfehlungen

Für Fachkräfte, für ein besseres Verstehen und für weitere Hilfen sind folgende Bücher zu empfehlen:

- Chatoor, I. (2021). *Fütterstörungen bei Säuglingen und Kleinkindern.* Klett-Cotta.
- Ernsperger, I. & Stegen-Hanson, T. (2015). *Probier doch mal!* Autismusverlag.
- Wilken, M. (2022). *Frühkindliche Nahrungsverweigerung.* Psychosozial-Verlag.

Weitere Buchempfehlungen zum Kochen, Visualisieren und Diskutieren:

- Bone, E. (2020). *Aufklappen und Entdecken: Was passiert, wenn ich esse?* Usborne Publishing.
- Carle, E. (2007). *Die kleine Raupe Nimmersatt.* Gerstenberg.
- Enders, G. (2021). *Darm mit Charme: Alles über ein unterschätztes Organ.* Ullstein.
- Frey, F. (2024). *Igitt – Ich esse keine Bäumchen.* FarbFux Kinderbuchverlag.
- Grolimund, F. & Rietzler, S. (2024). *Willst du nicht wenigstens mal probieren?* Hogrefe.
- Itoh, M. (2026). *Bento für jeden Tag: Kreative gesunde Mahlzeiten zum Vorbereiten und Mitnehmen.* Riva Verlag.
- Kastenhuber, H. (2024). *Das Nilpferd im Quark.* klein & groß Verlag.
- Kirner, A. (2021). *Die Geschichte von der kleinen Löffelei: Vom kleinen Bären, der Hunger hatte.* Kawa.
- Lamighofen, A. (2017). *Lern+Staun-Karten: Ernährung. 32 Küchenexperimente für kleine Lebensmittelforscher.* Klett Kita.
- Nebel, J. (2022). *Fun Food for Kids: Obst & Gemüse mit Wow-Effekt – bunt, kreativ & sooo zauberhaft!* Topp.
- Oppolzer, U. (2020). *Lernwerkstatt Gesunde Ernährung.* (Lernmaterial für die Schule). Persen.
- Paustian, A. (2016). *Manga Kochbuch Bento: Japanische Lunchboxen leicht gemacht!* Cadmos Verlag.
- Reitmeyer, A. (2023). *Igel Igor mag das nicht.* Jumbo Verlag.
- Rosenkranz, J. (2022). *Baby Pixi 76: Fütterst du mich? Mein erstes Bilderbuch zum Mitmachen.* Carlson.

- Rübel, D. (2022). *Unser Essen / Wieso? Weshalb? Warum?* Bd. 19. Ravensburger.
- Rübel, D. (2015). *Was essen wir? / Wieso? Weshalb? Warum?* Bd. 53. Ravensburger.
- Ruff, M. (2022). *Mein großes Puzzle-Spielbuch: Das essen wir heute.* Ravensburger.
- Wetzstein, C. (2012). *Das Power-Buch Ernährung für Kinder. Alles über Essen, Trinken und Bewegung.* Verlag an der Ruhr.

Literatur

@autismus.helden (08.01.2023). *Heute gab es wieder [...]*. Instagram. www.instagram.com/p/CnKIO0Lqwvl/
@fuchskindsbau (12.01.2024). *Besonders in stressigen Zeiten [...]*. Instagram. www.instagram.com/p/C2BDEUKsR1t/?img_index=5
@fuchskindsbau (07.10.2024). *Und Zimt. [...]*. Instagram. www.instagram.com/p/DAOic2IMEJj/?img_index=4
@kopfueberbunt (11.07.2024). *Ich selbst habe kein Durstgefühl [...]*. Instagram. www.instagram.com/p/C9SCtNWsI56/
@kopfueberbunt (11.07.2024). *Wasser trinke ich [...]*. Instagram. www.instagram.com/p/C9SCtNWsI56/
@minzgespinst (08.08.2023). *Die besondere Beziehung [...]*. Instagram. www.instagram.com/p/CvrRtFjMI73/
@monka_world (01.07.2024). *POV Autismus & Essen [...]*. Instagram. www.instagram.com/p/C84uOtMNcac/
Alberda, C., Graf, A., McCargar, L. (2006). Malnutrition: Etiology, consequences, and assessment of a patient at risk. *Best Practice & Research Clinical Gastroenterology*, Volume 20, Issue 3, S. 419–439. https://doi.org/10.1016/j.bpg.2006.01.006.
Baron-Cohen, S., Johnson, D., Asher, J., Wheelwright, S., Fisher, S.E., Gregersen, P.K., & Allison, C. (2013). Is synaesthesia more common in autism? *Molecular Autism 4*, 40 (2013). https://doi.org/10.1186/2040-2392-4-40
Bauerfeind S. (25.10.2016). *Ellas Blog, Leben mit Autismus. Die Sache mit dem Essen – Autismus und die Gourmet-Küche.* Zugriff am 14. September 2023 unter: https://ellasblog.de/die-sache-mit-dem-essen-autismus-und-die-gourmetkueche/
Bracewell, M.A., Hennessy, E.M., Wolke, D. & Marlow, N. (2007). The EPICure study: growth and blood pressure at 6 years of age following extremely preterm birth. *Archives of Disease in Childhood: Fetal and Neonatal Edition*, Vol.93 (No.2). S. 108–114. http://dx.doi.org/10.1136/adc.2007.118596
Castro, J.B., Ramanathan, A. & Chennubhotla, C.S. (2013). Categorical Dimensions of Human Odor Descriptor Space Revealed by Non-Negative Matrix Factorization. *PLOS One*, September 18, 2013. https://doi.org/10.1371/journal.pone.0073289
Chatoor, I. (2021). *Fütterstörungen bei Säuglingen und Kleinkindern.* Stuttgart: Klett-Cotta.
Delahooke, M. (2020). *Mehr als Verhalten.* Probst Verlag: Lichtenau, Westfalen.
Enders, G. (2021). *Darm mit Charme. Alles über ein unterschätztes Organ.* Berlin: Ullstein.
Eggersdorfer, M. & Schettler, T. (2021). Nährstoffversorgung in Deutschland und Auswirkung auf die Gesundheit. *Ernährung & Medizin 4/2021.* DOI: 10.1055/a-1593-8153
Ernsperger, I. & Stegen-Hanson, T. (2015). *Probier doch mal!* St. Gallen: Autismusverlag
Falkai, P. & Wittchen, H.-U. (2015). *Diagnostisches und Statistisches Manual Psychischer Störungen DSM-5.* Göttingen: Hogrefe.
Gerland, G. (1998). *Ein richtiger Mensch sein. Autismus – das Leben von der anderen Seite.* Stuttgart: Verlag freies Geistesleben.

Herrmann, W., Obeid, R. (2008). Ursachen und frühzeitige Diagnostik von Vitamin-B12-Mangel. *Deutsches Ärzteblatt* 105(40): 680. DOI: 10.3238/arztebl.2008.0680

Kiene, R. (2024). *Ein Guide durchs Autismusspektrum für Frauen: Dein Kompass zur Selbstidentifikation.* Independently publishing.

Kurtenbach, S. & Klein, D. (2015). *SIKiT, Sensorische Integration in der Kindersprachtherapie.* Köln: ProLog.

Lloyd-Barlow, V. (2024). *All die kleinen Vogelherzen.* Hamburg: Goya Verlag.

Madra, M., Ringel, R. & Margolis, K. G. (2020). Gastrointestinal Issues and Autism Spectrum Disorder. *Child Adolesc Psychiatr Clin N Am.* 29(3):501–513. DOI: 10.1016/j.chc.2020.02.005

Morris, E. & Klein, M. (2001). *Mund und Esstherapie bei Kindern.* München: Urban & Fischer Verlag.

Mrasek, V. (20.06.2005). *Die Kraft der Knolle.* Deutschlandfunk. Zugriff am 02.04.2025 unter: https://www.deutschlandfunk.de/die-kraft-der-knolle-100.html

Nickel, K., Maier, S., Endres, D., Joos, A., Maier, V., Tebartz van Elst, L. & Zeeck, Almut. (2019). Systematic Review: Overlap Between Eating, Autism Spectrum, and Attention-Deficit/Hyperactivity Disorder. *Frontiers in Psychiatry.* DOI: 10. 10.3389/fpsyt.2019.00708.

Rehakids. Das Forum für besondere Kinder. (2017). *Autismus und Essen.* Zugriff am 28.04.2025 unter: https://www.rehakids.de/ftopic127869.html

Schmitt-Lemberger, G. (2020). *Das Leben, Autismus und die Villa Kunterbunt.* Gera: Verlag Daniel Funk.

Schreck, K. A., Williams, K. & Smith, A. F. (2004). A comparison of eating behaviors between children with and without autism. *J Autism Dev Disord.*; 34(4):433–438. DOI: 10.1023/b:jadd.0000037419.78531.86.

Schuster, N. (2007). *Ein guter Tag ist ein Tag mit Wirsing.* Berlin: Weidler Buchverlag.

Selbsthilfeforum aspies.de (2021). *»Beißen« als Stimming.* Zugriff am 28.04.2025 unter: https://selbsthilfeforum.aspies.de/forum/index.php?thread/12028-bei%C3%9Fen-als-stimming/&postID=1279740&highlight=knirschen#post1279740 #20

Selbsthilfeforum aspies.de (2004): *Schlucken/kauen.* Zugriff am 28.04.2025 unter: https://selbsthilfeforum.aspies.de/forum/index.php?thread/17098-schlucken-kauen/&postID=1759566&highlight=Trinken#post1759566 #4

Selbsthilfeforum aspies.de (2004): *Schlucken/kauen.* Zugriff am 28.04.2025 unter: https://selbsthilfeforum.aspies.de/forum/index.php?thread/17098-schlucken-kauen/&pageNo=2 #18

Tebartz van Elst, L. (2018). *Autismus und ADHS* (2. Auflage). Stuttgart: Kohlhammer.

Theunissen, G. (2019). *Autismus und herausforderndes Verhalten* (2. aktualisierte Auflage). Freiburg: Lambertus-Verlag.

Theunissen, G. (2019). *Pädagogik bei Autismus* (1. Auflage). Stuttgart: Kohlhammer.

Theunissen, G. (Hrsg.) (2016). *Autismus verstehen.* Stuttgart: Kohlhammer.

Ustun, B., Reissland, N., Covey, J., Schaal, B., & Blissett, J. (2022). Flavor Sensing in Utero and Emerging Discriminative Behaviors in the Human Fetus. *Psychological Science, 33(10)*, 1651–1663. https://doi.org/10.1177/09567976221105460

Vero, G. (2014). *Autismus - (m)eine andere Wahrnehmung* (1. Auflage). FeedARead.com Publishing.

Vero, G. (2020). *Das andere Kind in der Schule.* (1. Auflage). Stuttgart: Kohlhammer Verlag.

Wilken, M. (2022). *Frühkindliche Nahrungsverweigerung.* Gießen: Psychosozial-Verlag.

Literatur

Willey, L. (2003). *Ich bin Autistin – aber ich zeige es nicht. Leben mit dem Asperger-Syndrom.* Freiburg im Breisgau: Herder.

Zöller, D. (2001). *Autismus und Körpersprache. Störungen in der Signalverarbeitung zwischen Kopf und Körper.* Berlin: Weidler Buchverlag.

Stichwortverzeichnis

A

Anamnese   187, 193
– -bogen   193
Ängste   12, 20, 163, 192, 205
ARFID   25
Aufmerksamkeit
– Fokussierung   119

B

Blut   47, 48, 52, 69, 116, 123, 125, 178, 187, 189, 203

C

Co-Regulation   56–59, 63–66, 69, 183
Constant-Food   158

D

Druck   22, 29, 31, 39, 40, 42, 45, 48, 53, 63–65, 70, 71, 75–77, 81, 83, 86, 90, 95–97, 99–104, 109, 111, 112, 117, 119, 135, 144, 148, 152, 161, 165, 167, 169, 170, 173, 174, 178, 180, 182, 184, 188, 190, 192, 194, 196, 207, 209
Durst   34, 40–42, 52, 57, 61, 63, 107, 167, 173, 174, 199

E

Eis   28, 67–69, 72, 87, 88, 102, 110–112, 114–121, 131, 133, 141, 144, 145, 151, 161, 172, 182, 186, 189
Essen   46, 97

F

Essensplan   199
Exploration, orale   44–46, 194

Fast-Food   50, 156, 182
Fawn Response   52, 60
Fragebogen   91, 123, 193
Frühgeborene   31, 32, 35

G

Gaumen   30, 91, 105, 106, 121, 144, 145
Gewichtsdecke   103
Gewichtstier   103, 182

H

Habit   43, 44
Habituation   31, 64, 66, 92
Handy   139, 142, 182
Hunger   23, 28, 34, 40–42, 52, 53, 56, 57, 61, 63, 99, 104, 167, 173, 174, 194, 199, 200, 204
Hyperfokus   67
Hypersalivation   107
Hypersensibilität   15, 90, 94, 98, 100, 105–107, 116, 123, 130, 134, 139
Hyposensibilität   15, 90, 94, 97, 99, 106, 115, 123, 129, 134, 138

K

Kauen   18, 26, 34, 36, 38, 39, 47, 50, 60, 62, 63, 68, 83, 85, 87, 90, 93, 94, 96–98, 117, 133–136, 143, 146, 148, 161, 165, 168, 171, 180, 181, 188, 189, 201, 202

Kausäckchen 87, 88
Kehlkopf 35, 39, 52, 65, 79, 96, 98, 104, 112, 121, 145
Kommunikationshilfe 175
Körperwahrnehmung 29–31, 41, 43, 54, 62, 133, 159, 204, 207

L

Lippen 28, 30, 34–37, 43–45, 74, 85, 86, 91, 96, 98, 104, 105, 107, 108, 110, 112, 114, 117, 119–121, 123, 125, 143, 144, 146, 147, 168, 171, 185–187, 209–211
Logopädie 11

M

Mimik 147
Monowahrnehmung 150, 152, 153
Mundhygiene 176

N

Nahrungsergänzungsmittel 188, 203
Nahrungsmittelunverträglichkeiten 187
Nervensystem 15, 21, 36, 47, 48, 51–53, 57, 59, 60, 62, 64, 75, 85, 92, 93, 97, 121, 128, 131, 160, 161, 176, 183, 197

O

Organe, innere 31, 48, 50, 52, 90, 98, 104
Overload 60

P

Parasympathikus 51, 52, 62, 63
Pica-Syndrom 26, 48, 123
Polywahrnehmung 150, 152

R

Rachen 20, 22, 26, 29–32, 36, 38, 39, 41, 52, 62, 65, 67, 70, 96–98, 105, 121, 145, 146, 151, 166, 167, 207
Regulation 43, 50, 56, 58–60, 63–67, 69, 76, 85, 89, 97, 105, 119, 126, 133, 195, 197, 198, 203, 204, 207
Riechen 34, 35, 64, 90, 127–129, 131–133
Rituale 43, 197

S

Safe-Food 87, 155–157, 162, 179, 200
Safe-Places 176, 177
Same-Food 157
Sättigungsgefühl 23, 40–43, 99, 104, 190, 200, 204
Saugen 34–37, 42–44, 48, 53, 56, 88, 104, 119, 134, 143, 167, 178
Schlucken 26, 34, 37–39, 42, 48, 78, 90, 93, 96, 97, 107, 121, 133, 134, 143, 145, 168, 178, 180
Schmecken 19, 34, 35, 63, 64, 87, 90, 124, 126, 127
Schmerz 99, 100, 102, 108
Schnuller 37, 43, 83, 144, 165
Selbst-Regulation 57–59
Selbstbestimmtheit 17, 24, 63, 173–175, 179
Selbstwahrnehmung 179
Selective-Eating-Disorder (SED) 23
Somatische Intelligenz 173
Speichel 38, 47, 48, 52, 105, 107, 126, 128, 161, 165, 173, 185, 194
– -fluss 107
Speiseröhre 22, 35, 38, 47, 49, 96, 97, 99, 105
Spezifisch-sensorischer Input 70, 71, 88, 89
Spiegel 29, 141, 165, 210
Stimming 59–69, 75, 77, 92, 101, 186, 202, 208
Stimming-Toys 63, 68, 142, 176, 182, 183

Supplementation   203
Sympathikus   51, 52, 62
Synästhesie   158–160

T

Tagesablauf   19, 23, 37, 111, 195
Therapie   16, 28, 30, 63, 87, 111, 186, 188, 189, 193, 205, 206
Trennkost   138, 140, 153
Trinken   18–25, 28, 29, 33–37, 40, 43, 51, 53–55, 60, 61, 63, 68, 70, 85, 87, 89–92, 97, 98, 100, 105, 107, 112, 113, 115, 119, 128, 129, 132, 134, 135, 139–143, 148, 150, 155, 157–161, 163, 164, 171, 174–176, 178–180, 183, 184, 191, 192, 195, 197, 198, 204, 208, 211

V

Verdauung   18, 25, 28, 32, 38, 47–49, 51, 52, 99, 104, 190
Vibration   28, 65, 68, 71–73, 83, 86, 102, 109, 112, 119, 131, 184, 196

W

Wangen   30, 36, 37, 43, 68, 74, 81–83, 96–98, 105, 108, 117, 120, 123, 125, 133, 143, 144, 148, 169, 186, 209
Wechsel   16, 28, 37, 53, 57, 71, 77, 83, 88, 89, 94, 116, 122, 127, 136, 152, 154, 157, 161, 167, 172, 183, 196, 197, 208
Würgereflex   106

Z

Zähne
– -knirschen   43, 64, 80, 98
Zähneputzen   145, 185, 186
Zahnhygiene   184
Zahnstellung   30, 43
Zunge   38, 45, 68, 83–85, 90, 91, 96–98, 105–107, 109, 110, 112–114, 116, 117, 121, 125, 127, 144–146, 151, 165, 169, 186, 188, 189, 191, 211
Zungenband   30

Zusatzmaterial zum Download

Das Zusatzmaterial[16] können Sie unter folgendem Link herunterladen:

 https://dl.kohlhammer.de/978-3-17-044770-7

---

16 Wichtiger urheberrechtlicher Hinweis: Alle zusätzlichen Materialien, die im Download-Bereich zur Verfügung gestellt werden, sind urheberrechtlich geschützt. Ihre Verwendung ist nur zum persönlichen und nichtgewerblichen Gebrauch erlaubt. Jede Verwendung außerhalb der engen Grenzen des Urheberrechts ist ohne Zustimmung des Verlags unzulässig und strafbar. Das gilt insbesondere für Vervielfältigungen, Übersetzungen, Mikroverfilmungen und für die Einspeicherung und Verarbeitung in elektronischen Systemen.